असाधारण प्रेम कथाएँ

असाधारण प्रेम कथाएँ

कीर्तिकुमार सिंह

वाणी प्रकाशन

प्रकाशन के उत्कृष्टतम 60 वर्ष

प्रथम संस्करण : 2023

vaniprakashan.com

वाणी प्रकाशन

4695, 21-ए, दरियागंज, नयी दिल्ली-110 002

फोन : +91 11 23273167, 23275710

शाखाएँ

अशोक राजपथ, पटना-800 004, बिहार

कॉफ़ी हाउस कैम्पस, महात्मा गांधी मार्ग, इलाहाबाद-211 001, उत्तर प्रदेश

महात्मा गांधी अन्तरराष्ट्रीय हिन्दी विश्वविद्यालय, वर्धा-442 001, महाराष्ट्र

36/ए, शेक्सपियर सरणी, रानी बिरला गर्ल्स कॉलेज के पास, कोलकाता-700 017, प. बंगाल

sales@vaniprakashan.in
vaniprakashan@gmail.com

Asadharan Prem Kathayen
by Kirti Kumar Singh

Stories

आर. टेक ऑफ़सेट प्रिंटर्स, दिल्ली-110 032 में मुद्रित

वाणी प्रकाशन का लोगो मक़बूल फ़िदा हुसेन की कूची से

त्वदीयं वस्तु श्रीदुर्गे तुभ्यमेव समर्पये

अपनी बात

समाज में प्रेम के अथवा स्त्री-पुरुष सम्बन्ध के कुछ आयाम ऐसे होते हैं, जो बहुत ही कम देखने में आते हैं। ऐसा नहीं कहा जा सकता कि ऐसे आयाम होते ही नहीं। ऐसे आयाम देखने को मिलते हैं, भले ही अपवाद स्वरूप। इस संग्रह में ऐसे ही स्त्री-पुरुष सम्बन्धों की कहानियाँ हैं इसीलिए मैंने इन्हें प्रेम का असाधारण स्वरूप माना है।

कुछ बात कहानियों के मूल्यांकन करने के तरीके की। किसी भी चीज को देखने के बहुत सारे दृष्टिकोण हो सकते हैं। मान लीजिए मैं कहानी को इस तरह समाप्त करता हूँ—'व्यक्ति ने औरत को खींचकर एक थप्पड़ मारा। औरत सिर झुकाये खड़ी रही। कुछ भी नहीं बोली।' यहाँ कुछ लोग यह आपत्ति कर सकते हैं कि कहानी का अन्त गलत है। औरत को भी जवाब में आदमी को खींचकर एक थप्पड़ मारना था। कोई कह सकता है कि औरत को इतना कमजोर नहीं दिखाना चाहिए था। कहानी यहीं पर समाप्त नहीं होनी चाहिए। कहानी को और लम्बा खींचा जाना चाहिए था और आगे दिखाया जाता कि औरत अपना प्रतिशोध लेती है। कोई यह कहेगा कि इसमें इतना और जोड़ दिया जाता कि अचानक औरत की बेटी या बेटा वहाँ पर पहुँचा और उसने आदमी को खींचकर दो थप्पड़ मारा।

किसी भी चीज को देखने के कई दृष्टिकोण होते हैं। एक दृष्टिकोण वह भी है, जिसे कहानीकार ने अपनाया है। हमें यह देखना चाहिए कि रचनाकार जिस दृष्टिकोण से अपनी बात रख रहा है, उसमें वह कितना सफल हुआ है। भाषा का सही प्रयोग, शैली की प्रभावोत्पादकता, रचना की कसावट इत्यादि का मूल्यांकन होना चाहिए। रचनाकार के दृष्टिकोण को ही उठाकर पलटने की बात बहुत तर्कसंगत नहीं है। साहित्य भी एक प्रकार की कला है और कला को कलाकार के दृष्टिकोण से ही देखना चाहिए। राग मालकौंस का मूल्यांकन अगर आप राग बिलावल के दृष्टिकोण से करेंगे तो जाहिर है, हजार गलतियाँ निकलेंगी। इस सम्बन्ध में जैन दार्शनिकों का दृष्टिकोण बड़ा महत्त्वपूर्ण है। उनका अनेकान्तवाद का सिद्धान्त यह

बतलाता है कि किसी भी चीज को देखने के अनेक दृष्टिकोण होते हैं। कोई भी बात कहनेवाले, के दृष्टिकोण को समझने का प्रयास करना चाहिए। यह हठवादिता नहीं करनी चाहिए कि केवल मेरा दृष्टिकोण ही सही है।

कुछ लोग यह बात भी उठाते हैं कि रचनाकार का दृष्टिकोण क्रान्तिकारी नहीं है अथवा रचना हमें कोई संदेश नहीं देती। मैंने पहले ही कहा कि साहित्य भी एक प्रकार की कला है। रचनाकार का दृष्टिकोण क्रान्तिकारी हो भी सकता है और नहीं भी हो सकता। रचना में संदेश हो भी सकता है और नहीं भी हो सकता। अगर संदेश ही खोजना है तो कहानी में मत खोजिए। संदेश खोजना हो तो गीता का अध्ययन कीजिए। और गहराई में जाना हो तो उपनिषदों का अनुशीलन कीजिए।

जीवन का मूल संदेश क्या है? मनुष्य का जन्म बहुत मुश्किल से मिलता है। इसका उपयोग हमें चरम सत्य (Ultimate Reality) का साक्षात्कार करने में करना चाहिए। चरम सत्य का साक्षात्कार सब कुछ छोड़कर सन्यासी बनने से ही नहीं होता। तीन मार्ग हैं—ज्ञान मार्ग, कर्म मार्ग और भक्ति मार्ग। भक्ति का मार्ग सबसे सरल मार्ग है। इस संसार के सारे कामों को करते हुए अपना एक इष्टदेव बना लीजिए। उस इष्टदेव को ही अपना गुरु बना लीजिए क्योंकि आज के समय में सच्चा गुरु खोजना बहुत कठिन काम है। जितनी तल्लीनता से आप अखबार पढ़ते हैं, उतनी ही तल्लीनता से दिन में कुछ देर तक अपने इष्टदेव के सम्पर्क में रहिए। न अपने इष्टदेव से किसी तरह का भय पालने की जरूरत है और न ही कर्मकाण्ड करने की जरूरत है। मन में सिर्फ श्रद्धा चाहिए—श्रद्धा फलवती भवति। वाल्मीकि ने मरा-मरा जपकर भगवान को पा लिया। शबरी ने भगवान को जूठे बेर खिलाये, लेकिन उसका कुछ अनिष्ट नहीं हुआ। हृदय को विशाल बनाइए। किसी को नुकसान न पहुँचाइए। जितना सम्भव हो सके, दूसरे का भला करिए। भौतिकता में पूरी तरह डूबे हुए व्यक्ति जिस संसार को देखते हैं उसी के समानान्तर एक और भी संसार है। जब अपने इष्टदेव को ही अपना गुरु भी बना लेंगे तो उसकी सद्प्रेरणा से आप उस संसार में रहने लगेंगे। उस संसार से देखेंगे तो आपको भौतिकता में डूबे लोगों का संसार मूर्खतापूर्ण और हास्यास्पद दिखायी देगा। ध्यान बस इतना रखना पड़ता है कि सामाजिक व्यवहार में आपको भी दूसरों की तरह सांसारिकता में पूरी तरह डूबा दिखना पड़ता है, अन्यथा लोग आपको झक्की, पागल, फिलास्फर इत्यादि घोषित कर देंगे। अपने इष्टदेव में आपकी जितनी श्रद्धा बढ़ता जाएगी आप चरम सत्य के उतने ही निकट पहुँचते जाएँगे।

संदेश कहानियों से नहीं बल्कि अपने अन्दर सद्गुणों के विकास से मिलता है।

–कीर्तिकुमार सिंह

अनुक्रम

अपनी बात 7

छोटकी मस्टराइन 11

उसकी याद 30

आधा राँड़ भौजी 49

कामातुर 71

साँड़ 93

सेर, सवासेर 111

टाइम पास लफंगई 132

धंधा 152

जब बिगरी तब सूघर बिगरी 172

छोटकी मस्टराइन

दरवाजे पर चारपाई डाले बैठा था जगदेव। दिन डूबने में कुछ ही समय बाकी था। जगदेव सिर झुकाये कुछ सोच रहा था। अचानक बड़ी तेज से किसी के खखारने की आवाज़ आयी। जगदेव ने सिर उठाया। हीरा जा रहा था। हीरा ने व्यंग्य भरी मुस्कान के साथ जोर से ललकारा, "क्यों जगदेव? बिरादरी भोज में चलना है?" जगदेव बड़ी कड़वाहट से बोला, "मुझे नहीं जाना है बिरादरी भोज में। तुम्हीं लोग जाकर बिरादरी भोज खाओ।" "मैं तो जा ही रहा हूँ।" हीरा मुस्कराते हुए बोला। "तो जाओ न! मुझे क्या बता रहे हो?" जगदेव की आवाज़ में खिसियाहट थी। हीरा आगे निकल गया।

जगदेव का बाप सहदेव भी पास में ही नीम के चबूतरे पर बैठा था। उसने गुस्से से जगदेव को घूरा, "सरऊ अपनी बेइज़्ज़ती करवाने के लिए दरवाजे पर बैठे हो? खटिया उठा और जाकर घर के अन्दर बैठ। नहीं तो जो भी इधर रास्ते से निकलेगा, वही कुछ न कुछ बोली काटेगा। अरे जब पंचायत ने सारा मामला निबटा दिया तो तू फालतू में यहाँ रुक ही गया। तुझे अपनी ड्यूटी पर चले जाना चाहिए था। यहीं रुका रह और चार लोगों की बातें सुन।" जगदेव कुछ नहीं बोला। उसने खटिया उठायी और लेकर घर के अन्दर चला गया।

अभी महीने भर पहले ही जगदेव की शादी सारिका से हुई थी। घर में क्या चहल-पहल थी। जगदेव गाँव का रहने वाला था। मुरेठा गाँव का। मुरेठा गाँव से अपनी बिरादरी का पहला लड़का था जगदेव जो सेना में भर्ती हुआ था। सेना में भर्ती होना गाँव में बड़े सम्मान की बात मानी जाती थी। जब से सेना में भर्ती हुआ था जगदेव, गाँव में उसे सम्मान की दृष्टि से देखा जाने लगा था। पाकिस्तान से सन् उन्नीस सौ इकहत्तर की लड़ाई के पाँच साल ही बीते थे। अतः लोगों को सेना के जवान देवदूत जैसे लगते थे।

सारिका शहर की रहने वाली थी। जगदेव की बिरादरी का ही विनोद शहर में नौकरी करता था। वह रोज सुबह साइकिल से गाँव से शहर को निकल जाता था

और अपनी साइकिल से ही रात में गाँव लौटता था। विनोद जगदेव से पन्द्रह साल बड़ा था। विनोद ही जगदेव की शादी में मध्यस्थ था। पहली बार सारिका की शादी का प्रस्ताव लेकर वही जगदेव के यहाँ आया था। चूँकि जगदेव सेना में था, अतः सारिका के माँ-बाप इस शादी के प्रति बहुत उत्सुक थे। जगदेव के बाप सहदेव ने जब विनोद को शादी के लिए हरी झण्डी दिखा दी तो वह सारिका के बाप को लिवाकर जगदेव के घर आया। सहदेव और जगदेव इस बात को लेकर खुश थे कि शहर से शादी के लिए प्रस्ताव आया है। तब शहर और गाँव के बीच की खाई बहुत चौड़ी हुआ करती थी।

शादी तय हो गयी। शादी का मुहूर्त भी निकल आया। जगदेव एक तो कमासुत लड़का था और वह भी सेना में, इसलिए उसकी शादी में उसके सारे रिश्तेदार इकट्ठा हो गये। सहदेव ने भी रिश्तेदारों की आवाभगत में कोई कोर-कसर नहीं उठा रखी। जगदेव उसका इकलौता बेटा था। जगदेव से बड़ी दो बहनें थीं। उनकी शादी हो चुकी थी। अपने छोटे भाई की शादी में दोनों बहनों का उत्साह देखने लायक था। जगदेव की माँ पाँच साल पहले गुज़र चुकी थीं इसलिए औरतों वाला सारा कर्मठ दोनों बहनें ही सम्हाले हुए थीं।

बहुत हँसी-खुशी शादी सम्पन्न हुई। एक तो बिरादरी की बात, दूसरे शादी में सारी मध्यस्थता—जगदेव के घर में विनोद की इज़्ज़त काफी बढ़ गयी थी। जगदेव के घर में विनोद का आना-जाना बहुत बढ़ गया। विनोद को देखकर सहदेव एकदम से खिल पड़ता था। विनोद ने उसके बेटे के लिए एक सुंदर सी बहू ला दी थी। वह भी शहरही।

शादी के बाद एक-एक कर सारे रिश्तेदार विदा हो गये। जगदेव अभी नौकरी पर वापस नहीं गया था। इतनी सुंदर बीवी को छोड़कर जाने का उसका मन ही नहीं हो रहा था।

एक दिन सहदेव और जगदेव खेत पर काम करने गये थे। जगदेव का मन काम में नहीं लग रहा था। उसे अपनी पत्नी सारिका का चेहरा बार-बार याद आ रहा था। सहदेव भाँप गया, "कस रे सरवा! जब से नौकरी करने लगा खेत में काम करने में मन नहीं लगता। ठीक है! तू घर जा! मैं अकेले ही काम निबटा लूँगा।" सहदेव बाप लगता था। वह सीधे-सीधे बात को नहीं कह सकता था। जगदेव को मन माँगी मुराद मिल गयी।

जगदेव घर पहुँचा। बाहर का दरवाजा खुला था। वह अपने कमरे में गया। दरवाजा अंदर से बन्द था। उसे बड़ा अजीब लगा। उसने दरवाजे को धक्का दिया।

दरवाजा खुल गया। अन्दर से साँकल नहीं बन्द थी। केवल उढ़का हुआ था दरवाजा। अन्दर उसने जो दृश्य देखा कि वह सन्न रह गया। उसकी पत्नी जूही और विनोद बिस्तर पर आपत्तिजनक अवस्था में पड़े हुए थे। एक क्षण तो उसकी बुद्धि ने काम करना ही बन्द कर दिया। अचानक वह सचेत हुआ। उसने बाहर से कमरे का दरवाजा बन्द कर दिया और जोर-जोर से चिल्लाने लगा, "अरे गाँववालों दौड़ो... अनर्थ हो गया ... दौड़ो गाँववालों ... ।"

जल्दी ही भीड़ इकट्ठी हो गयी। जगदेव ने लोगों को रोते हुए सारी बात बतायी। लोग उत्तेजित हो उठे। लोगों ने दरवाजा खोला। अन्दर सारिका और विनोद सहमे हुए खड़े थे। लोगों ने विनोद को घसीट कर बाहर निकाला। फिर तो जो धुनाई शुरू हुई। हर आदमी विनोद को अपने हाथ से पीट लेना चाह रहा था। लोग बहुत गुस्से में थे। मार खाते-खाते विनोद अधमरा हो गया। विनोद की पत्नी सोना गाँव के ही प्राइमरी स्कूल में अध्यापिका थी। वह कभी स्कूल जाती थी, कभी नहीं जाती थी। उड़ते-उड़ते बात उसके कानों तक भी पहुँची। वह भागती हुई जगदेव के घर की ओर चल दी। विनोद अधमरा पड़ा हुआ था। उसने चप्पल उतारी और लगी उसे पीटने, "कलमुँहें! तो इसलिए तू जगदेव की शादी कराने में जी-जान से लगा हुआ था? शहर की अपनी प्रेमिका को अपने पास लाकर रखना चाहता था? जगदेव सेना में नौकरी करने चला जाता। साल में वह एक-दो बार आता। यही सोचकर अपनी प्रेमिका को तूने उसके सिर मढ़ दिया। जगदेव बाहर रहता और यहाँ उसकी बीवी के साथ तू गुलछर्रे उड़ाता? अरे कलमुँहे! तेरे दो-दो बेटे हैं। दोनों धीरे-धीरे शादी के लायक हो रहे हैं। बेटों की तरफ तेरा कोई ध्यान नहीं रहता। वे चाहे पढ़ें-लिखें चाहे बहेल्लई करें। तुझे रासलीला करने से ही फुर्सत नहीं है ..."

सहदेव भी आ गया। रास्ते में उसने पूरा काण्ड सुन लिया था। वह अपना सिर पकड़कर जमीन पर बैठ गया। जगदेव नीम के चबूतरे पर कुछ-कुछ क्रुद्ध और कुछ-कुछ उदास मुद्रा में बैठा था। भीड़ अभी दरवाजे पर डटी हुई थी। जगलाल चौधरी ने ललकारा, "तुम दोनों बाप-बेटे इस तरह क्या बैठे हो? बिरादरी की इज़्ज़त का सवाल है। तुम दोनों को कुछ न कुछ फैसला तो लेना ही पड़ेगा। क्या कह रहे हो तुम लोग?" जगदेव गुस्से में बोला, "काका मैं इस औरत को नहीं रखूँगा। मुझे नहीं चाहिए ऐसी मेहरिया।" "तुम्हारा फैसला सोलहों आने सही है बेटा। सहदेव तुम क्या चाहते हो?" जगलाल ने कहा। "मैं क्या चाहूँगा? विनोद से ऐसी दगाबाजी की उम्मीद नहीं थी। किसी को शहर भेजकर इसके बाप को बुलवा लो। इसका बाप लिवा जाय अपनी बेटी को। इसके अलावा और क्या उपाय है?" सहदेव रोनी सूरत में बोला।

तय कार्यक्रम के मुताबिक सहदेव और चौधरी जगलाल एक दिन शहर गये। उन्होंने सारिका के बाप से सारिका की सारी करतूत बताते हुए उसे वापस लाने के लिए कहा। सारिका का बाप बिगड़ गया, ''अगर ऐसा है तो वह लड़की मर गयी मेरे लिए। उसे वापस लाकर मैं अपनी नाक कटवाऊँगा? उसे वहीं मारकर फेंक दीजिए। मैं कहीं कोई शिकायत नहीं करूँगा।'' चौधरी जगलाल बोले, ''हम उसको क्यों मारकर फेंक दें? आपकी लड़की है। आप उसे वापस ले आइए। फिर आप उसे मारकर फेंकिए या जो जी में आये करिए। हम उसको मारकर क्यों पाप लें? ऊपर से जेल जाएँगे सो अलग। आप शान्तिपूर्वक चलिए और अपनी लड़की को वापस ले आइए।'' सारिका के बाप ने साफ मना कर दिया, ''आप लोग उसका जो जी में आये करिए। मैं उसे वापस नहीं ले आऊँगा। अब तो मेरे लिए उसका मुँह देखना भी पाप है।'' चौधरी जगलाल ने बहुत समझाया-बुझाया। उसका बाप टस से मस नहीं हुआ। हारकर दोनों गाँव लौट आये।

चौधरी जगलाल बिरादरी के मुखिया थे। उन्होंने एक दिन सहदेव के दरवाजे पर बिरादरी की पंचायत बुलायी। पंचायत में उन्होंने अपने और सहदेव के शहर जाने की बात विस्तार से बतायी। उन्होंने बिरादरी के लोगों से जानना चाहा कि ऐसी स्थिति में अब क्या करना उचित रहेगा? नन्हें बिरादरी के एक बुजुर्ग व्यक्ति थे। उन्होंने खड़े होकर कहा, ''किसी लड़की को मारने का पाप बिरादरी नहीं करेगी। जगदेव लड़की को रखने के लिए तैयार नहीं है। ऐसी स्थिति में उचित यही रहेगा कि विनोद से कहा जाय कि वह लड़की को अपनी पत्नी के रूप में रखे और दंड स्वरूप पूरी बिरादरी को भोज दे। विनोद अगर ऐसा करने में आनाकानी करता है तो उसे गाँव से निकाल दिया जाय और उसकी सारी सम्पत्ति जब्त कर ली जाय।'' नन्हें की सलाह लोगों को पसंद आयी। एक-एक कर लोग समर्थन में हाँ-हाँ करने लगे। चौधरी जगलाल बोले, ''विनोद अभी ऑफिस नहीं जा रहा है। उस दिन इतनी मार खा गया था कि अभी बिस्तर पर ही पड़ा हुआ है। आठ-दस मजबूत लड़के जाएँ और उसे चारपाई सहित उठा लायें। उसे पंचायत के फैसले की जानकारी दे दी जाय और सख्ती से फैसले का पालन कराया जाय।'' उत्साह में कई लड़के खड़े हो गये। वे विनोद के घर की ओर दौड़ पड़े।

लड़कों ने चारपाई सहित विनोद को उठाया और लेकर चल दिये। उसकी पत्नी सोना छाती पीट-पीटकर चिल्लाने लगी। एक लड़का बोला, ''सहदेव के यहाँ बिरादरी की पंचायत हो रही है। पंचायत में हम लोगों को आदेश दिया गया है

कि जाओ चारपाई सहित विनोद को उठा लाओ।'' सोना भी रोते-कलपते हुए पीछे-पीछे चल दी।

जगलाल चौधरी ने पूछा, ''सच-सच बताओ विनोद! तुम्हारे और जगदेव की बीवी के बीच कब से सम्बन्ध है?'' विनोद धीमी आवाज में बोला, ''पाँच साल से। मैं सारिका के घर आता-जाता था। धीरे-धीरे हम लोगों में सम्बन्ध बन गया। मैं चक्कर में था कि अपने गाँव में ही किसी के घर सारिका की शादी करवा दूँ।'' सहदेव भड़क उठा, ''सरऊ मेरा ही घर मिला था तुम्हे बर्बाद करने के लिए?'' जगलाल चौधरी ने किसी तरह सहदेव को शान्त किया। जगलाल ने विनोद को पंचायत का आदेश बड़ी सख्ती के साथ सुना दिया। सोना चिल्लाने लगी, ''मुझे चाहे जान देनी पड़ जाय। मैं किसी सूरत में अपने घर में सौत को घुसने नहीं दूँगी। मेरा घर कोई धर्मशाला नहीं है। मेरे दो बड़े-बड़े बेटे हैं। उनके ऊपर क्या असर पड़ेगा?'' अचानक घर के अन्दर से सारिका निकल आयी। सारे लोग भौंचक्के होकर उसे देखने लगे। वह गरज कर बोली, '' मैं विनोद के साथ उसके घर में रहूँगी। देखती हूँ मुझे कौन रोकता है?'' सोना उसकी तरफ चिल्लाती हुई दौड़ी, ''... अरे राँड़ ... छिनाल ... भतारगाड़ी ... तू रहेगी मेरे घर में? ... चल ... देखती हूँ तू कैसे घुसती है मेरे घर में...।'' वह सारिका पर टूट पड़ी। दोनों औरतें गुत्थमगुत्था होकर एक दूसरे से लड़ने लगीं। दोनों एक दूसरे पर लात-घूँसे चला रही थीं। सारिका सोना से चौदह साल छोटी थी। अचानक उसने सोना को उठाकर पटक दिया और उसके सीने पर चढ़ बैठी। सोना बड़ी तेज चिल्लायी, ''अरे मुझे बचाओ कोई नहीं तो यह राँड़ मुझे मार डालेगी। वहाँ पंचायत में सब पुरुष सदस्य ही बैठे थे। सब बड़े असमंजस में थे। कैसे कोई दोनों औरतों को अलग करे? सारिका सोना को छोड़कर जाकर नीम के चबूतरे पर बैठी। सोना कराहते हुए उठी और अपने घर की ओर चल दी।

पंचायत की कार्यवाही फिर शुरू हुई। जगलाल चौधरी ने विनोद से पूछा, ''बोलो विनोद! पंचायत के फैसले पर तुम क्या कह रहे हो?'' ''पंचायत का फैसला मुझे मंजूर है। मैं सारिका को अपनी पत्नी के रूप में रखने को तैयार हूँ। मै बिरादरी को भोज देने के लिए भी तैयार हूँ।'' विनोद धीरे से बोला। जगलाल चौधरी ने कहा, ''ठीक है! हम लोग भोज की तारीख तय कर लेते हैं। भोज की तारीख जान लो और सारिका को यहीं से अपने घर लिवा जाओ।'' भोज की तारीख तय हो गयी। विनोद को चेतावनी के साथ भोज की तारीख बता दी गयी कि भोज में किसी तरह की कोई कमी न रहे। जगलाल चौधरी ने लड़कों को आदेश दिया

कि जाओ चारपाई सहित विनोद को घर छोड़ आओ। लड़के चिल्लाते हुए विनोद की खटिया उठाकर चल दिये। चौधरी ने सारिका को भी पीछे-पीछे विनोद के घर जाने को कहा।

विनोद की खटिया के पीछे-पीछे सारिका को भी आता देखकर सोना को साँप सूँघ गया। सारिका से लड़कर उसने अपनी ताकत आजमा ली थी। वह समझ गयी थी कि झगड़ा करने पर सारिका उसे पटककर मारेगी। वह सहमकर उसे देखने लगी। लड़के दरवाजे पर विनोद की चारपाई रखकर चले गये। खपरैल के घर के अन्दर घुसकर सारिका देखने लगी कि कौन सा कमरा उसके लिए ठीक रहेगा। विनोद का बारह वर्षीय बेटा कल्लू और दस वर्षीय बेटा भुल्लुर सब कुछ भौंचक्के होकर देख रहे थे। वे डरकर अपनी माँ के पास जाकर बैठे।

सारिका को एक कमरा अपने लायक ठीक लगा। उसमें दो बड़ी-बड़ी चारपाइयाँ डली हुई थीं। कुछ साड़ियाँ भी रखी थीं। गमछा वगैरह भी रखा था। वह उसी कमरे में एक चारपाई पर बैठ गयी। सोना को कुछ सन्देह हुआ। वह भी घर के अन्दर घुसकर सब कुछ देखने लगी। सारिका को चारपाई पर बैठा देखकर वह चिल्लायी, "यहाँ क्या कर रही है? यह मेरा कमरा है। निकल इस कमरे से।"

"आज से यह मेरा कमरा है।"

"जबर्दस्ती मेरे कमरे पर कब्जा करेगी? मैं अपना कमरा नहीं दूँगी। इसमें मेरे कपड़े रखे हुए हैं।

"ये सारी चीजें अब मेरी हैं। मेरा सब कुछ तो जगदेव के यहाँ छूट गया। अब मैं क्या पहनूँगी? तू तो कमाती है। अपने लिए दूसरी चीजें खरीद ले।"

"अरे चुड़ैल ... अरे डायन .... निकल मेरे कमरे से। नहीं तो मैं इसमें आग लगा दूँगी।"

"लगा दे आग ... फिर तो पूरा घर ही जल जाएगा। सब लोग आसमान के नीचे चारपाई बिछाकर सोयेंगे। मैं भी आसमान के नीचे चारपाई बिछाकर सोऊँगी।" सोना बेबस होकर बोली, "तू दूसरा कमरा ले ले। यह मेरा कमरा है।"

"दूसरा कमरा तू ही ले ले। अब तो मैं इसी कमरे में रहूँगी। आज से यह मेरा कमरा है।" सोना असहाय होकर देखती रही। सारिका ठाठ से चारपाई पर लेट गयी।

धीरे-धीरे सोना ने मानसिक रूप से स्वीकार कर लिया कि अब सारिका उसके साथ ही रहेगी। उसकी सौत बनकर। सारिका जवान थी। सुंदर थी। विनोद वैसे भी उसे पहले से ही प्यार करता था। घर में सोना की इज़्ज़त थोड़ी घट गयी। उसकी घर में अभी भी इज़्ज़त थी तो उसके दो बेटों के कारण। सोना ने सूझबूझ से काम लिया।

सारिका को उसने अपनी छोटी बहन बना लिया। मिला-पटाकर अब वह सारिका से काम-धाम भी करवाने लगी। उसके काम का बोझ कुछ हल्का हो गया।

एक दिन विनोद आफिस से काफी देर से आया। अमूमन वह सात बजे तक घर आ जाता था। उस दिन वह दस बजे रात आया। सोना और सारिका चिन्तित होकर उसका इन्तज़ार कर रही थीं। उस दिन वह शराब पिये हुए था। उसके पैर थोड़ा सा लड़खड़ा रहे थे और बोलने का ढंग भी कुछ बदला-बदला हुआ था। सोना तुरंत समझ गयी कि वह शराब पिये हुए है। वह जोर से दहाड़ी, "क्यों रे हरामी! यही एक चीज बची थी। वह भी तूने शुरू कर दिया?" फिर सारिका की ओर मुड़कर बोली, "देख! तू भी देख ले! आज यह शराब पीकर आया है। अब यह यही सब करेगा ...चल इसे पीटते हैं।" सारिका सहमत हो गयी। सोना और सारिका दोनों मिलकर विनोद को चप्पलों से पीटने लगीं। पीट लेने के बाद घर के अन्दर एक कमरे में ले जाकर बन्द कर दिया। सोना ने कमरे का दरवाजा बाहर से बन्द कर दिया। उसे खाना भी नहीं दिया। दोनों बच्चों और सारिका को घर से बाहर निकाल कर सोना ने घर का दरवाजा भी बाहर से बन्द कर दिया और बोली, "आज अकेले इसे घर के अन्दर पड़ा रहने दो। हम लोग बाहर ही सोयेंगे।"

रात के एक बजे चुके थे। विनोद का नशा उतर चुका था। शराब पीने के अलावा विनोद को और कोई चारा नहीं दिख रहा था। वह अपनी ही नज़रों में गिर चुका था। राह चलते उसे हर आँख अपना मज़ाक उड़ाती हुई लगती। चारपाई को खड़ी करके वह उस पर चढ़ गया और किसी तरह से थोड़ा सा छप्पर तथा उसके ऊपर रखी खपरैल उसने हटायी। एक आदमी के निकलने लायक छेद बन गया। उस छेद की सहायता से वह खपरैल पर चढ़ गया और खपरैल पर सम्हाल-सम्हाल कर चलता हुआ अन्ततः वह जमीन पर कूद गया। बीवियाँ और बच्चे जमीन पर सो रहे थे। उसकी साइकिल बाहर पड़ी हुई थी। उसने आहिस्ता से साइकिल उठाई और भाग लिया। वह शहर भाग गया।

अगले दिन सुबह सोना उठी तो उसने सारिका को भी जगाया। दोनों बाहर का दरवाजा खोलकर अन्दर गयीं। उन्होंने कमरे की भी साँकल बाहर से खोली। कमरे की हालत देखकर दोनों दंग रह गयीं। कमरे से विनोद गायब था। ऊपर छप्पर में बड़ा सा छेद बना हुआ था। दोनों दौड़ कर बाहर आयीं। बाहर से साइकिल भी गायब थी। सारिका रोने लगी, "दीदी लगता है वो भाग गया। अब क्या होगा?" "तू रो क्यों रही है?" सोना उसे समझाने लगी, "कुछ नहीं होगा। तेरी चिन्ता करने के लिए मैं हूँ न! मर्दों की जात को मैं अच्छी तरह जानती हूँ। दो-तीन दिन में फिर वह यहीं लौटकर आयेगा। जाएगा कहाँ?"

सचमुच वही हुआ। तीन दिन बाद शाम को विनोद साइकिल से वापस घर आ गया। सोना और सारिका दोनों मन ही मन बहुत प्रसन्न हुईं। दोनों की जान में जान आयी लेकिन ऊपर से दोनों ने यही प्रदर्शित किया कि उसके घर वापस लौटने से उन दोनों पर कोई फर्क नहीं पड़ा। सोना ने ताना मारा, "क्यों वापस लौट आये? जहाँ पर पड़े थे, वहीं पड़े रहना था। एक बीवी और साथ लेकर नहीं आये?" सोना की बात सारिका को बुरी लग गयी, "ऊपर से बड़ा बहनापा दिखाती है लेकिन तेरा कलेजा अभी भी अंदर से जल रहा है।" बात मुँह से निकल चुकी थी। सोना समझ गयी कि उसकी बात से सारिका को चोट लगी है। उसने बात को सँभालने की कोशिश की, "...तू भी बेवकूफ की बेवकूफ है। किसी को सौत भी अच्छी लगती है क्या?" "...राँड़ नहीं तो ...सौत कह रही है मुझे ..।" सारिका ने कहा और सोना पर टूट पड़ी। दोनों में गाली-गलौज और मारपीट होने लगी। विनोद को बड़ा सुकून मिला। दोनों की एकता से उसका जीवन नरक हो गया था। उसने सोचा कि दोनों में आपस में न पटे, इसी में ही भलाई है। तब तक रामआसरे वहाँ आ गया। उसने विनोद से कहा, "तुम्हे अवधेश काका ने बुलाया है। आज उनके घर करीब सौ लोगों की दावत है। दावत के बाद कीर्तन होगा। दावत और कीर्तन दोनों में तुम्हारा बुलावा है।" विनोद हारमोनियम बजाने और कीर्तन गाने का मास्टर था। क्षेत्र में कहीं भी कीर्तन हो और विनोद को न बुलाया जाय, यह सम्भव नहीं था। विनोद अपनी बीवियों से जोर से बोला, "अवधेश काका के यहाँ दावत और कीर्तन है। मैं जा रहा हूँ। काफी रात में लौटूँगा। मेरा खाना मत बनाना।" उन्हें लड़ता हुआ छोड़कर विनोद रामआसरे के साथ चला गया।

अवधेश के यहाँ दावत के बाद कीर्तन शुरू हो गया। विनोद को बहुत शान्ति महसूस हुई। कुछ देर तो सत्संगति में समय बीतेगा। गणेश वंदना के बाद लोगों ने विनोद से गाने के लिए कहा। विनोद ने थोड़ी देर नखरा दिखाया, थोड़ी सी मनौती करायी फिर शुरू हो गया। उसने राजा हरिश्चंद्र का प्रसंग उठाया-"...लाश ललन की लेकर रानी मरघट आयी आधी रात, मातम की बजती शहनाई राम दुहाई आधीरात..." टेरी गाने वाले साथ निभाने लगे। हारमोनियम, ढोलक, मजीरे और झींके सब झनक उठे। समाँ बँध गया।

अगले दिन सवेरे विनोद शहर चला गया। खाना-पीना बना-खाकर सोना भी स्कूल चली गयी। पढ़ाने। सारिका का मन नहीं लग रहा था। उसने बच्चों को घर सम्हालने को कहा और एक छोटी खाँची और खुर्पी लेकर घास छीलने चल दी। अक्टूबर का महीना था। चारों तरफ खेतों में बाजरे की फसल थी।

आदमी की लम्बाई से डेढ़ से दो गुना ऊँचे बाजरे के पौधे चारों तरफ लहलहा रहे थे। उन्हीं बाजरे के खेतों के बीच की पगडंडियों और रास्तों से होती हुई सारिका चली जा रही थी। हाथ में थी खुर्पी और खाँची। सोना चूँकि प्राइमरी स्कूल में पढ़ाती थी, इसलिए गाँववाले उसे मस्टराइन कहकर बुलाते थे। सारिका को सब छोटकी मस्टराइन कहने लगे थे। एक जगह पगडंडी पर बारह से पंद्रह साल के आठ लड़के खेल रहे थे। लड़कों ने सारिका को चारों तरफ से घेर लिया, "अरे छोटकी मस्टराइन, बहुत अच्छा हुआ तुम मिल गयी।" कुछ बच्चे उसे हाथ जोड़ रहे थे। कुछ पैर पकड़ रहे थे। "ये क्या कर रहे हो तुम लोग?" सारिका ने बच्चों को डाँटा। जो लड़का सबसे बड़ा था, वह सारिका के पैर पकड़कर बोला, "छोटकी मस्टराइन, हम लोगों ने आज तक देखा नहीं है। जरा सा दिखा दो।" सारिका की समझ में कुछ नहीं आया, "क्या दिखा दूँ? क्या देखना चाहते हो तुम लोग?" "तुम सब समझ रही हो छोटकी मस्टराइन। बस एक बार दिखा दो। हम धन्य हो जाएँगे। हम लोग देखना चाहते हैं कि कैसा होता है?" सारिका फिर भी कुछ नहीं समझ पायी, "मेरी तो कुछ समझ में ही नहीं आ रहा है। तुम लोग किस चीज की बात कर रहे हो?" लड़का रिरियाते हुए बोला, "छोटकी मस्टराइन अपनी साड़ी उठा दो। हम लोग उसका दर्शन कर लें।" बात अब सारिका की समझ में आयी। लड़के उसकी कमर के नीचे का हिस्सा देखने के लिए उसकी मनुहार कर रहे थे। बच्चों की शरारत पर उसे मन ही मन बड़ी तेज हँसी आयी। साथ ही शरमा भी गयी वह, "तुम लोग भागो यहाँ से नहीं तो मारूँगी खुर्पी से गरदन क़ट जाएगी।" वही लड़का फिर बोला, "मार दो छोटकी मस्टराइन। काट दो हमारी गरदन। लेकिन एक बार दिखा दो। हम तर जाएँ।" सारिका बड़े असमंजस में पड़ी। उसने जल्दी से आगे बढ़ने की कोशिश की। बच्चों ने उसके पैर पकड़ लिये और उसका पैर दबाने लगे। बच्चे एक साथ बोलने लगे, "दिखा दो छोटकी मस्टराइन...दिखा दो छोटकी मस्टराइन ...।" सारिका बड़े धर्मसंकट में पड़ी। "हारकर वह बोली, "ठीक है! दिखा तो दे रही हूँ लेकिन तुम लोग गाँव में किसी को बताना मत। नहीं तो मैं एक-एक को पीटूँगी।" "नहीं छोटकी मस्टराइन... नहीं छोटकी मस्टराइन ...." बच्चे धीमी आवाज में कहने लगे, "हम लोग गाँव में किसी को नहीं बतायेंगे।" उसने साड़ी दोनों हाथों से ऊपर कर ली। बच्चे एकटक देखने लगे। एक लड़का बोला, "छोटकी मस्टराइन जरा सा छू लूँ?" जूही ने साड़ी नीचे कर ली। "नहीं किसी को छूने नहीं दूँगी मैं।" बच्चे फिर उसका पैर पकड़ने लगे, "ठीक है छोटकी मस्टराइन! हम लोग छुएँगे नहीं लेकिन थोड़ा सा और दिखा दो।" "दिखा तो दिया न!"

जूही बड़े असमंजस से बोली। बच्चों की हरकत पर उसे हँसी भी आ रही थी और शरम भी आ रही थी। "थोड़ा सा और छोटकी मस्टराइन...थोड़ा सा और!" बच्चे उसका पैर दबाने लगे। हारकर उसने फिर साड़ी उठा दी। बच्चे फिर टकटकी लगाकर देखने लगे। थोड़ी देर में उसने साड़ी नीचे कर ली और खाँची-खुर्पी लेकर चल दी, "अब बस बहुत दिखा दिया तुम लोगों को। मुझे घास छीलकर घर भी जाना है। बच्चे धीमी आवाज में पीछे से बोलने लगे, "छोटकी मस्टराइन की...जै जै, छोटकी मस्टराइन की..जै जै.. ।" मुस्कराते हुए सारिका आगे निकल गयी।

चार बजे तक सोना स्कूल से लौट आयी। गुड़ खाकर पानी पिया और चारपाई पर लेट गयी। सारिका ने पूछा, "दीदी खाना बनाना शुरू करूँ?" "मुझे एक घंटे आराम कर लेने दे। अभी थकी हुई हूँ।" सोना बोली। "आज तू रहने दे। मैं अकेले ही खाना बना लेती हूँ।" सारिका ने हँसते हुए कहा। "ठीक है! बना ले!" सोना बोली। सोना ने देखा आज सारिका बहुत चहक रही है। बड़ी खुश दिख रही है। उसे कुछ शक हुआ। उसने अपने बड़े बेटे को बुलाकर धीरे से पूछा, "आज यह कहीं गयी थी क्या?" "हाँ! जब तुम स्कूल चली गयी थी तो यह खाँची और खुर्पी लेकर घास छीलने गयी थी।" बेटे ने भी धीरे से बताया। उसे मन ही मन संदेह होने लगा, 'बाजरे के खेतों में किसी के साथ रँगरेलियाँ तो मनाकर नहीं आयी है?'

आज विनोद फिर आफिस से देर से दारू पीकर लौटा। सोना उसे गाली देते हुए मारने दौड़ी। सारिका ने उसे पकड़ लिया, "जाने दे दीदीं! गाली देने और मारने से यह नहीं सुधरेगा। जरा प्रेम से इसको समझा। प्रेम से समझाने से शायद यह सुधर जाय!" सोना हैरत से उसे देखने लगी। जूही ने विनोद का हाथ -मुँह धुलाया। उसे खाना खिलाया। फिर उसे लिवाकर कमरे में गयी। उसने कमरे में अन्दर से साँकल लगा दी। दरअसल बच्चों की हरकत से वह बहुत उत्तेजित हो गयी थी। उसने विनोद को बहुत रात तक जगाया। शराब के नशे में विनोद को भी आज दुगुना मजा आ रहा था।

अगले दिन सवेरे विनोद फिर शहर चला गया। सारिका का मन कुलबुला रहा था। वह आज फिर घास छीलने जाने के चक्कर में थी। वह सोच रही थी कि सोना स्कूल चली जाय तो मैं निकलूँ। सारिका और सोना दोनों ग्यारह बजे तक नहा खा चुकीं। सोना के स्कूल जाने सम्बन्धी कोई लक्षण नहीं दिख रहे थे। सारिका से नहीं रहा गया, "दीदी तू आज स्कूल नहीं जाएगी क्या?" "नहीं आज स्कूल जाने का मन नहीं कर रहा है। तबीयत कुछ ठीक नहीं लग रही है।" सोना ने अनमने भाव से जवाब दिया। सारिका मायूस हो गयी। खाना-पीना खाकर सोना घर के बाहर

चारपाई बिछाकर लेट गयी। सारिका भी चुपचाप एक तरफ बैठ गयी। सारिका से रहा नहीं गया। आधे घंटे बाद बोली, "दीदी घर में फालतू बैठी हूँ। इससे अच्छा तो यह है कि जाती जानवरों के लिए घास छील लाती।" सोना ने कोई जवाब नहीं दिया। सारिका ने अपनी खाँची-खुर्पी उठायी और घास छीलने चल दी। सोना कनखियों से उसे जाता देखती रही।

वही लड़के आज फिर वहीं पर खेलते हुए मिल गये। सारिका को देखते ही लड़कों ने खेलना बन्द कर दिया और धीमी आवाज में नारा लगाने लगे "....छोटकी मस्टराइन की ...जै जै ...छोटकी मस्टराइन की....जै जै ....छोटकी मस्टराइन की...जै जै...।" सारिका मुस्कराने लगी, "बहुत शरारत सूझ रही है तुम लोगों को। ठीक से रहो नहीं तो एक-एक को मारूँगी।" एक लड़का बोला ठीक है छोटकी मस्टराइन! मार लेना हम लोगों को। लेकिन पहले कुछ दिखा तो दो हम लोगों को।" "कल दिखा तो दिया था न! तुम लोग परच गये हो? आज मैं कुछ नहीं दिखाऊँगी, बल्कि मारूँगी दो-दो थप्पड़।" सारिका ने कहा। एक दूसरा लड़का बोला, "छोटकी मस्टराइन आज कुछ और दिखा दो न!" "कुछ और क्या दिखा दूँ?" सारिका ने पूछा। लड़का बोला, "आज ऊपर वाला दिखा दो।" सब कुछ समझकर भी न समझने का नाटक करते हुए सारिका ने पूछा, "ऊपर वाला क्या होता है?" एक और लड़का बोला, "अरे आज अपना बेल दिखा दो न!" सब लड़के हँसने लगे। सारिका ने उस लड़के का कान पकड़कर मरोड़ दिया, "अच्छा ....अभी मैं तुमको दिखाती हूँ बेल।" बाकी लड़कों ने सारिका के पैर पकड़ लिये, "हाँ छोटकी मस्टराइन! आज अपना बेल दिखा दो...दिखा दो...।" सारिका ने उस लड़के का कान छोड़ दिया," तुम लोग बहुत बदमाश हो गये हो। रोज मुझे परेशान करते हो। मैं पुलिस में रपट लिखवा दूँगी। तुम सभी लोग जेल चले जाओगे।" पुलिस का नाम सुनकर सब लड़के सहम गये। जैसे सबको साँप सूँघ गया हो। सब घबरा कर एक तरफ खड़े हो गये। सारिका खिलखिलाकर हँसने लगी, "क्यों? सबकी सारी बहादुरी गायब हो गयी? पुलिस का नाम सुनते ही सिट्टी-पिट्टी गुम हो गयी? अब तुम लोग डरो नहीं। मैं तो तुम लोगों को चिढ़ा रही थी।....मैं तुम लोगों को अपना बेल दिखा दूँगी।" लड़के खुश हो गये। वे फिर आवाज़ दबाकर नारा लगाने लगे, "....छोटकी मस्टराइन की...जै जै...छोटकी मस्टराइन की...जै जै...।" "लेकिन मेरी एक शर्त है..।" सारिका बोली, "तुम लोगों को पहले मेरे साथ खेलना होगा। जब हम खेल चुकेंगे तो जाने के पहले मैं तुम लोगों को दिखा दूँगी।" लड़कों ने सारिका की शर्त स्वीकार कर ली।

“हम लोग क्या खेलेगे?” एक लड़के ने पूछा। “चलो चिग्घी खेलते हैं!” सारिका ने प्रस्ताव रखा। खपरैल के एक छोटे से टुकड़े की चिग्घी बनायी गयी। जमीन पर लाइनें खींच-खींच कर चिग्घी का मैदान बनाया गया। एक टाँग से कूद-कूदकर चिग्घी खेली जाने लगी।

सारिका को घर से गये एक घंटे हो गये थे। सोना उठी। उसने भी खुर्पी-खाँची ली और घास छीलने के लिए चल दी। दरअसल वह सारिका की टोह लेना चाहती थी। उसे सारिका पर संदेह हो गया था इसीलिए आज वह स्कूल भी नहीं गयी थी। सारिका कल भी घास छीलने गयी थी। आज वह फिर घास छीलने चल दी। वह भी बिना किसी के कहे। अपने आप। घास छीलने जाने में सारिका अक्सर आनाकानी करती थी। सोना उसे जबर्दस्ती घास छीलने लिवा जाती थी अपने साथ। अब किसलिए कूद-कूदकर घास छीलने जा रही है? कुछ तो गड़बड़ है। मिल जाती किसी आदमी के साथ! फिर तो मैं विनोद की निगाहों से हमेशा के लिए गिरा देती इसे। गिर जाती किसी तरह विनोद की निगाहों से। फिर तो मैं इसे नौकरानी बनाकर रखती। वैसे विनोद मुआ भी कम पापी नहीं है। वह इसका कोई अवगुण देखना ही नहीं चाहता।

सोना अपने आप से बड़बड़ाती चली जा रही थी। अचानक उसे सारिका दिख गयी। लड़कों के साथ खेलते हुए। “अच्छा! तो यहाँ पर घास छीली जा रही है...। पापिन...डायन...चुड़ैल ....तो इसलिए आजकल सिर पर घास छीलने का भूत सवार हुआ है?...यहाँ खेत मे लौंडों के साथ मस्ती करने आती है....अभी तक कितनी घास छीली जा चुकी है?...एक मुट्ठी भी नहीं। लौंडों से अपने शरीर की घास छिलवाने आती है यहाँ...।” सोना चिल्ला-चिल्ला कर डाँट रही थी। सारिका के साथ खेलने वाले लड़के वहाँ से भाग खड़े हुए। सारिका की दशा ऐसी थी जैसे कोई चोर सेंध पर ही पकड़ लिया गया हो। सोना ने उसके कान उमेठकर उसे चार-पाँच थप्पड़ मारे। वैसे होता तो सारिका उसके ऊपर चढ़ बैठती। इस समय उसके मुँह से आवाज़ नहीं निकल पा रही थी। सोना फिर चिल्लाने लगी, “लौंडों के साथ रासलीला कर चुकी थी तब उनके साथ खेलना शुरू किया था न! नयी उमर के इतने सारे लड़के तेरे ऊपर चढ़े होंगे तो बहुत मज़ा आया होगा?” सारिका ने धीमी आवाज में प्रतिवाद किया, “मैं उनके साथ सिर्फ खेल रही थी। और मैंने कुछ नहीं किया था।” “चो प्प! खाँची-खुर्पी उठा और चल मेरे साथ घर। आज तेरी इतनी कुटम्मस करूँगी कि ज़िन्दगी भर याद रखेगी।” वह लगातार सारिका को डाँटती और गालियाँ देती हुई चल रही थी। सोना को मन ही मन बहुत मज़ा

आ रहा था। आज पहली बार सारिका उसके चंगुल में फँसी थी, जब उसके मुँह से आवाज़ नहीं निकल पा रही थी। अन्यथा वह हमेशा सोना से भिड़ जाती थी और अन्त में सोना ही हारती थी।

घर आकर सोना ने फिर सारिका को चार-पाँच थप्पड़ मारा। सारिका अच्छे बच्चे की तरह चुपचाप मार खा रही थी। कुछ देर में सोना ने उसे डाँटते हुए आदेश दिया, ''जा मेरे लिए एक गिलास पानी लेकर आ!'' वह चुपचाप पानी लेने चल दी। सारिका को थोड़ा सा सन्तोष था कि बच्चे इस समय घर पर नहीं थे। वे स्कूल गये हुए थे।

शाम को जैसे ही विनोद घर पहुँचा, सोना उठकर खड़ी हो गयी, ''नौकरी ही करते रहोगे कि घर की भी कुछ खोज खबर रखोगे?'' ''क्या हो गया?'' विनोद ने पूछा। ''यह पूछो कि क्या नहीं हुआ?'' सोना बोली, ''तुम्हारी छोटी बेगम ने चौदह-पन्द्रह साल के सात-आठ लड़कों से दोस्ती कर ली है। वे रोज घास छीलने के बहाने जाती हैं और बाजरे के खेत में उन लड़कों के साथ रासलीला करती हैं। सारिका ने चीखकर प्रतिवाद किया, ''झूठ बोल रही है यह। मैं सचमुच घास छीलने गयी थी। रास्ते में कुछ बच्चे खेलते हुए मिल गये। उनके साथ मैं भी खेलने लगी।. ...इससे पूछो। इसने मुझे खेलते हुए ही देखा था कि और कुछ करते हुए देखा था?'' ''अरे वाह-वाह!'' सोना हाथ मटकाते हुए बोली, ''वो सब छोटे-छोटे दूध पीते हुए बच्चे थे न ....इसीलिए तू उनको अपना दूध पिलाने गयी थी ...यह तो इत्तफाक था कि मैं जब पहुँची तो उस समय उन लौंडों के साथ तू चिग्घी खेल रही थी ....उसके पहले उन लड़कों से अपना शरीर रौंदवा चुकी थी तू..इतने लड़कों ने बारी-बारी से इसके शरीर का मज़ा लिया। इसको भी बहुत मज़ा आया।'' ''जबान सम्हालकर बोल!'' सारिका चीख पड़ी, ''मैंने ऐसा कुछ भी नहीं किया उन लड़कों के साथ। मैं सिर्फ उनके साथ खेल रही थी। फालतू बात का बतंगड़ मत बना नहीं तो मैं तेरा मुँह नोच लूँगी।'' ''हाँ! यह काम तो तू कर ही सकती है। जो तेरा कच्चा चिट्ठा खोल दे तू उसका मुँह नोच लेगी। जबरा चोर सेंध में गावे।'' सोना पीछे हटने को एकदम तैयार नहीं थी।

'तो मेरे पीछे घर में यह सब हो रहा है।' विनोद सन्न रह गया। उसने चुपचाप साइकिल खड़ी की और पलटकर वहाँ से चल दिया। सोना ने घबराकर पूछा, ''कहाँ जा रहे हो इस समय?'' ''तुम चिन्ता मत करो। मैं दुकान से कुछ सामान लेकर आ रहा हूँ।'' कहते हुए विनोद चला गया।

'मैं शहर नौकरी करने चला जाता हूँ और सारिका गाँव में इधर-उधर मुँह मारती है? खैर उसका दोष नहीं है। इधर-उधर मुँह मारने का चस्का उसे मैंने ही लगाया था। अब भोगना भी मुझे ही पड़ेगा। मियाँ की जूती मियाँ के सिर। यह ऊपर वाले का न्याय है। मैंने जो जगदेव के साथ किया था, वही अब मेरे साथ हो रहा है। उससे उम्र में काफी बड़ा होकर मैंने उसके साथ मज़ा मारना शुरू किया था। अब वह अपने से कम उम्र के लड़कों के साथ मज़ा मार रही है।' यही सब सोचता हुआ विनोद पैदल ही चला जा रहा था। वह बग्गड़ के घर की तरफ बढ़ रहा था। बग्गड़ अपने घर में महुए की कच्ची शराब बनाता था।

बग़्गड़ के घर में पहले से चार-पाँच लोग बैठे थे। सबने बड़ी गर्मजोशी से विनोद का स्वागत किया। शरीफों में उतना आपसी प्रेम-व्यवहार नहीं होता, जितना नशेड़ियों के बीच होता है। सब बैठकर पीने लगे। जब सब नशे में धुत हो गये तो ऊटपटाँग बकने लगे। विनोद सारिका को गालियाँ देने लगा। एक से एक गालियाँ। एक शराबी बोला, "तुम उसे लाख गालियाँ दे लो लेकिन एक बात से कोई इनकार नहीं कर सकता। तुम्हारी बीवी बहुत मस्त माल है। क्या चीज है!" नशे की हालत में भी उसकी यह बात विनोद को नागवार गुज़र गयी। वहाँ से उठकर वह चल दिया। गिरते-पड़ते अब वह अपने घर की तरफ जा रहा था।

जगदेव अपनी ड्यूटी पर तैनात था। वह विनोद द्वारा किये गये विश्वासघात से उबर नहीं पा रहा था। उसे लगता, जैसे उसकी जिन्दगी में अब कुछ नहीं बचा। उसके सीने में बस एक ही आग जल रही थी। बदले की आग। वह विनोद से बदला लेना चाहता था। उसे अब भी कभी-कभी सारिका की याद आती थी लेकिन अगले ही पल वह घृणा से जमीन पर थूक देता। उसने तय कर लिया था कि वह विनोद को मौत के घाट उतार कर रहेगा। उसे जब भी समय मिलता वह बैठकर विनोद को मारने की तरह-तरह की योजनाएँ बनाता रहता। उसका बाप सहदेव उस पर दूसरी शादी करने के लिए दबाव डाल रहा था। उसकी बहनें भी जगह-जगह लड़कियाँ देखतीं और उसे सूचित करतीं। उस पर हमेशा लड़की देखने का दबाव पड़ता रहता था लेकिन कोई न कोई बहाना करके वह सबको टरका देता था। वह सोच रहा था कि जब मैं विनोद का मार डालूँगा तो मुझे फाँसी हो जाएगी। ऐसे में मैं जिस लड़की से शादी करूँगा, वह विधवा हो जाएगी। अकारण ही उसकी जिन्दगी नरक हो जाएगी। उस लड़की की ज़िन्दगी बर्बाद करने का पाप मेरे ही सर आयेगा। नहीं, नहीं! यह पाप मैं अपने सर नहीं लूँगा।

जगदेव एक बार गाँव गया था। दो दिन की छुट्टी गाँव में ही बितायी थी उसने। उसका बाप उसे शादी करने के लिए तैयार करने की कोशिश कर रहा था लेकिन वह तो किसी और काम से गाँव आया था। उसने छुपाकर एक तमंचा खोंस रखा था और गाँव भर में विनोद को खोजता फिर रहा था। दो दिन की छुट्टी उसने विनोद को खोजने में ही बिता दी। विनोद का सौभाग्य था कि वह जगदेव के सामने नहीं पड़ा। दो दिन की छुट्टी समाप्त हो गयी। जगदेव मायूस होकर लौट गया। उसके कलेजे की आग नहीं ठंडी हो पायी।

एक बार जगदेव की छोटी बहन ने उसे चिट्ठी भेजी। उसने लिखा कि मेरी भाभी की एक बहन है। भाभी के घरवाले उसकी शादी तुमसे करना चाहते हैं। मैंने लड़की देख ली है। लड़की बहुत अच्छी है। मैं घर जाने वाली हूँ। बाबू जी से उस लड़की के बारे में बात करूँगी। अगर तुम्हारी इच्छा हो तो तुम उस लड़की को देख सकते हो। वैसे अगर तुम उस लड़की को नहीं देखोगे तो भी कोई फर्क नहीं पड़ेगा। लड़की मुझे भी पसंद है और तुम्हारे जीजा को भी। तुम भी लड़की को देखकर मना नहीं कर पाओगे। मैं इस शादी के बारे में दीदी और जीजा से भी बात कर ले रही हूँ। हम लोग बहुत दिन तक तुम्हारा नाटक देख चुके। अब तुम्हें यह शादी करनी ही पड़ेगी।

बहन की चिट्ठी पढ़कर जगदेव घबरा गया। उसका एक दोस्त था संतलाल। उसके साथ ही उसकी बटालियन में तैनात था। संतलाल से वह अपना हर सुख-दुःख साझा करता था। संतलाल को उसने अपनी सारी कहानी बता रखी थी। संतलाल उसे समझाता था कि हम लोग सेना के जवान हैं। दूसरे की जान लेना और अपनी जान देना ही हमारा काम है। जिसने तुम्हारे साथ ऐसा काम किया है वह सबसे बड़ा विश्वासघाती है। इतने बड़े विश्वासघात की एकमात्र सजा है, मौत। साले को जिन्दा मत छोड़ना। नहीं तो तुम्हारी मर्दानगी को धिक्कार है। जगदेव अपनी बहन की चिट्ठी लेकर संतलाल के पास पहुँच गया। संतलाल ने चिट्ठी पढ़ी। सोच में डूब गया वह। उसकी भी समझ में नहीं आ रहा था कि क्या किया जाय! अचानक उसने अपना हाथ जगदेव के कन्धे पर रखा, "चिता मत करो! मैं तुम्हारा दोस्त हूँ तो दोस्ती निभाऊँगा। ऐसा करते हैं, हम दोनों छुट्टी लेकर तुम्हारे गाँव चलते हैं। हम लोग मिलकर विनोद को ठिकाने लगायेंगे। ऐसी योजना बनाकर उसे मारा जाएगा कि किसी को यह हवा नहीं लगेगी कि किसने मारा। कोशिश किया जाय कि उसे रात में मारें। उसे मारने के बाद रातों-रात हम लोग गाँव से भागेंगे फिर यहाँ आकर ड्यूटी करने लगेंगे फिर जो होगा देखा जाएगा।" जगदेव भी विनोद को जल्दी से

जल्दी ठिकाने लगाना चाहता था। इससे पहले कि शादी का लफड़ा खड़ा हो विनोद को निबटा दिया जाय। उसने संतलाल की बात मान ली।

छुट्टी लेकर जगदेव संतलाल के साथ अपने गाँव पहुँच गया। सहदेव उसके इस तरह अचानक आने पर हैरान भी हुआ और खुश भी हुआ, ''कस रे! आने के पहले कोई चिट्ठी-पत्री नहीं भेजी? अचानक आ गया? यह तेरे साथ में कौन है?'' ''ऐसा है बाबू, आप को तो पता ही है कि सेना में जल्दी छुट्टी मिलती नहीं। अचानक छुट्टी मिल गयी। इसने कहा कि मैं भी अबकी बार तुम्हारे साथ तुम्हारे घर चलूँगा, सो इसको भी मैं अपने साथ लेता आया।'' जगदेव ने सहदेव को बताया। सहदेव खुश होता हुआ बोला, ''अच्छा-अच्छा.... ऐसा करो, तुम दोनों हाथ मुँह धो लो। मैं अन्दर जाकर तुम लोगों के लिए कुछ बनाता हूँ।'' ''आप रहने दीजिए काका!'' संतलाल ने बीच में ही टोक दिया, ''हम लोग जितने दिन हैं, आप आराम करिए। हम लोगों को सब कुछ बनाना आता है। अब हम लोग सब कुछ बनाकर आपको खिलायेंगे।'' सहदेव हें-हें करने लगा, ''अरे बेटा तुम मेरे घर पहली बार आये हो। मेहमान हो हमारे। हम तुम से खाना बनवायेंगे? अब यही बचा है?'' ''कैसा मेहमान काका? जगदेव आपका बेटा है तो मैं भी आपका बेटा हूँ। आप चुपचाप बैठे रहिए। देखिए कि हम लोग कितना अच्छा खाना बनाते हैं।'' संतलाल बोला।

जगदेव और संतलाल रसोई में जाकर खाना बनाने लगे। जगदेव ने बताया, ''इस समय गर्मी का मौसम है। गर्मी में विनोद घर के अन्दर नहीं सोता। घर के बाहर चारपाई बिछाकर सोता है। गाँव में, ज्यादातर आदमी घर के बाहर ही सोते हैं। यहाँ तक कि हम लोग भी घर के बाहर खुले में चारपाई बिछाकर सोते हैं। घर के अन्दर औरतें और छोटे बच्चे सोते हैं। आँगन में चारपाई बिछाकर।'' संतलाल समझाने लगा, ''आज रात में चलकर मुआयना कर आते हैं। विनोद कहाँ सोता है? अगर बाहर सोता है तो कहाँ पर सोता है? तुम गाँव के रास्तों से परिचित होगे। तुम अपने मन में यह भी समझ लो कि मारने के बाद किधर से भागकर घर पहुँचना सुरक्षित रहेगा। अगर आज सब कुछ समझ में आ गया तो साले को कल ठोंक दिया जाएगा।''

रात में घर के बाहर तीन चारपाइयाँ बिछीं। एक पर सहदेव लेटा, एक पर जगदेव और एक पर संतलाल। जगदेव और संतलाल सहदेव के सोने का इंतजार करने लगे। कुछ देर में सहदेव के खर्राटे गूँजने लगे। जगदेव ने संतलाल को धीरे से जगाया। दोनों दबे पाँव चलते हुए घर से दूर आ गये। दोनों ने पैरों में कुछ नहीं पहन रखा था। नंगे पैर ही दोनों निकले थे, जिससे रात के सन्नाटे में चप्पलों

की आवाज न गूँजे। दोनों विनोद के घर की तरफ बढ़ रहे थे। कुछ आवारा कुत्ते दोनों को देखकर भौंक रहे थे। कुत्तों की परवाह न करके दोनों बढ़े चले जा रहे थे। दोनों विनोद के घर के पास पहुँच गये। विनोद अपने घर के बाहर चारपाई पर लेटा हुआ था। कुछ दूर पहले ही जगदेव ने संतलाल को रोक लिया, ''वह देखो! वही है साला। चारपाई पर सो रहा है। आज हम लोग तमंचा नहीं लिये हैं नहीं तो आज ही इसे ठोंक देता।'' ''धीरज रखो! आज नहीं तो कल साले को मरना ही है। यमराज इसके मौत के फरमान पर हस्ताक्षर कर चुके हैं।'' संतलाल उसे आश्वस्त कर रहा था, ''अब यह बताओ कि इसको मारने के बाद किस रास्ते से भागना है।'' जगदेव बोला, ''हम लोग जिस रास्ते से आये हैं, वही रास्ता सबसे सुरक्षित है। यहाँ से मेरे घर पहुँचने का यही सबसे छोटा रास्ता है। दूसरे इस रास्ते में कम घर पड़ते हैं।'' ''तो ठीक है! घर लौट चलो। कल इसे ठिकाने लगा देंगे।'' संतलाल ने कहा। दोनों चुपचाप लौट पड़े। घर आकर देखा तो सहदेव उसी तरह सो रहा था। वे दोनों भी अपनी-अपनी चारपाई पर सो गये।

अगली रात दोनों ने एक-एक तमंचा लोड करके अपनी-अपनी चारपाई पर छुपाकर रख लिया। कुछ कारतूस अतिरिक्त भी रख लिया। जब सहदेव सो गया तो दोनों निकल पड़े।

विनोद के घर के कुछ पहले ही दोनों रुक गये। दोनों ने तमंचा हाथ में ले लिया। दोनों दबे पाँव विनोद की चारपाई की ओर बढ़ने लगे। इत्तफाक! उस समय विनोद जाग रहा था। न जाने क्यों उसे नींद नहीं आ रही थी। चन्द्रमा के प्रकाश में उसने देख लिया कि दो लोग उसकी ओर बढ़े चले आ रहे हैं। उसे तुरंत कुछ अनिष्ट की आशंका हो गयी। वह फुर्ती से चारपाई से उछलकर खड़ा हो गया और जोर-जोर से चिल्लाने लगा, ''चोर-चोर-चोर-चोर-चोर ..''

जगदेव और संतलाल तेजी से पलटकर भाग खड़े हुए। जल्दी-जल्दी लोग लाठियाँ लेकर चिल्लाते हुए दौड़े। विनोद के दरवाजे पर भीड़ लग गयी। शोरगुल और हंगामा मचा हुआ था। विनोद ने इशारा करते हुए कहा, ''दो लोग थे। इधर ही भागे हैं... ।'' कुछ लोग तेजी से उस तरफ भागे। विनोद की औरतें और बच्चे भी बाहर निकल आये। वे सब रोने-चिल्लाने लगे। चारों तरफ दौड़-दौड़कर लोग चोरों को खोज रहे थे। जगदेव और संतलाल का भाग्य था कि दोनों तेजी से भागकर घर पहुँच गये थे, अन्यथा अगर वे भीड़ के हत्थे चढ़ गये होते तो लोग दोनों को पीट-पीटकर मार डालते। लगभग सवेरा होने तक विनोद के घर पर हंगामा मचा रहा। लोग उत्सुकतावश विनोद से तरह-तरह के सवाल कर रहे थे।

चोरों की कद-काठी कैसी थी? उनके हाथ में कोई हथियार था या नहीं? दोनों ने चेहरा छुपा रखा था या नहीं? दोनों की उम्र लगभग कितनी रही होगी ...

बिस्तर पर लेटे-लेटे दोनों धीरे-धीरे बतिया रहे थे। संतलाल बोला, "आज तो बच गया साला। किस्मत का धनी है।" जगदेव ने कहा, "खैर मनाओ कि हम लोग बच गये। नहीं तो आज दाँव उल्टा पड़ जाता।" शोरगुल की आवाज सुनकर सहदेव भी जाग गया। वह उठकर बैठ गया, "गाँव में कहाँ चिल्लाहट हो रही है?" जगदेव ने उसे टरकाने की कोशिश की, "कहीं कुछ हुआ होगा। तुम चुपचाप सो जाओ। क्या करना है तुम्हें?" "नहीं मैं देखकर आता हूँ कहाँ चिल्लाहट हो रही है। इतनी रात में कहाँ क्या हो गया?" सहदेव ने कहा और जगदेव के लाख मना करने पर भी वह उठकर चल दिया। "अब कल रात में हमला करना ठीक नहीं रहेगा।" जगदेव ने संतलाल से कहा, "कल रात में विनोद भी चौकन्ना रहेगा और उसके परिवार के लोग भी चौकन्ना रहेंगे। कोई ताजी-ताजी घटना होने पर हर तरफ लोग चौकन्ने रहते हैं। हो सकता है, कल रात विनोद बाहर सोये ही न। कल गाँव में भी चारों तरफ लोग सतर्क रहेंगे। हम लोगों को कुछ दिन शान्तिपूर्वक रहना होगा।" "कह तो तुम ठीक रहे हो यार लेकिन हम लोग कितने दिन छुट्टी पर रहेंगे!" संतलाल ने जवाब दिया, "ऐसा करते हैं, कल उसे दिन में ही खोजते हैं। जहाँ भी मिल जाय, उसे दिन-दहाड़े ठोंक दिया जाय। इसके अलावा और कोई चारा नहीं है। जो होगा, देखा जाएगा। हम लोग फौजी हैं। हम मरने से नहीं डरते।" जगदेव कुछ नहीं बोला। उसे लगा संतलाल ठीक ही कह रहा है। "बोलो? क्या कहते हो मेरे प्लान पर?" संतलाल ने पूछा। "मैं कहाँ पीछे हट रहा हूँ। मैं तैयार हूँ। आखिर बदला तो मुझे ही लेना है।" जगदेव ने जवाब दिया। "ये हुई न बात! अब सो जाओ। जो भी होगा कल दिन में होगा।" संतलाल चारपाई पर करवट बदलकर लेट गया।

अगले दिन नहा-धोकर, खा-पीकर दोनों तमंचा खोंसकर निकल पड़े। गाँव में चारों तरफ दोनों घूम रहे थे। जो भी मिल जाता उससे दुआ-सलाम भी हो जा रहा था। जगदेव से लोग उसका हाल-चाल भी पूछ रहे थे। कब आये? कैसे आना हुआ? शादी कब कर रहे हो? जगदेव की इन सब प्रश्नों में कोई रुचि नहीं थी। जल्दी-जल्दी हालचाल बताकर कुछ जरूरी काम है, कहकर वह खिसक ले रहा था। वह अपने शिकार को तलाश रहा था। अंततः उसकी इच्छा पूरी हो गयी।

विनोद एक जगह दिख गया। एक नाली के पास गिरा हुआ था। शराब के नशे में एकदम धुत। उसे कुछ भी होश-चेत नहीं था। जगदेव उत्तेजित होकर बोला,

“संतलाल यही है विनोद।” संतलाल ने तुरंत तमंचा निकाल लिया। जगदेव ने भी तमंचा निकाल लिया। संतलाल गोली चलाने जा ही रहा था कि जगदेव ने उसका हाथ पकड़ लिया, “नहीं संतलाल! गोली मत चलाओ! अगर हमने इसे गोली मार दी तो यह जीत जाएगा।” संतलाल ने प्रश्नवाचक निगाहों से जगदेव की ओर देखा। जगदेव बोला, “संतलाल, विनोद कभी शराब नहीं पीता था। अब इस कदर पी रहा है कि ऐसी दशा में पड़ा हुआ है। इसका मतलब है कि वह अपनी ही निग़ाहों में बुरी तरह गिर चुका है और अपने को तिल-तिलकर मार रहा है। इसको ऐसे ही तिल-तिल कर मरने दो। अगर हम इसको गोली मार देंगे तो यह एक बार में ही मर जाएगा, जैसा कि यह खुद भी चाह रहा होगा। इसे गोली मारकर हम इसको मुक्त नहीं होने देंगे। लौट चलो संतलाल। आज मैं बहुत खुश हूँ। संतलाल मैं जीत गया। हा....हा...हा...”

उसकी याद

प्रथमेश ने घर में घुसते ही अपना बैग कुर्सी पर रख दिया। आहिस्ता-आहिस्ता कमीज की बटन खोलने लगे। पत्नी प्रज्ञा उनका मूड भाँपने की कोशिश करने लगीं। आफिस से घर लौटते ही प्रथमेश के दिमाग का पारा वैसे भी चढ़ा रहता है। उसमें आज कुछ उतार-चढ़ाव तो नहीं है?

प्रज्ञा के पास आज दो खराब समाचार थे, जो उन्हें प्रथमेश को देने थे। उन्होंने सोचा, पहने प्रथमेश चाय-पानी कर लें। थोड़ा सा सहज हो लें। तब उनसे कुछ बताया जाय। अचानक दूसरी कक्षा में पढ़ने वाला उनका दूसरा बेटा प्रेय प्रथमेश से बोला, "पापा, आज भइया को न, गणित में दस में से दो नम्बर मिले हैं।" प्रज्ञा घबरा गयीं। वे समझ गयीं कि अब बड़े बेटे श्रेय को कसकर चार-छः झापड़ मिलेंगे। श्रेय चौथी कक्षा में पढ़ता था। "क्यों बेटा श्रेय?" प्रथमेश ने बड़े शान्त लहजे में कहा, "यह क्या हो रहा है? तुम्हें पता है न कि तुम्हारी पढ़ाई पर हम कितने पैसे खर्च कर रहे हैं? तुम इस तरह नम्बर लाओगे तो कैसे चलेगा बेटा?" पापा को इतने शान्त भाव से अपनी बात कहते सुनकर श्रेय आश्चर्यचकित रह गया। सिर झुकाकर बड़े धीरे से बोला, "सॉरी पापा! मुझे थोड़ा सा कन्फ्यूजन हो गया था। इसके कारण मेरे दो सवाल गलत हो गये। आगे से ऐसा नहीं होगा पापा।" "हाँ बेटा! तुम लोग देखते हो कि मैं कितनी मेहनत से पैसे कमाता हूँ। तुम लोग पढ़-लिखकर कुछ बन जाओ तो हमारी मेहनत सार्थक हो जाएगी।" प्रथमेश बोले। प्रज्ञा एकदम से भौंचक्की रह गयीं। इनकी तबीयत तो ठीक है न? आज ऑफिस से लौटने के बाद कैसे इतने प्रेम से बोल रहे हैं? वे रसोई में घुसकर जल्दी-जल्दी चाय बनाने लगीं।

अब श्रेय की बारी थी। प्रेय ने उसकी चुगली की थी, उसे गुस्सा आ रहा था। पापा के पास जाकर वह बड़े प्यार से बोला, "पापा, आज प्रेय ने क्या किया है, आपको पता है?"

"क्या किया है?"

"आज इसने टी.वी. का रिमोट दीवार पर फेंक कर मारा। रिमोट टूट गया।"

"क्यों?"

"मम्मी ने इसको इसके पंसद का कार्टून चैनल नहीं देखने दिया, इसलिए।"

"प्रेय इधर आओ!" प्रथमेश ने आवाज दी। प्रज्ञा रसोई में खड़ी-खड़ी सारी बात- चीत सुन रही थीं। उनका कलेजा काँप गया। वे समझ गयीं कि अब प्रेय की ढंग से धुलाई होगी। प्रेय एकदम से भयभीत होकर प्रथमेश के पास जाकर खड़ा हो गया। "क्यों बेटा प्रेय?" यह सब कहाँ के गंदे संस्कार सीख रहे हो तुम? क्या मुझसे हमेशा पिटाई खाना तुम्हें बहुत अच्छा लगता है? तुम लोग क्या समझते हो? तुम लोगों को हमेशा पीटने-पाटने में मुझे बहुत मज़ा आता है? आखिर तुम लोग क्यों ऐसी उल्टी-सीधी हरकतें करते रहते हो, जिसके कारण मुझे तुम लोगों की पिटाई करनी पड़ती है।" प्रथमेश बड़े प्यार से प्रेय को समझा रहे थे। प्रज्ञा एकदम से हैरान थीं। उन्हें समझ में नहीं आ रहा था कि आज प्रथमेश को हो क्या गया है? और दिन भर उनका मूड चाहे जैसे रहे, लेकिन ऑफिस से लौटने पर वे एकदम से गुर्राते रहते और जरा-जरा सी बात पर बच्चों को पीट-पाटकर रख देते। उनसे भी उलझ पड़ते थे। आज कहाँ से इन पर गौतम बुद्ध की छाया पड़ गयी है? प्रेय ने अपने दोनों कान पकड़ लिये, "सॉरी पापा! आज माफ़ कर दीजिए। अब ऐसा नहीं करूँगा।" "ठीक है, जाओ बैठकर अपनी पढ़ाई-लिखाई करो।" उन्होंने प्रेय से कहा और अपना कपड़ा बदलने लगे।

प्रथमेश का मूड इतना बदला-बदला देख प्रज्ञा की भी हिम्मत बढ़ी। चाय-नाश्ता देते हुए वे बोलीं, "आज पड़ोस में मिसेज टंडन के यहाँ सत्संग है। मैं चली जाऊँ?" सत्संग वगैरह के नाम पर प्रथमेश बहुत भड़कते थे। वे मानते थे औरतें सत्संग के नाम पर एक जगह इकट्ठा होकर मुहल्ले भर की बुराई करती हैं इसलिए वे सत्संग के नाम पर प्रज्ञा को जल्दी किसी के यहाँ जाने नहीं देते थे। लेकिन आज ऐसा नहीं हुआ, "हाँ-हाँ चली जाओ। मैं भी थक गया हूँ। थोड़ी देर लेटकर आराम करूँगा।" प्रज्ञा समझ नहीं पायीं कि आज हो क्या गया है इन्हें। उन्होंने जल्दी-जल्दी अपना काम समेटा। बच्चों को सहेजा, "किसी तरह की कोई शरारत या लड़ाई-झगड़ा मत करना। चुपचाप बैठकर कायदे से पढ़ाई करना। मैं थोड़ी देर के लिए टंडन आंटी के यहाँ जा रही हूँ।"

प्रथमेश चुपचाप जाकर बिस्तर पर लेट गये। आज वे लड़कियों के एक इंटर कॉलेज में मुख्य अतिथि बनकर गये थे। वहीं उनका एक ऐसा जख्म हरा हो गया

कि वे एकदम से उदास हो गये थे। उसी के बाद से उन्हें कुछ अच्छा नहीं लग रहा था। कुछ भी काम करने का जी नही हो रहा था। सांस्कृतिक कार्यक्रम के दौरान लड़कियों ने एक नाटक खेला था—'प्यार की जीत'। उस नाटक को देखकर उन्हें रागिनी की याद आ गयी। फिर तो वे छटपटा उठे।

जब वे ग्यारहवीं कक्षा में पढ़ते थे, तब उनकी रागिनी से पहली मुलाकात हुई थी। मुहल्ले में एक जगह चौबीस घंटे का श्रीरामचरितमानस का अखंड पाठ हो रहा था। अखंड पाठ खत्म होने पर कुछ कीर्तन वगैरह चल रहा था। मुहल्ले के कई लड़के-लड़कियाँ अपने परिवारों के साथ आ गये। चूँकि पूजा-पाठ प्रथमेश के घर के बगल में ही हो रहा था इसलिए वे भी पहुँच गये। वहीं उन्होंने रागिनी को पहली बार देखा। कई लड़कियाँ थीं लेकिन रागिनी सब से अलग ही दिख रही थी। एक गोरी-चिट्टी और सुंदर सी लड़की को देखकर लड़के तरह-तरह की हीरोगिरी कर रहे थे जिससे वह लड़की उनकी ओर आकर्षित हो। उनकी ओर देखे। यह वह दौर था, जब किसी लड़के और लड़की का आपस में बात करना अच्छी निगाह से नहीं देखा जाता था। समाज में अच्छी छवि रखने वाली लड़की किसी लड़के से बात नहीं करती थी। इसी तरह समाज में अच्छी छवि रखने वाला कोई लड़का किसी लड़की से बात नहीं करता था। उस महफिल में किसी असामान्य हरकत करनेवाले लड़के की ओर वह लड़की उत्सुकता से देखने लगती थी। लड़के यही चाह भी रहे थे। प्रथमेश चुपचाप एक तरफ बैठे थे। लड़की भूलकर भी उनकी तरफ नहीं देख रही थी। उनके मन के भी किसी कोने में यह बात थी कि काश! लड़की मेरी तरफ भी आकृष्ट होती, मेरी तरफ भी देखती। सारा पूजा-पाठ खत्म हो गया। प्रसाद भी बँट गया। लोग अपने-अपने घरों को भी जाने लगे। लड़की ने एक बार भी उनकी तरफ नहीं देखा। उन्हें बहुत गुस्सा आया।

एक दिन प्रथमेश अपने घर की लॉबी में बैठे पढ़ रहे थे। प्रथमेश का घर आधा बना था, और आधा बिन-बना ही पड़ा था। बने हुए हिस्से में तीन कमरे, एक लॉबी, एक रसोई, एक स्टोर और एक लैट्रिन-बाथरूम था। अन्दर कमरों की फर्श बन रखी थी और अन्दर से दीवारें भी प्लास्टर हो रखी थीं। बाहर की दीवारें बिना प्लास्टर के ही थीं। चूँकि इलाहाबाद शहर का यह मुहल्ला अभी नया-नया बस रहा था अतः अधिकांश घरों की हालत लगभग ऐसी ही थी। मुहल्ले में किसी का भी घर अभी पूरा नहीं बना हुआ था। थोड़ा-थोड़ा बनवाकर लोग रहने लगे थे। प्रथमेश कुछ लिख रहे थे। अचानक उनकी निगाहें ऊपर उठीं। उन्होंने देखा कि उनकी छोटी बहन कुसुम के साथ वही लड़की घर के अंदर घुस रही थी।

उन्होंने उस लड़की को देखा। लड़की ने उन्हें देखा। दोनों की आँखें चार हुईं। दोनों ने नज़रें झुका लीं। कुसुम उस लड़की को बगल के कमरे में ले गयी। दोनों की आवाज़ें साफ-साफ सुनायी दे रही थीं। कुसुम उस लड़की को हड़का रही थी, "जानती हो! ये मेरे प्रथमेश भइया हैं। शहर के सबसे अच्छे स्कूल राजकीय इंटर कॉलेज में ग्यारहवीं कक्षा में पढ़ते हैं। अपने पूरे स्कूल में सबसे तेज हैं। इनसे कभी कुछ बोलना मत। ये किसी लड़की से बात नहीं करते हैं। धीरे-धीरे लड़की पूरी तरह से उसके अरदब में आ गयी। वह कभी टॉयलेट जाने के बहाने, कभी पानी पीने के बहाने बाहर निकलती थी और बार-बार प्रथमेश को देखते हुए जाती थी। प्रथमेश ताड़ लेते थे कि लड़की उन्हें देख रही है लेकिन वे किताब-कॉपी में सिर गड़ाये ऐसा प्रदर्शित कर रहे थे, जैसे उन्हें उस लड़की से कोई मतलब न हो। वे इस तरह कनखियों से लड़की को देख ले रहे थे कि लड़की को पता ही नहीं चल पाता था। उन्हें मन ही मन बहुत गुदगुदी हो रही थी। एक सुंदर सी लड़की उन्हें देखती हुई उनके आसपास मँडरा रही है। वही लड़की जिसने उस दिन उन्हें एकदम लिफ्ट नहीं दिया था। वह जब भी किसी बहाने से कमरे से निकलती उनका मन एक खूबसूरत गुलाब की तरह खिल उठता। वे सोच रहे थे कि यह लड़की ऐसे ही मेरे आस-पास घूमती रहती! जल्दी घर न जाती!

काफी देर हो गयी। माँ ने बड़ी जोर से डाँटा, "कुसुम! आज पढ़ना-लिखना नहीं है क्या? दिनभर गप्पें ही लड़ाती रहोगी?" वह लड़की सकपका गयी। जल्दी-जल्दी कुसुम से विदा लेकर अपने घर चली गयी। उसके चले जाने के बाद माँ कुसुम से उस लड़की के बारे में पूछताछ करने लगीं। कुसुम बताने लगी, "इसके पापा ए.जी. ऑफिस में आडीटर हैं। और उनका नाम सुवेश सिंह है। इसका नाम रागिनी सिंह है। क्रॉस्थवेट गर्ल्स इंटर कॉलेज में ही मेरे साथ नौवीं कक्षा में पढ़ती है। आज मुझसे कहने लगी कि हम दोनों एक ही मुहल्ले में रहती हैं, फिर भी एक दूसरे का घर नहीं देखा है। चलो आज एक दूसरे का घर देख लिया जाय। इसीलिए पहले आज मैं इसके घर गयी थी। उसके बाद यह मेरे घर आयी। बेचारी बहुत सीधी है। पढ़ने में भी अच्छी है। हम दोनों अच्छे दोस्त बन गये हैं।

कुसुम ने उसके घर की जो स्थिति माँ को बतायी, उससे प्रथमेश का दिल बल्लियों उछल पड़ा। उसके घर के सामने से होकर ही वे प्रतिदिन साइकिल से स्कूल जाते थे। अब उनका यह रोज का काम हो गया कि स्कूल जाते हुए रागिनी का घर ठीक से देखते हुए जाते थे। शायद रागिनी दिख जाय। रागिनी एक बार भी नहीं दिख रही थी। धीरे-धीरे उनकी समझ में आया कि जब वे स्कूल जाते हैं,

उस समय तो रागिनी स्कूल में होती है। स्कूल से लौटते समय दिखायी पड़ने का अवसर बनता है। अब वे लौटते समय रोज बड़ी आशा भरी निगाहें से रागिनी के घर को देखते थे।

एक दिन रागिनी फिर कुसुम के साथ घर पर आ गयी। प्रथमेश बैठकर पढ़ाई कर रहे थे। उन्होंने रागिनी को भरपूर निगाहों से देखा। रागिनी ने भी उनकी ओर शरमाती हुई निगाहों से देखा। प्रथमेश ने समझ लिया कि रागिनी के दिल में मेरे लिए कुछ-कुछ है। रागिनी ने भी उनकी निगाहों का भाव पढ़ लिया। उनकी निगाहों का भाव पढ़कर वह मारे खुशी के शर्म से लाल हुई जा रही थी। कुसुम ने उन्हें बताया कि रागिनी उनसे हिन्दी में कुछ पढ़ना चाहती है। घबराहट के मारे उनका कलेजा धक-धक करने लगा। उन्होंने आज तक किसी लड़की से बात नहीं की थी। उनकी समझ में नहीं आ रहा था कि वे रागिनी को कैसे पढ़ायेंगे। प्रथमेश की माँ को भी यह बात अच्छी नहीं लगी कि रागिनी उनके बेटे से कुछ पढ़ना चाहती है। उन्हें इस बात का गर्व था कि उनका बेटा किसी लड़की से बात नहीं करता। यह लड़की उनके बेटे से बात करने का प्रयास कर रही है। उन्होंने रागिनी को टरकाना चाहा, ''बेटी प्रथमेश अभी अपनी पढ़ाई में व्यस्त है। कभी बाद में आकर तुम पढ़ लेना।'' रागिनी बड़ी विनम्रता से बोली, ''चाची मुझे बहुत थोड़ा सा पूछना है। बस, चार लाइन। मुश्किल से पाँच मिनट लगेगा।'' ''कुछ पढ़ते रहो और ध्यान बँट जाय तो पढ़ने में मन नहीं लगता। तुम अभी जाओ। बाद में कभी आ जाना।'' उन्होंने एक ढंग से रागिनी को वहाँ से भागने का सिग्नल दे दिया। ''पढ़ लेने दो न मम्मी!'' कुसुम ने कहा, ''उसके बाद हम दोनों खेलेंगी। रागिनी मेरे साथ खेलने के लिए आयी है।'' प्रथमेश की माँ नाराज़ हो गयीं। वे मुँह बनाती हुई घर के बाहर चली गयीं। रागिनी ने एक कुर्सी खींच ली और प्रथमेश के पास पढ़ने के लिए बैठ गयी। कुसुम अपने कमरे में चली गयी। रागिनी के हाथ में एक किताब थी। उसने किताब खोलकर प्रथमेश के सामने रख दिया, ''मुझे इस कविता का अर्थ बता दीजिए।'' उसने एक जगह उँगली रख दी। प्रथमेश ने देखा, वह सूरदास का एक पद था—''अँखियाँ हरि दरसन की भूँखी।'' एक तो उनका दिल घबराहट के मारे वैसे ही धड़क रहा था, ऊपर से यह श्रृंगार रस का पद। उनकी नानी मर गयी। उन्होंने रागिनी की ओर देखा। उसने भी हौले से मुस्कराकर उनकी ओर देखा। इस समय वहाँ पर दोनों कि सिवा और कोई नहीं था। दोनों के दिल में चूँकि कुछ-कुछ था, इसलिए दोनों का दिल जोर-जोर से धड़क रहा था। प्रथमेश ने किसी तरह सूरदास के उस पद का अर्थ बताना शुरू किया। अर्थ बताने में वे

कहीं-कहीं शरमा जा रहे थे। वे जब शरमाते तो रागिनी दाँतों से होंठ दबाकर मुस्कराने लगती। थोड़ी देर में दोनों समझ गये कि पढ़ाई के साथ-साथ वे प्यार-मुहब्बत का खेल भी खेल रहे हैं। अब न प्रथमेश का पढ़ाना समाप्त हो रहा था और न रागिनी का पढ़ना। अचानक दोनों एक दूसरे को देखकर शरमा कर मुस्करा पड़े। रागिनी किताब लेकर अन्दर कुसुम के पास चली गयी, ''तुम्हारे भइया सचमुच बहुत तेज हैं। उन्होंने इतना अच्छा समझाया कि सब कुछ समझ में आ गया। क्लास में मैडम समझाती हैं तो ढंग से पल्ले ही नहीं पड़ता।'' कुसुम फूलकर कुप्पा हो गयी, ''और तुम क्या समझती थी? जानती हो! कक्षा में भइया जब टीचर से कुछ पूछने के लिए खड़े होते हैं, टीचर की उनके कुछ पूछने के पहले ही घिग्घी बँध जाती है।'' प्रथमेश सब कुछ सुन रहे थे। रागिनी फिर बोली, ''एक दिन मम्मी को मैं तुम्हारे भइया के बारे में बता रही थी। मैंने उन्हें बताया कि कुसुम के भइया अपने स्कूल में पढ़ने में सबसे तेज हैं। मम्मी बहुत प्रभावित हुईं। वे एक दिन भइया से मिलने तुम्हारे घर आयेंगी बल्कि मेरी मम्मी तो मुझे चिढ़ाने लगीं।'' ''क्या कह रही थीं?'' कुसुम ने पूछा। रागिनी हँसने लगी, ''कुछ नहीं...।'' ''कुछ तो?'' ''मम्मी कहने लगीं कि...'' रागिनी शरमा कर हँसने लगी, ''मम्मी कहने लगीं कि...ठीक है! हम लोग भी ठाकुर हैं, कुसुम का परिवार भी ठाकुर है। हम लोग दूसरे ठाकुर हैं और वे लोग दूसरे। मैं कुसुम से पूछ रही थी ,हम लोगों का गोत्र भी अलग-अलग है। कुसुम के भइया से मैं तेरी शादी कर देती हूँ।'' दोनों सहेलियाँ जोर-जोर से हँसने लगीं। रागिनी समझ रही थी कि प्रथमेश सब कुछ सुन रहे हैं। शायद वह प्रथमेश को ही यह सब सुना भी रही थी। प्रथमेश के दिल में भी गुदगुदी हो उठी। वे मुस्करा पड़े। 'अच्छी तो है रागिनी!' प्रथमेश सोचने लगे, 'सुंदर है। पढ़ने में ठीक ही है। बदतमीज नहीं है। देखने में प्यारी है।...सबसे बढ़कर...सबसे बढ़कर वह मुझे प्यार करती है। जाति-बिरादरी भी दुरुस्त है। जाति में किसी तरह का कोई लफड़ा नहीं है। सब कुछ तो ठीक है।' '...जो भी है!' वे फिर से सोचने लगे, 'खैर! मुझे इन सब बातों में नहीं पड़ना चाहिए। पढ़ाई एक तपस्या होती है। जो जरा सा भटका कि गया काम से। पढ़-लिख कर कुछ बनूँगा नहीं तो न रागिनी पूछेगी और न उसके माँ-बाप। मुझे केवल और केवल आई.ए.एस. बनना है। प्यार-मुहब्बत के लफड़े में नहीं पड़ना है। रागिनी मुझे इसीलिए तो पसंद करती है कि मैं पढ़ने में अच्छा हूँ। प्यार-मुहब्बत के लफड़े में फसूँगा तो हो चुकी पढ़ाई। आई.ए.एस. बन जाऊँगा तो ऐसी एक से एक रागिनियाँ मिलेंगी। नहीं बन पाया तो सड़क के किनारे बैठकर साइकिल का पंचर बनाता हुआ मिलूँगा। फिर कोई नहीं पूछेगा।'

एक दिन प्रथमेश स्कूल से लौट रहे थे। अपनी साइकिल से। उन्होंने देखा, रागिनी अपने घर के बाहर खड़ी है। उसके साथ एक औरत भी खड़ी थी। प्रथमेश ने अनुमान लगाया कि उसकी माँ होंगी। उन्होंने नज़रें झुका लीं। सड़क देखते हुए चुपचाप जाने लगे। अचानक उनके कान में आवाज़ आयी, ''सुनो!'' उन्होंने नज़रें उठाकर देखा। वही औरत उन्हें बुला रही थी। वे साइकिल से उतर गये, ''जी! आपने बुलाया?'' ''हाँ!'' उस औरत ने कहा, ''तुम कुसुम के भाई हो? तुम्हारा नाम प्रथमेश है?'' ''हाँ!'' प्रथमेश ने हौले से जवाब दिया। ''आओ बेटा थोड़ी देर हमारे यहाँ भी बैठो। मेरी बेटी और तुम्हारी बहन एक ही कक्षा में पढ़ती हैं। दोनों पक्की सहेलियाँ हैं। तुम्हारी बहन तो मेरे घर आती है। तुम कभी नहीं आते हो?'' प्रथमेश अचकचा गये, ''जी...।'' ''जी क्या?'' वह औरत बोली, ''मेरा बेटा रजनीश भी आठवीं कक्षा में पढ़ता है। इस समय घर पर है नहीं। अपने दोस्तों के साथ कहीं खेलने गया है। कभी मैं उससे तुम्हें मिलवाऊँगी। तुम भी थोड़ा खेला-कूदा करो। हरदम पढ़ते ही मत रहा करो।...आओ घर के अंदर आओ। थोड़ी देर बैठो।'' प्रथमेश ने साइकिल खड़ी की। सकुचाते हुए दोनों के पीछे-पीछे घर के अंदर चले गये। रागिनी की माँ ने उन्हें एक कुर्सी पर बैठाया। खुद भी बगल में एक कुर्सी पर बैठ गयीं। उन्होंने रागिनी को आदेश दिया, ''रागिनी जाओ चाय बना लाओ।'' रागिनी चाय बनाने चल दी। ''चाची मैं चाय नहीं पीता।'' प्रथमेश ने सकुचाते हुए कहा। रागिनी की माँ हँसने लगीं, ''अरे बेटा! पहली बार तो हमारे घर आये हो। चाय भी नहीं पिओगे? कुछ दूसरी चीज खाना हो तो बताओ। मैं जाऊँ दुकान से ले आऊँ।'' वे आँखें नीची किये हुए ही बोले, ''नहीं कुछ मत ले आइए। मैं चाय ही पी लूँगा।'' वे जोर से हँसने लगीं, ''बेटा तुम तो बहुत शर्मीले हो। इसे अपना घर ही समझो। इस तरह शर्माओ नहीं।'' कुछ देर में रागिनी चाय लेकर आ गयी। साथ में पकौड़ी भी थी। ''अरे वाह! रागिनी की माँ बोलीं, ''तुम तो पकौड़ी भी बना लायी।'' रागिनी बोली, ''मम्मी इन्हें प्याज की पकौड़ी बहुत पसन्द है।'' ''अच्छा?'' उन्होंने शरारत से व्यंग्य किया, ''इनकी पसन्द-नापसन्द सब तुझे पता है?'' रागिनी शरमाकर अन्दर भाग गयी। प्रथमेश तो मानो शर्म से जमीन में गड़े जा रहे थे। ''लो बेटा लो! पकौड़ी खाओ!'' उन्होंने आग्रह किया। प्रथमेश चुपचाप बैठे रहे। वे फिर हँसने लगीं, ''अरे बेटा तुम तो लड़कियों से भी ज्यादा शर्माते हो। लो खाओ न!'' वे प्याज की पकौड़ियाँ धीरे-धीरे खाने लगे। रागिनी की माँ शरारत से बोलीं, ''उसने मेरे लिए पकौड़ियाँ नहीं बनायी हैं। तुम्हारे लिए बनायी हैं। मेरे लिए तो दुष्ट ने सिर्फ चाय बनायी है। सारी, पकौड़ियाँ तुम्हीं खाओ।'' वे शर्म से

लाल हो गये। नजरें नीची करके वे पैर के अँगूठे से फर्श खुरचने लगे। ''इतना शर्मानेवाला लड़का तो ज़िन्दगी में मैंने पहली बार देखा है।'' रागिनी की माँ बोलीं। अचानक वे हँसने लगीं, ''वैसे तुम्हें इस तरह शर्माता देखकर मुझे बड़ा अच्छा लग रहा है। न जाने मुझे क्यों लग रहा है कि तुम मेरे ही बेटे हो।''

एक लड़का अन्दर घुसा। ''अरे रजनीश तुम आ गये।'' रागिनी की माँ बोलीं, ''यह हैं तुम्हारे भइया प्रथमेश। रागिनी की सहेली कुसुम के भइया हैं ये। राजकीय इंटर कॉलेज में ग्यारहवीं कक्षा में पढ़ते हैं। पढ़ने में बहुत तेज हैं। तुम्हें भी कुछ अगर न समझ में आया करे तो भइया से पूछ लिया करो। फिलहाल जाओ भइया को इनके घर तक छोड़ आओ। इसी बहाने इनका घर भी देख लोगे। अभी मौसी ने कल दो अनानास भिजवाये थे न! दोनों रखे हुए हैं। उनमें से एक अनानास ले जाओ भइया के घर दे आओ।'' रजनीश अन्दर गया और एक अनानास लेकर आ गया। रागिनी की मम्मी को नमस्ते करके प्रथमेश चल दिये। उनके साथ-साथ अनानास लेकर रजनीश भी चल दिया। चूँकि रजनीश पैदल था, इसलिए प्रथमेश भी साइकिल लेकर पैदल-पैदल ही चल दिये।

प्रथमेश बारहवीं में पहुँच चुके थे। एक दिन एक इंटर कॉलेज में वाद-विवाद प्रतियोगिता हुई। इलाहाबाद के जितने भी इंटर कॉलेज थे, चाहे वे लड़कों के हों या लड़कियों के, सब ने उस प्रतियोगिता में भाग लिया। हर स्कूल के दो-दो छात्रों को प्रतियोगिता में भाग लेना था। एक को पक्ष में बोलना था और एक को विपक्ष में। राजकीय इंटर कॉलेज से भी दो विद्यार्थियों को प्रतियोगिता में भाग लेने के लिए भेजा गया। एक तो प्रथमेश को और दूसरे पंकज को। दोनों ही बारहवीं के छात्र थे। प्रतियोगिता में राजकीय इंटर कॉलेज की टीम प्रथम आयी। अगले दिन अखबार में प्रथमेश और पंकज की फोटो छपी। चारों तरफ से बधाई देने वालों का ताँता लग गया।

शाम को रागिनी की माँ भी रागिनी के साथ प्रथमेश के घर आयीं। वे पहली बार आयी थीं हालांकि उनका पहली बार आना, पहली बार जैसा लगा नहीं क्योंकि दोनों परिवार बच्चों के माध्यम से एक दूसरे से खूब अच्छी तरह परिचित हो चुके थे। साथ में रागिनी को देखकर प्रथमेश की माँ समझ गयीं कि यह उसकी माँ ही होंगी। वे हँसते हुए बोलीं, ''चलिए आप मेरे घर आयीं तो सही।''

''क्या करूँ? मैंने बहुत दिनों तक इंतज़ार किया कि शायद अब आप बुलायें-अब आप बुलायें...लेकिन जब मैंने देखा कि आप नहीं बुलायेंगी तो मैंने सोचा मैं खुद ही चलूँ।''

“अच्छा! तो बुलाने का इंतज़ार कर रही थीं? रागिनी से कहलायी होतीं। मैं कहारों को पालकी लेकर भेजती कि जाओ ठकुराइन को लेकर आओ।”

“मैं पालकी से नहीं चलती। मैं तो पैदल चलती हूँ...अरे आज अखबार में मेरे बेटे की फोटो छपी थी। मैंने सोचा चलूँ बधाई दे आऊँ। कहाँ है बेटा मेरा?”

“मैंने उसको कुछ सामान लेने कटरा भेजा है।”

“अच्छा तो वो नहीं है...कैसा बेटा पैदा किया है आपने? बाप रे! इतना शर्माता है। इतनी शर्मीली तो लड़कियाँ भी नहीं होतीं। खड़ा रहेगा। शर्म के मारे किसी बात का जवाब ही नहीं देगा।”

“अरे शरीफ-सज्जन लड़का है बेचारा। कोई उचक्का उठाईगीर समझ रखा है क्या आपने?”

“हाँ! आपने तो उसको इतना लजोधर बना दिया है कि शादी के बाद वह अपनी पत्नी सामने कपड़ा उतारने में भी शर्मायेगा। बीवी बेचारी ही उसका कपड़ा उतारेगी तब तो कुछ हो पायेगा नहीं तो कुछ नहीं होगा।”

दोनों जोर-जोर से हँसने लगीं। रागिनी शर्म से एकदम लाल हो गयी। वह चुपचाप अंदर कुसुम के पास खिसक गयी, “ये मम्मी लोग क्या-क्या बातें करती हैं? इन लोगों को शर्म भी नहीं आती।”

दोनों औरतें बैठकर गप्पें लड़ाने लगीं। चाय-नाश्ता भी होने लगा। रागिनी की माँ ने पूछा, “रागिनी आपके घर आती है तो कुछ काम-धाम करती है या नहीं? अरे उससे अपनी सेवा करवाया करिए।”

“क्यों काम-धाम और सेवा करवाऊँ? बेचारी नौकरानी है या क्या? इतनी सुंदर सी प्यारी सी बिटिया है।” “चलिए, आपको सुंदर और प्यारी तो लगती है। काम-धाम और सेवा भी करवाइए! क्या पता आपको पंसद आ जाय कि अच्छी नौकरानी है। अगर आपको नौकरानी पसंद आ गयी तो मैं उसे आपके घर में ही काम-धाम करने के लिए रख दूँगी। मेरा भी पिंड उससे छूट जाएगा।”

“अरे मेरे लिए जैसे कुसुम है, वैसे रागिनी है। मेरी वह बेटी है। मैं उसे नौकरानी बनाऊँगी?”

“आपकी बेटी है तो मेरे पास क्यों छोड़े हुए हैं? अपनी बेटी आप अपने पास रखिए, मेरा बेटा मुझे दे दीजिए। आपके घर से मैं अपना बेटा ले जाना चाह रही हूँ।”

“अच्छा तो आपको बेटा चाहिए। अरे मुझे क्या है? ले जाइए। ले जाकर उसे कायदे से पढ़ाइए-लिखाइए। कायदे से पालिए-पोसिए। बाद में बेटा मुझे एकदम वैसा ही वापस चाहिए। कुछ गड़बड़ी हुई तो आपके ऊपर दण्ड लगाऊँगी।”

“आप एक बार देकर तो देखिए। अपने आँचल में छुपाकर रखूँगी। आप से ज्यादा मैं अपने बेटे को मानती हूँ। मैं उसे कहीं देखती हूँ तो मुझे बड़ी लालच आती है। सोचती हूँ अपने घर में छुपाकर रख लूँ। किसी को अपने बेटे को न देखने दूँ।”

“लगता है, आप मेरे बेटे को नज़र लगा देगीं। आपकी नीयत ठीक नहीं लग रही है।”

“हाँ बहन जी! नीयत तो मेरी सचमुच ठीक नहीं है। आप मुझे ये बेटा दे दीजिए। उसके लिए आप जो भी शर्त लगायें, मुझे सब मंजूर है। रागिनी हमेशा आप के घर आती रहती है। उसका चाल-स्वभाव आप देख ही रही हैं। कोई ऐब या कोई कमी नहीं है मेरी बेटी में। आप अलग ठाकुर हैं, मैं अलग ठाकुर हूँ। आपका गोत्र अलग है, मेरा गोत्र अलग है। किसी तरह की कोई समस्या नहीं है। आप जब शादी करेंगी तब करेंगी। मेरी बेटी अभी से आपकी और आपके परिवार की सेवा करेगी। बस आप हाँ कर दीजिए बहन जी!”

“अरे आप तो पागल हो गयी हैं। शादी-ब्याह तो भगवान की मर्जी से होता है। अभी पता नहीं कब मेरे बेटे की शादी होगी, आपकी बेटी की शादी होगी। मैं अभी से हाँ कर दूँ तो उस समय पता नहीं क्या समस्या आ जाय? फिर मेरे और आपके परिवार में लड़ाई-झगड़े की नौबत आ जाएगी। आज आप इतना कह रही हैं। कल को क्या पता आपको अपनी लड़की के लिए मेरे लड़के से अच्छा लड़का मिल जाय। आप अपनी बेटी की शादी उससे तय कर दें और आप मुझे मना कर दें। उस समय हमारी कितनी बेइज़्ज़ती होगी। जरा सोचिए? वैसे मुझे इस बात का मानने में कोई आपत्ति नहीं है कि आप की बेटी मेरी बेटी है। मेरा बेटा आपका बेटा है। वैसे रागिनी जैसी सुंदर, प्यारी, सीधी, संस्कारी बिटिया, जिस भी लड़के की पत्नी बनेगी, वह बड़ा किस्मतवाला होगा। हाँ अगर आज शादी की बात होती है मैं बिना सोचे-समझे अपने बेटे को लग्नमंडप में बैठा देती।”

“बहन जी आप मेरी तरफ से तो कोई शंका पालिए मत। अगर आप को लगता है कि मैं बाद में मना कर सकती हूँ तो कल ही दोनों को किसी मन्दिर में ले चलिए। मैं रागिनी की माँग में प्रथमेश से सिन्दूर डलवा देती हूँ।”

“अरे नहीं बहन जी! शादी कोई गुड्डे-गुड़िया का खेल नहीं है। थोड़ा सा धैर्य रखिए। ईश्वर ने लिखा होगा तो इन दोनों की शादी होकर रहेगी। हम दोनों के परिवारों को इसी मुहल्ले में रहना है। हम लोगों कहीं भागे तो जा नहीं रहे हैं। भगवान न करे। अभी तो आपको लग रहा है कि मेरा बेटा पढ़ने में बहुत अच्छा है। उसकी कोई बढ़िया नौकरी लग जाएगी। लेकिन अगर किस्मत ने पल्टा खाया

और उसे कायदे की नौकरी न मिली तब आप क्या करेंगी?'' ''बहन जी ताना न मारिए!'' रागिनी की मम्मी हँसने लगीं, ''मैं कह तो रही हूँ कि कल मन्दिर में ले चलकर प्रथमेश से रागिनी की माँग में सिन्दूर डलवा देते हैं। मेरे बेटे को अगर कोई नौकरी नहीं मिली तब मैं भी आपसे कोई शिकायत नहीं करूँगी। मैं तब भी उसे उतना ही प्यार करूँगी जितना अब करती हूँ।''

''और आप की बेटी क्या करेगी? वह अपने पति का जीना हराम कर देगी। आजकल की लड़कियों के खर्च बड़े लम्बे-चौड़े हैं। वह कहेगी कि चाहे चोरी करो, चाहे डैकती करो। इतना पैसा लाकर मेरे हाथ पर रखो।''

''अरे बहन जी! आप हाँ नहीं कर रही हैं और बाकी सब कुछ कह डाल रहीं हैं। ऐसे-ऐसे तर्क उठा-उठाकर रख दे रही हैं कि सामने वाले से कुछ कहते ही न बनें।''

सामने वाले के पास कोई जवाब होगा, तब न वह कुछ कहेगा। हवा में बात थोड़े होती है।''

''मैंने समझ लिया बहन जी! आप के मुँह से हाँ करवा पाना सम्भव नहीं है। बस एक विनती है। मैं अपना प्रार्थना पत्र छोड़े जा रही हूँ। मेरी बेटी पर कृपा दृष्टि बनाये रखिएगा।''

''अरे आप तो मुझे शर्मिन्दा कर रही हैं। मैं आपको हाँ नहीं कह रही हूँ तो नहीं भी नहीं कर रही हूँ। सच पूछिए तो आपके कहने के पहले से ही मेरे मन में ये अरमान पल रहा था कि कि काश रागिनी बिटिया मेरे घर में दुल्हन बनकर उतरती।'' रागिनी की माँ का मन रखने के लिए और उन्हें खुश करने के लिए उन्होंने अन्त में इतना जोड़ दिया।

कुछ देर बाद रागिनी और उसकी माँ चले गये। प्रथमेश जब कटरा से सामान खरीदकर वापस आये तो उनकी माँ उन्हें एक तरफ ले गयीं और रागिनी की माँ से हुई सारी बातचीत उन्हें बता दी। उन्होंने प्रथमेश को सावधान किया, ''इन माँ-बेटी से बच कर रहना। अभी दोनों इसलिए आगे-पीछे घूम रही हैं क्योंकि तुम पढ़ने में अच्छे हो। सोच रहीं है कि मुफ्त में लड़का पटा लिया जाय।'' प्रथमेश अपनी माँ की चालाकी समझ रहे थे। वे अत्यंत महत्वाकांक्षी महिला थीं। वे सोच रही थीं कि मेरा बेटा अगर आई.ए.एस. बन गया तो एक से एक अच्छी लड़कियाँ और एक से एक अच्छे परिवार के लोग शादी के लिए आयेंगे। ऊँचे खानदान में शादी करने पर सामाजिक हैसियत बढ़ेगी। मोटा दहेज मिलेगा सो अलग। रागिनी से शादी कर देने पर क्या मिलेगा? वैसे सुरक्षित कोटे में उन्होंने इस शादी को तो रख ही लिया था।

इंटरमीडिएट में प्रथमेश बहुत अच्छे अंकों से उत्तीर्ण हुए। रागिनी भी हाईस्कूल प्रथम श्रेणी में उत्तीर्ण हो गयी। रागिनी की माँ फिर बधाई देने आयीं। उन्होंने प्रथमेश की माँ से मजाक-मजाक में कहा कि रागिनी को अब मैं आपके घर पर ही छोड़ दूँगी। उसको खाना पानी दीजिए या न दीजिए आपकी मर्जी। इतना कह रही हूँ, आप मान ही नहीं रही हैं। प्रथमेश की माँ ने फिर उन्हें बड़े प्रेम से टरका दिया।

एक बार प्रथमेश के मम्मी-पापा तीन दिन के लिए गाँव चले गये। घर पर प्रथमेश थे और उनकी बहन कुसुम। प्रथमेश अब इलाहाबाद विश्वविद्यालय में पढ़ने लगे थे। बी.ए. में। रागिनी को कुसुम से पता चल गया कि इस समय मम्मी-पापा गाँव गये हैं। मम्मी-पापा कुसुम को मना करके गये थे कि तुम तीन दिन स्कूल मत जाना। भइया भी थोड़ी देर के लिए विश्वविद्यालय जाया करेंगे और क्लास पढ़कर तुरंत लौट आया करेंगे। दोनों को खूब सहेजकर गये थे कि घर का ठीक से ध्यान रखना।

प्रथमेश विश्वविद्यालय से लौटे तो देखा रागिनी भी मौजूद है। वे जल्दी-जल्दी नहा धोकर पूजा-पाठ करने लगे। पूजा-पाठ कर लेने के बाद वे खाना खाने बैठ गये। उनकी रोज की आदत थी कि खुद अपना पानी लेकर और खुद ही जमीन पर पीढ़ा रखकर खाने के लिए बैठते थे। आज थाली में खाना लाकर रागिनी ने परोसा। रागिनी के घर में और अपने घर में कुसुम अक्सर प्रथमेश और रागिनी की शादी की चर्चा सुनती रहती थी। इसी के चलते रागिनी की मम्मी कुसुम को बहुत भाव देती थीं। वे कुसुम से अक्सर कहती थीं, ''बेटा, ये शादी करवाने की जिम्मेदारी अब तुम्हारे ही ऊपर है। तुम्हारी माँ हाँ तो कह रही हैं लेकिन पूरी तरह से हाँ नहीं कर रही हैं। ये शादी हो जाएगी तो मैं तुमको सुंदर-सुंदर कपड़ों से लाद दूँगी।'' यह सब सुनकर कुसुम को बड़ा अच्छा लगता था। दोनों की शादी सम्बन्धी बातें सुनने में उसे बहुत दिलचस्पी रहती थी। कुसुम ने बहुत खुश होकर प्रथमेश को बताया, ''भइया पूरा खाना आज रागिनी ने बनाया है।'' ''अच्छा!'' प्रथमेश ने कहा और वे चुपचाप खाना खाने लगे। रागिनी बड़ी उत्सुकता से उन्हें खाना खाते देख रही थी। वह सोच रही थी कि वे खाने के बारे में शायद कोई टिप्पणी करें परन्तु उन्होंने कोई टिप्पणी नहीं की। खाना खाकर वे अपने कमरे में चले गये। रागिनी भी उनके पास पहुँच गयी, ''खाना कैसा बना था?''

''बहुत अच्छा था।'' उन्होंने संक्षिप्त उत्तर दिया।

''अब क्या करेंगे? आराम करेंगे?''

''नहीं! चल रहा हूँ पढ़ाई करने। नोट्स बनाना है।''

''क्या आप भी हमेशा पढ़ते रहते हैं! थोड़ी देर आराम कर लीजिए न!''

''आराम करके क्या होगा? नोट्स बनाना जरूरी है।''

''नहीं! प्लीज! थोड़ा आराम कर लीजिए!'' रागिनी बड़े प्यार से बोली।

''अरे! तुम मुझे आराम करवाने पर क्यों तुली हुई हो? जाओ तुम कुसुम के पास।''

''नहीं! मैं नहीं जाऊँगी। आप चुपचाप लेट जाइए।''

''क्यों?''

''आप लेटिए तो आपको पता चल जायेगा कि मैं क्यों आपको आराम करवा रहीं हूँ।''

''ऐ ! तुम कुछ करने वाली हो क्या?''

रागिनी शरमाकर मुस्कराने लगी, ''मुझे आपका पैर दबाना है।''

''हें...नहीं-नहीं! ये सब नहीं! मेरा पैर-वैर मत दबाओ। मुझे नहीं दबवाना है पैर!''

''नहीं! चाहे जो हो जाय! आज तो पैर दबाऊँगी!'' रागिनी मुस्कराती हुई खड़ी रही।

''कुसुम...कुसुम...जरा यहाँ आना!'' प्रथमेश ने जोर से आवाज़ लगायी। कुसुम आ गयी, ''क्या हुआ?'' ''ऐसा है, इनको यहाँ से ले जाओ। ये मेरा पैर दबाने के लिए कह रही हैं। मम्मी आयेंगी और उन्हें पता चलेगा कि मैं पैर दबवा रहा था तो मुझे बहुत मार पड़ेगी। इनको अपने साथ लिवा जाओ।'' उन्होंने कुसुम से कहा। कुसुम असमंजस से दोनों को देखने लगी। ''कुसुम मम्मी को नहीं बतायेगी कि मैं आपका पैर दबा रही थी।'' रागिनी शरमाती हुई बोली। ''कुसुम तुम इन्हें यहाँ से ले जाओ।'' उन्होंने कुसुम का डाँटा। कुसुम कुछ देर तक तो खड़ी रही, फिर बोली, ''मैं आप दोनों के बीच में नहीं पड़ूँगी। ननद तो वैसे ही बदनाम होती है। कल को आप दोनों की शादी हो जाएगी तो आप दोनों तो एक हो जाएँगे। बीच में बुरी मैं बनूँगी। आप दोनों मिलकर मुझसे बदला लेंगे। मैं जा रही हूँ। मुझसे कुछ मतलब नहीं है। आप दोनों अपना समझिए।'' कुसुम चली गयी। प्रथमेश असहाय भाव से रागिनी को देखने लगे। वे अपनी चारपाई पर बैठे हुए थे। उनके दोनों पैर नीचे लटक रहे थे। रागिनी जमीन पर बैठ गयी और प्रथमेश के पैर पकड़कर फूट-फूट कर रोने लगी। प्रथमेश एकदम से घबरा गये। साथ ही साथ नर्वस भी हो गये। उनकी समझ में नहीं आ रहा था कि वे क्या करें। थोड़ी देर हो गयी तो वे बोले, ''अच्छा भाई तुम मेरा पैर दबा लो। रोओ मत। कोई आ जाएगा तो क्या कहेगा?''

रागिनी आँसू पोंछते हुए उनके पास चारपाई पर बैठ गयी, "आप क्या सोच रहे हैं? कि मैं आपकी खुशामद करने के लिए आपका पैर दबाना चाहती हूँ? जिससे आप मेरे ऊपर खुश हो जायँ और आप मुझसे शादी कर लें?...अरे अगर मैं इतना निश्चिन्त होती कि आपसे मेरी शादी हो ही जाएगी तो आज मैं आपका पैर न दबाती। तब तो मुझे जीवन भर आपका पैर दबाने को मिलता तब क्या समस्या थी।...मैं तो इसलिए आज आपका पैर दबाना चाहती हूँ क्योंकि आपकी मम्मी का रुख देखकर मुझे डर लग रहा है। मेरी और आपकी शादी के लिए वे मन से तैयार नहीं हैं। मेरी अगर आपसे शादी न हो पायी तो मैं जहाँ भी रहूँगी, मुझे कम से कम इतना तो संतोष रहेगा कि एक बार मैंने आपका पैर दबाया था। मैं आपको अच्छी तरह जानती हूँ। आप इतने संकोची और शर्मीले हैं कि अगर आपकी मम्मी एक बार कह देंगी कि आपकी शादी रागिनी से नहीं होगी तो आप कुछ नहीं बोलेंगे? मुझे आपसे यह उम्मीद नहीं है कि आप अपनी माँ के खिलाफ़ खड़े हो जाएँगे और कहेंगे-नहीं! मैं शादी करूँगा तो रागिनी से ही।...वैसे ये कोई बुरी बात भी नहीं है। मुझे इस बात पर गर्व है कि आप अपने मम्मी-पापा की इज़्ज़त करते हैं। उनका कहना मानते हैं। अपने स्वार्थ के लिए मैं यह नहीं चाहूँगी कि आप बुरी आदतें सीखिए। अपने माँ-बाप का कहा न मानिए।" प्रथमेश चुपचाप चारपाई पर लेट गये। रागिनी उनका पैर दबाने लगी। उन्होंने लुंगी और बनियान पहन रखी थी। रागिनी ने उनकी लुंगी ऊपर सरका दी और उनके खुले पैर को दबाने लगी। उसके कोमल-कोमल हाथों का स्पर्श उन्हें बहुत प्यारा लग रहा था। उन्हें उसके छूने से हल्की-हल्की गुदगुदी लग रही थी। उन्हें रागिनी पर बहुत प्यार आ रहा था। जब उनसे नहीं बर्दाश्त हुआ तो वे उठे और बायें हाथ से रागिनी का दाहिना गाल छूकर फिर जल्दी से लेट गये। रागिनी खुशी और शर्म के मारे मुस्करा पड़ी। उसने अपने होठों से उनका पैर चूम लिया।

अगले दिन प्रथमेश विश्वविद्यालय से लौटे तो देखा कि रागिनी फिर खाना बनाने में जुटी हुई है। उन्होंने कुसुम से कहा, "तुम खाना नहीं बना सकती?" कुसुम हँसी, "मैंने सोचा दो-तीन दिन भौजाऊ का सुख उठा लूँ। उसके बाद तो मुझे ही मम्मी के साथ खाना बनवाना है। रागिनी तुम खाना बना रही हो तो भइया को दर्द हो रहा है।" रागिनी शरमाकर मुस्कराने लगी। प्रथमेश नहाने और पूजा करने चले गये। आकर खाने के लिए बैठे तो रागिनी ने ही खाना परोसा। लाइट नहीं थी। रागिनी उनके पास जमीन पर बैठ गयी और उन्हें पँखे से हवा झलने लगी। "ये क्या कर रही हो? लाओ पँखा मुझे दे दो।" वे बोले। रागिनी मुस्कराने लगी,

"अपने सारे अरमान पूरे कर लूँ। फिर पता नहीं सौभाग्य मिले न मिले?" उन्होंने ज्यादा बहस करना उचित नहीं समझा। चुपचाप खाना खाने लगे। रागिनी उन्हें एकटक निहारती हुई पँखा झल रही थी। "तुम मुझे इस तरह मत देखो। मुझे शर्म आ रही है।" उन्होंने खीझते हुए कहा। रागिनी शरारत से मुस्करायी, "मैं तो देखूँगी!" खिसियानी हँसी हँसकर वे फिर खाना खाने लगे।

खाना खाकर वे अपने कमरे में पहुँचे तो रागिनी भी उनके पीछे पहुँच गयी, "आज चुपचाप लेट जाएँगे या कल की तरह फिर रोना-धोना शुरू करूँ?" "बस एक दिन हो गया। रोज-रोज पैर मत दबाओ।" प्रथमेश को बड़ा धर्मसंकट लग रहा था। रागिनी ने लाड़ दिखाते हुए कहा, "नहीं! मैं तो पैर दबाऊँगी। चाहे जो हो जाय।"

"शादी हो जायेगी तो नहीं दबाओगी रोज-रोज पैर?"

"करके तो देखिए। एक भी दिन नागा हो जायेगा तो तलवार से मेरा सिर धड़ से अलग कर दीजिएगा।" "तुम नहीं मानोगी।" कहते हुए वे चारपाई पर लेट गये। "हाँ! ऐसे ही अच्छे बच्चे की तरह बात मान लिया कीजिए।" रागिनी चारपाई पर बैठकर उनका पैर दबाने लगी। थोड़ी देर में कुसुम कमरे में आ गयी, "अरे वाह! मेरे पास कैमरा होता तो मैं एक फोटो खींच लेती। फिर उस फोटो को मम्मी को दिखाती।" "ठीक है कुसुम!" रागिनी बोली, "तुम ऐसा कर दो कि चाची मेरा घर में आना ही बन्द करवा दें।" कुसुम हँसते हुए वहाँ से चली गयी। रागिनी ने मुस्कराकर प्रथमेश की ओर देखा। वे भी मुस्करा दिये।

पैर दबा लेने के बाद रागिनी सिरहाने बैठ गयी और उनका सिर दबाने लगी।" ये क्या कर रही हो? तुम तो एक-एक चीज बढ़ाती जा रही हो!" प्रथमेश उठकर बैठ गये। रागिनी बड़े याचनापूर्ण स्वर में बोली, "करने दीजिए न! चाची नहीं हैं तो कर ले रही हूँ। फिर ऐसा मौका कहाँ मिलेगा?" "अरे, करना ही है तो चलो मैं बोल रहा हूँ। तुम मेरा नोट्स लिखो। यही सब करने को बचा है?" "वो सब आप ही करिए। मेरे बस का नहीं है वो सब करना। मुझे तो आपकी सेवा करने में सुख मिलता है। लगता है मैं स्वर्ग में पहुँच गयी हूँ। फिर आपको छू पाऊँ न छू पाऊँ!"

"तुम तो ऐसी बात कह देती हो!" कहकर वे फिर चारपाई पर लेट गये। वह उनका सिर दबाने लगी। पूरे मनोयोग से वह उनका सिर दबा रही थी। अचानक उन्होंने रागिनी की दोनों हथेलियों को अपने हाथों से पकड़ लिया और रागिनी की आँखों में देखने लगे। रागिनी शरमाकर प्रश्नवाचक निगाहों से उन्हें देखने लगी, "क्या है?" वे कुछ नहीं बोले। वैसे ही उसकी दोनों हथेलियाँ पकड़कर प्यार भरी

निगाहों से उसकी ओर देखते रहे। रागिनी बोली, "मैं आपकी हूँ। पूरी तरह से आपकी। आपको जो भी चाहिए निःसंकोच ले लीजिए। मैं किसी भी चीज के लिए आपको मना नहीं करूँगी।" उन्होंने प्यार से उसकी हथेलियों को चूमा और फिर उसकी हथेलियों से अपनी आँखें बन्द कर लीं। दोनों कुछ देर तक वैसे ही पड़े रहे।

कुछ देर बाद रागिनी फिर उनका सिर दबाने लगी, "आप बहुत शर्मीले हैं। जो बात आपको कहनी चाहिए, वह मुझे कहनी पड़ती है।" वे कुछ नहीं बोले। आँखें बन्द किये उसके हथेलियों के स्पर्श का सुख लेते रहे। "मुझे आपसे कुछ कहना है।" रागिनी बोली। "कहो न! मैंने कहाँ तुम्हें कुछ कहने से मना किया है।" उन्होंने उत्तर दिया। "कुछ अंदाजा लगाइए मैं क्या कहना चाहती हूँ? क्योंकि मैं जो कहना चाहती हूँ उसे कहने में मुझे शर्म आ रही है। आप खुद ही समझ लेते तो अच्छा था।"

"तुम ये चाहती हो कि मैं वादा करूँ कि मैं तुम्हारे अलावा और किसी से शादी नहीं करूँगा!" "नहीं! मेरा प्यार इतना स्वार्थी और मतलबी नहीं है कि वो आपसे कोई जबर्दस्ती करे। आप खुशी-खुशी मुझे अपनायेंगे और साथ ही आपके घर में सब लोग तैयार होंगे, तब तो ये शादी होगी! नहीं तो मैं जहाँ भी रहूँगी, आपको याद करते हुए जिन्दगी काट लूँगी।" "तब तो भाई तुम्ही बताओ तुम क्या कहना चाहती हो! पहेलियाँ न बुझाओ। तुम्हारे मन में क्या बात चल रही है यह मैं कैसे समझ सकता हूँ?"

"...मैं ये कहना चाहती हूँ कि ...मैं ये कहना चाहती हूँ कि ...मेरे होठों को जीवन में पहली बार मेरे प्रियतम ही जूठा करें जिससे मेरे मन में किसी तरह की टीस न रह जाय।"

प्रथमेश पहले तो थोड़ा सा अचकचाये। फिर खड़े हो गये। उन्होंने रागिनी के दोनों गालों को अपनी दोनों हथेलियों में ले लिया। फिर उसके होठों पर अपने होंठ रख दिये। दोनों काफी देर तक वैसे ही खड़े रहे। अचानक रागिनी सीधी खड़ी हो गयी। उसने प्रथमेश की नाक पकड़कर हिला दी, "मेरा बुद्धू साजन कुछ भी नहीं समझता।" वह कुसुम के पास भाग गयी।

प्रथमेश ने बी. ए. की परीक्षा पास कर ली। बहुत अच्छे नंबरों से। रागिनी भी इंटर पास करके बी. ए. में पहुँच गयी। प्रथमेश इलाहाबाद विश्वविद्यालय में ही एम.ए. में पढ़ने लगे। धीरे-धीरे समय गुजरता जा रहा था। रागिनी की माँ का धैर्य जवाब देने लगा। एक दिन वे प्रथमेश के घर पहुँच गयीं। प्रथमेश की माँ ने उनका गर्मजोशी से स्वागत किया। रागिनी की माँ के पेट में बात खदबदा रही थी।

औपचारिकताओं के बाद वे सीधे काम की बात पर आ गयीं, ''बहन जी आप एकदम साफ-साफ आश्वासन मुझे नहीं दे रही हैं। मेरी बेटी बी. ए. में पहुँच गयी है। आखिर उसमें क्या कमी है?'' ''अरे बहन जी! प्रथमेश को ढंग से कहीं लग तो जाने दीजिए। आज लड़के के लिए शादी-ब्याह कोई समस्या थोड़े न होती है। लड़के के लिए तो सबसे बड़ी चिन्ता होती है—नौकरी। लड़के को ढंग की नौकरी मिल जाय तो समझिए उसे सब कुछ मिल गया। अगर नौकरी न मिली तो समझिए उसकी जिन्दगी बर्बाद हो गयी। उसे इस लायक तो हो जाने दीजिए कि वह आपकी बेटी को ढंग से खिला-पिला सके। उसे कायदे से रख सके।''

''अरे तो मैं कहाँ कह रही हूँ कि आप आज ही शादी कर दीजिए। आप शादी मान लीजिए। एक बार आप कह दीजिए कि चाहे जो भी हो, मैं अपने बेटे की शादी रागिनी से ही करूँगी। आप की बात को ही मैं भगवान की बात मान लूँगी। मैं ये नहीं कह रही हूँ कि सगाई हो जाय अथवा तिलक चढ़ जाय या शगुन के तौर पर ऐसा कुछ कर लिया जाय, जिससे ये लगे कि शादी पक्की हो गयी। मैं तो आपकी जबान को ही प्रमाण मान लूँगी। आप साफ-साफ एक बार हाँ कर दीजिए बस!''

''साफ-साफ हाँ कह देने में न तो आपकी भलाई है और न मेरी। भगवान न करे, लेकिन अगर ऐसा हो गया कि दुर्घटना में मेरे बेटे का हाथ-पैर टूट गया तो आप आज लाख कहें, आप मेरे बेटे से अपनी बेटी की शादी नहीं करेंगी। इसी तरह अगर आप की बेटी का हाथ -पैर टूट गया तो मैं अपने बेटे की शादी आपकी बेटी से नहीं करूँगी। कल क्या होगा ये किसी ने नहीं देखा है इसलिए कल के बारे में आज ही कुछ कह देना ठीक नहीं रहेगा।''

''कल क्या होगा, इसकी अगर आप को इतनी चिन्ता है तो दोनों की शादी अभी कर दीजिए न! सारी झंझट ही खत्म हो जाय। मेरे दिमाग में भी इतना तनाव बना रहता है, वह भी दूर हो जाएगा। आप या तो आगे चलिए या पीछे चलिए। कुछ तो कीजिए। मैं एक बेटी की माँ हूँ। मुझे धीरज नहीं होता न!''

''नहीं बहन जी! अभी से मैं अपने बेटे को शादी-ब्याह के झंझट में नहीं फँसाऊँगी। उसका पढ़ाई से ध्यान भटक जाएगा। एक बार अगर उसका पढ़ाई से ध्यान भटका तो वह न इधर का रह जाएगा और न उधर का। उसकी जिन्दगी चौपट हो जाएगी।''

''तो मेरी सान्त्वना के लिए भी तो कुछ बताइए। आखिर मैं कैसे धीरज रखूँ?'' ''अब मैं क्या बताऊँ बहन जी! अगर आपको शादी की बहुत जल्दी हो तो कोई

दूसरा लड़का देख लीजिए। संसार में प्रथमेश ही अकेला नहीं है। एक से एक अच्छे लड़के हैं। कोई अच्छा सा लड़का देखकर अपनी बेटी की शादी कर दीजिए।''

रागिनी की माँ अन्दर ही अन्दर तिलमिला गयीं, 'एक बेटे की माँ क्या हैं, घमंड ही नहीं सम्हल रहा है। मुझे तो पहले से ही शक है कि तुम अपने बेटे की शादी मेरी बेटी से नहीं करना चाहती। सच में संसार में लड़कों की कमी नहीं है। मैं तो केवल अपनी बेटी का मुँह देख रही थी। बेचारी कितना प्यार करती है प्रथमेश से। मेरी बेटी किसी लड़की से उन्नीस है क्या? एक से एक अच्छे लड़के मिल जाएँगे। मैं अपनी बेटी की शादी तुम्हारे बेटे से सुंदर लड़के से करके दिखाती हूँ।'

थोड़ी देर तक और बैठकर रागिनी की मम्मी बहाना करके अपने घर चल दीं। गुस्से से उनका कलेजा जल रहा था।

रागिनी को पता चल गया कि मम्मी मेरे लिए दूसरा लड़का खोज रही हैं। वह एक दिन अपनी माँ का पैर पकड़कर रोने लगी, ''ऐसा मत करो मम्मी। मेरी शादी किसी दूसरे से मत करो। मैं प्रथमेश के बिना नहीं रह सकती। मैं उनसे बहुत प्यार करती हूँ।'' ''मैं मजबूर हूँ बेटी! प्रथमेश की माँ ने शादी से साफ मना कर दिया। मेरे सामने दूसरा कोई चारा नहीं है। एक दिन प्रथमेश से बात करके देखती हूँ।'' उसकी मम्मी ने समझाया।

एक दिन प्रथमेश साइकिल से घर के सामने से जा रहे थे। रागिनी की मम्मी ने उन्हें रोक लिया। घर के अन्दर लिवा गयीं। उन्होंने विस्तार से सारी बातें उन्हें बता दीं। ''अब तुम्हीं बताओ बेटा मैं क्या करूँ?'' रागिनी की माँ ने कहा, ''रागिनी कह रही है कि वह तुम्हारे बिना रह नहीं सकती। तुम्हारी माँ शादी करने के लिए तैयार नहीं हैं। मुझे मजबूर होकर रागिनी की दूसरी शादी खोजनी पड़ रही है। मैं तुम्हें अपना दामाद बनाने के लिए कितना अरमान पाले हुए थी लेकिन तुम्हारी माँ के आगे मेरी एक नहीं चल पा रही है।''

''रागिनी की शादी किसी दूसरी जगह मत करिए चाची। मैं भी रागिनी के बिना नहीं रह सकता।'' प्रथमेश एकदम से विह्वल हो गये। ''ठीक है बेटा! लेकिन मुझे ये बताओ, यदि तुम्हारी माँ रागिनी से तुम्हारी शादी करने से मना कर देती हैं और तुम्हारी शादी दूसरी जगह तय कर देती हैं तो क्या तुम अपनी माँ का विरोध करोगे?'' रागिनी की माँ ने पूछा। प्रथमेश चुप हो गये। उन्होंने सिर झुका लिया। रागिनी की माँ ने कहा, ''मैं जानती हूँ बेटा! तुम इतन सीधे और शर्मीले हो कि तुम अपनी माँ का विरोध नहीं कर पाओगे। होगा वही जो तुम्हारी माँ चाहेंगी इसलिए भलाई इसी में है कि तुम दोनों हकीकत को स्वीकार कर लो।''

रागिनी की माँ ने रागिनी की शादी तय कर दी। लड़का इलाहाबाद में ही मोतीलाल नेहरू इंजीनियरिंग कालेज में इंजीनियरिंग की पढ़ाई कर रहा था। लड़का देखने में बहुत खूबसूरत था।

एम. ए. कर लेने के बाद प्रथमेश का चयन आई. ए. एस. में हो गया। उन्हें रेलवे में नौकरी मिली। उनकी माँ ने उनकी शादी एक सांसद की बेटी से की। शादी खूब धूम-धाम से हुई। उन्होंने इतना दहेज लिया कि रुपये और सामान, दोनों से घर भर गया।

प्रज्ञा सत्संग से लौट आयीं। उन्होंने देखा कि प्रथमेश चुपचाप बिस्तर पर लेटे हैं। उन्हें बड़ा आश्चर्य हुआ। वे इतनी देर तक तो नहीं लेटे रहते। उन्होंने जाकर उनके माथे पर अपना हाथ रख दिया। वे हड़बड़ा कर बैठे। वे जल्दी-जल्दी अपनी आँखों के आँसू पोंछने लगे। ''अरे, आप रो रहे हैं? क्या हो गया है आज आपको।'' प्रज्ञा घबराकर पूछने लगीं। ''कुछ नहीं! मुझे माँ की याद आ रही थी।'' उन्होंने बहाना बनाया। ''आप भी न!'' प्रज्ञा बोलीं, ''इसमें रोने की क्या बात है? छुट्टी लेकर इलाहाबाद चले जाइए। मम्मी जी को देख आइए। छोटे बच्चों की तरह रो क्यों रहे हैं?'' ''हाँ! देखता हूँ, इलाहाबाद का रिजर्वेशन कब मिलता है? जाऊँ इलाहाबाद हो ही आऊँ।'' कहते हुए प्रथमेश बिस्तर से उठकर खड़े हो गये।

आधा राँड़ भौजी

रमावती पशोपेश में पड़ गयी। चारों बच्चे विद्यालय गये थे। गरम मसाले की तुरंत आवश्यकता थी। घर में कोई नहीं था, लेकिन गरम मसाला...। वह खुद कस्बे में लेने जाना नहीं चाहती थी। गरम मसाला भी जरूरी था। उसने तय किया कि मैं जाती हूँ गरम मसाला लेने। लम्बा सा घूँघट निकाल लूँगी। नहीं पहचान पायेगा कोई।

घूँघट निकालकर वह चल दी। सचमुच रास्ते में किसी ने नहीं पहचाना। कस्बे में वह एक परचून की दुकान पर पहुँची। दुकानदार के सामने उसे मुँह खोलना पड़ा। दुकानदार ने उसे देखा तो धीरे-धीरे हँसने लगा, ''खी...खी...खी...खी... खी...''। दुकानदार की हँसी का हर 'खी' रमावती के सीने में भाले की तरह धँस जा रहा था। रमावती ने हिम्मत करके कहा, ''पाँच रुपये का खड़ा गरम मसाला दे दो।'' एक और ग्राहक खड़ा था। शरारत से मुस्कराते हुए उसने दुकानदार से कहा, ''हँस क्यों रहे हो? यह उन्नीस सौ पचासी ईसवी है। पन्द्रह साल बाद इक्कीसवीं शताब्दी आ जाएगी। इक्कीसवीं शताब्दी में यह सब साधारण बात हो जाएगी।'' रमावती चुपचाप खड़ी थी। दुकानदार उसे गरम मसाला देने मे जानबूझकर देर कर रहा था। अन्ततः उसे गरम मसाला मिल गया। उसने दुकानदार को पैसा दिया। एक लम्बा घूँघट निकाल कर चल दी।

दुकानदार खड़े हुए ग्राहक से बोला, ''देख रहे हो न! क्या बड़ा सा घूँघट निकाल रही है जैसे संसार की सबसे पतिव्रता औरत यही है।'' ग्राहक बोला, ''कहावत सुने हो न! हगनी पदनी बेनिया डुलावें, सतभतरी के सिरे परमेसरी आवें।''

रमावती चुपचाप घर की ओर चली जा रही थी। घर वहाँ से आधा किलोमीटर दूर था। बाल काटने की एक दुकान पर दो नाई बैठे थे। घूँघट के बावजूद एक ने रमावती को पहचान लिया। वह रमावती के पीछे दौड़ा, ''भौजी-भौजी पाँयँ लागूँ। मैं हूँ तुम्हारा देवर डंगर। इतना बड़ा घूँघट क्यों काढ़ रखी हो? हम देवरों से कैसा शरमाना? भौजी मैं तुम्हारे लिए अपनी जान भी दे सकता हूँ। मैं तुम्हें इतना प्यार करता हूँ, जितना सलीम अनारकली से नहीं करता रहा होगा? भौजी मेरी परीक्षा

लेकर देख लो। तुम्हारे लिए हँसते-हँसते कुएँ में न कूद जाऊँ तो मेरा नाम डंगर नहीं...भौजी कुछ जवाब क्यों नहीं दे रही हो? यहाँ मैं तुम्हारे प्यार में पागल होकर घूम रहा हूँ और तुम हो कि मेरी ओर एक बार देख भी नहीं रही हो।'' रमावती ने कदम काफी तेज कर दिये। वह लगभग भाग सी रही थी। डर के मारे उसका कलेजा धक-धक कर रहा था। वह जल्दी से जल्दी घर पहुँच जाना चाहती थी। डंगर पीछे-पीछे लगा हुआ था, ''भौजी इस तरह क्यों भागी जा रही हो? मुझसे डर रही हो क्या? भौजी ये तो मेरे लिए चुल्लू भर पानी में डूब मरने वाली बात हो जाएगी। अपने देवर को एक बार तो देखकर मुस्करा दो। भगवान कसम कहता हूँ जिन्दगी भर गुलामी करूँगा। भौजी तुम्हारा ये देवर मर्द है मर्द। इस देवर से जो सुख पाओगी, कोई मर्द नहीं दे पायेगा। भौजी इस समय तुम्हारे घर में कोई नहीं होगा। मुझे अपने साथ ले चलो। तुम्हारी तबीयत मस्त कर दूँगा। एक-एक अंग की ऐसी मालिश करूँगा कि जिन्दगी भर याद रखोगी। बार-बार डंगर को अपने पास बुलाने का मन करेगा...।'' डंगर लगा था साथ-साथ। रमावती को पटाने का प्रयास करता हुआ। रमावती का घर आ गया। वह दौड़कर घर के अन्दर घुसी और दरवाजा अन्दर से बन्द कर लिया। डंगर हाथ मलने लगा, ''नहीं फँसी ससुरी।''

उत्तर प्रदेश का गाजीपुर जिला। गाजीपुर में मुहम्मदाबाद कस्बा। कस्बा क्या, एक ढंग से गाँव। पूरे कस्बे में सब लोग एक दूसरे को जानते थे। कस्बे से थोड़ी सी दूरी पर एक गाँव था। गाँव में दो मित्र रहते थे, भवन और गिरीश। दोनों में बड़ी गहरी दोस्ती थी। दोनों इंटर में पहुँच गये। दोनों की उम्र बीस-बीस साल हो गयी। एक दिन भवन ने गिरीश से कहा, ''हम लोग इंटर पास हो जाएँगे तो हम लोगों की पढ़ाई बंद हो जाएगी। ऐसा कुछ किया जाय कि पढ़ाई बंद हो जाने के बाद भी हम लोगों की दोस्ती इसी तरह बनी रहे।'' गिरीश निराश होकर बोला, ''ऐसा नहीं हो पायेगा। तुम जानते हो? सारी समस्या की जड़ औरतें होती हैं।... और बड़े होने के बाद हम लोगों की शादी हो जाएगी फिर हम दोनों की औरतें हम दोनों के बीच झगड़ा करवा के ही मानेंगी। हम लोग इतनी दोस्ती निभायें, वे एकदम बर्दाश्त नहीं करेंगी।'' भवन बोला, ''तब फिर हम लोग ऐसा करें कि हम दोनों शादी ही न करें। औरतें रहेंगी ही नहीं तो कोई झंझट ही नहीं होगी।'' ''ऐसा हो ही नहीं सकता। अगर हम लोग शादी नहीं करेंगे तो हम लोगों के घर वाले हमें घर से निकाल देंगे।'' भवन ने समझाया। दोनों मायूस होकर बैठ गये। उदास होकर दोनों गहरी सोच में डूब गये।

कुछ देर बाद भवन बोला, "एक उपाय है। हम लोग दो शादी ही न करें। एक ही औरत से हम दोनों शादी करें। इसका तरीका यह है कि हम दोनों में जिसकी शादी पहले हो उसी की बीवी दोनों की बीवी बन जाय।" सुझाव गिरीश को भी पंसद आया, "समस्या का यह तो तुमने कमाल का हल खोजा।...लेकिन हम लोगों के घरवाले इसका विरोध करेंगे। उसका भी समाधान है। हम लोग एक अलग घर बनवा लेंगे और उसी में अपनी पत्नी के साथ रहेंगे। अपने-अपने घर वालों से हम लोग कोई रिश्ता नहीं रखेंगे।" दोनों ने सुझाव पर मुहर लगा दी। खुश होकर दोनों उछलने लगे।

इंटर पास होते ही भवन ने मुहम्मदाबाद कस्बे में कपड़े की एक दुकान खोल ली। गिरीश ने थोड़ा सा जोर लगाया। वह भारतीय स्टेट बैंक की कस्बे में स्थित शाखा में चपरासी हो गया। भवन की लम्बाई लगभग छः फीट थी। वह देखने-सुनने लायक जवान था। गिरीश पाँच फीट तीन इंच लम्बा था। ऊपर से नाक थोड़ी चपटी। दोनों में कोई जोड़ नहीं था, लेकिन दोस्ती तो दोस्ती। दोनों मित्र सपने में भी एक दूसरे का अहित नहीं सोचते थे।

दोनों के घर लड़का देखनेवाले आने लगे। भवन देखने में ठीक ठाक था। खाने-कमाने के लिए कपड़े की दुकान चला रहा था। गिरीश जैसा भी था, सरकारी नौकरी कर रहा था। चूँकि दोनों एक ही बिरादरी के थे, अतः कुछ लड़कीवाले दोनों जगह प्रयास कर रहे थे। जहाँ जुगाड़ बैठ जाय वहीं सही। काफी दिनों तक सम्भावित तिलकहरू लोग दौड़-भाग करते रहे। अन्ततः भवन की शादी तय हो गयी। गिरीश को भवन से पक्की सूचना प्राप्त हो गयी कि उसकी शादी तय हो गयी है। अब गिरीश अपने यहाँ आने वाले देखुहारों को टरकाने लगा। भवन की शादी तय हो गयी, मतलब उसकी शादी तय हो गयी। घरवालों को कहीं कोई रिश्ता पसंद आ जाता तो वह कोई न कोई नुक्स निकाल देता। घरवाले आजिज आने लगे। एक दिन उसके बाप का गुस्सा फूट पड़ा, "सरऊ कभी शीशे में अपना मुँह देखा है? तौला जाय तो छटाँक भर से ज्यादा नहीं होगे। इतने पर इतना, तो नून (नमक) नाये कितना? नौकरी न कर रहे होते तो कोई डायन भी तुझसे शादी करने के लिए न तैयार होती सारे।"

भवन की बारात में गिरीश खूब सज-धज कर गया। शादी के लिए जब फेरे होने लगे तो गिरीश ने लड़की को देखा। लड़की देखकर गिरीश के मन में लड्डू फूटने लगे। बड़ी अच्छी लड़की मिली है। उसके मन में एक बार शंका उत्पन्न हुई, 'ऐसी लड़की देखकर कहीं भवन का मन न बदल जाय।' वह भवन को एकांत में

पकड़ने का प्रयास करने लगा। भवन उसकी पकड़ में आ ही गया। उसने सशंकित स्वर में पूछा, "हम दोनों के बीच हुआ समझौता याद है न?" भवन ने आश्वस्त किया, "तुम चिंता न करो यार! हमारी दोस्ती ज़िन्दाबाद रहेगी।" गिरीश को थोड़ी सी राहत मिली, पूरी नहीं। कोई भी चीज जब तक हाथ में न आ जाय।

भवन की शादी के तीन महीने बीत गये। अब गिरीश से उसका मिलना-जुलना कम हो गया था। वह अपनी नयी-नवेली पत्नी के साथ मजे कर रहा था। उसकी पत्नी का नाम था, रमावती। रमावती भी इतना सजीला पति पाकर मंत्रमुग्ध थी। दोनों राग-रंग में डूबे हुए थे। एक दिन गिरीश ने भवन को पकड़ा, "क्यों भाई! पत्नी का चेहरा देखते ही दोस्त को भूल गये?" भवन ने जवाब दिया, "ऐसा एकदम नहीं है यार! मेरे घर में तो तुम उस तरह रह नहीं सकते। चलो कस्बे में जमीन खरीदकर नया घर बनवाते हैं फिर वहीं चलकर के हम लोग रहा जाएगा।" गिरीश बात मान गया। वह जोर-शोर से जमीन की खोज में लग गया।

एक जगह कस्बे के ठीक पीछे जमीन मिल गयी। गिरीश ने अपने पैसे से ही जमीन खरीद ली। उसने भवन को जमीन दिखा दी और कहा कि घर बनवाने में तुम भी कुछ सहयोग करो। गिरीश घर बनवाने लगा। भवन चुपचाप पैसे से उसकी मदद कर रहा था। गिरीश के घर तक बात पहुँच गयी। कस्बे के पीछे गिरीश घर बनवा रहा है। गिरीश के ऊपर एक दिन उसके बाप भड़क उठे, "सरऊ अभी शादी नहीं हुई और अलग रहने का इंतज़ाम करने लगे? जैसी नीयत वैसी बरक्कत! ऐसी नीयत है न, तभी तेरी गाँड़ में हल्दी नहीं लग पा रही है। यहाँ से अपना सामान-वामान उठा। भाग जा मेरे घर से। सरकारी नौकरी मिल गयी है न! तभी मन बहुत दौड़ रहा है।" गिरीश कुछ नहीं बोला। उसने चुपचाप डाँट खा ली। वह जानता था। जब तक घर पूरी तरह से बनकर तैयार न हो जाय किसी को कोई जवाब देना ठीक नहीं है। अभी कहीं ठौर-ठिकाना नहीं है।

रमावती अपने बाँके-छबीले पति को देख-देखकर निहाल होती रहती थी। उसका बस चलता तो वह हमेशा अपने पति की बाँहों में ही सिमटी रहती। अपने पति के चलते उसका मन अपने मायके जाने का भी नहीं करता था। उसे शायद यह कहावत नहीं पता थी कि ईश्वर मनुष्य के सुखों से ईर्ष्या करता है। गिरीश उसको जल्दी से जल्दी पाने के लिए मन ही मन तड़प रहा था। वह जोर-शोर से घर बनवाने में लगा हुआ था। उसका बस चलता तो वह खुद ही घर को बना डालता। उसे बड़ी कोफ्त होती थी कि मिस्त्री और मजदूर इतना धीरे-धीरे काम क्यों कर रहे हैं? बस नहीं था, नहीं तो वह रात में भी काम लगवाये रहता। भवन की शादी हुए साल

भर हो गये। घर था कि अभी पूरी तरह से बनकर तैयार नहीं हो पाया था। गिरीश मन ही मन सोच रहा था, 'नयी रमावती का सारा मज़ा तो भवन लूट ले रहा है। अगर आयेगी भी तो मेरे हिस्से में पुरानी रमावती ही आयेगी।'

आखिर घर बनकर तैयार हो गया। गिरीश ने जल्दी-जल्दी गृह प्रवेश की पूजा करवायी और घर में आकर रहने लगा। उसके गृह प्रवेश में घर से कोई नहीं आया। घरवालों ने क्रुद्ध होकर उससे सारा रिश्ता तोड़ लिया। कुछ दिनों बाद भवन ने भी अपने घर में घोषित कर दिया, "अब मैं कस्बे में ही कोई मकान किराये पर लेकर रहूँगा। अपना परिवार भी मैं साथ ले जाऊँगा। पूरे परिवार के साथ रह पाना अब मेरे लिए संभव नहीं है।" घर में सब स्तब्ध रह गये। भवन घर में किसी के ऊपर किसी तरह से आश्रित नहीं था। वह अपनी पत्नी को लेकर गिरीश के घर में चला आया। घरवाले कुछ नहीं कर पाये।

दो सप्ताह तक तो सब ठीक-ठाक चला। पन्द्रवें दिन खाना-पीना खाने के बाद रात में भवन और गिरीश बैठे। दोनों ने आपस में विचार-विमर्श किया। रमावती को बुलाया गया। भवन ने रमावती से कहा, "देखो रमावती! तुम यह तो जानती ही हो कि मैं और गिरीश बहुत पक्के दोस्त हैं। शादी के पहले हम लोगों ने तय किया था कि शादी के बाद भी हम लोग आपस में वैसे ही पक्के दोस्त बने रहेंगे। इसके लिए हम लोगों ने यह निर्णय लिया था कि हम लोग अलग-अलग शादी नहीं करेंगे। हम दोनों में जिसकी पहले शादी हो जाएगी, उसी की बीवी दोनों की बीवी बनकर रहेगी। मेरी शादी चूँकि पहले हुई है, इसलिए तुम्हें हम दोनों की बीवी बनकर रहना पड़ेगा इसीलिए हम दोनों अपने-अपने घर से अलग हुए। यह घर हम दोनों के पैसे से मिलकर बना है। अब यह घर हम तीनों का है।" रमावती को ऐसा लगा जैसे उसे किसी ने आसमान से उठाकर पटक दिया है। वह चिल्लाने लगी, "मैं दो-दो आदमियों की बीवी बनकर नहीं रहूँगी। मैंने जिसके साथ सात फेरे लिये हैं, केवल उसी की बीवी बनकर रहूँगी। मुझे यह सब कदापि मंजूर नहीं है।" भवन बड़ी असहाय सूरत बनाकर बोला, "हम दोनों ने एक दूसरे को जो वचन दिया था, उसका क्या होगा? तुम मेरा वचन झूठा हो जाने दोगी?" "आपने मुझसे पूछकर वचन नहीं दिया था। अनाप-शनाप वचन का कोई मूल्य नहीं होता। आपने शादी के पहले या शादी के समय यह बात बता दी होती तो मेरी आपसे शादी ही न होती।" रमावती उसी तरह चिल्लाती रही।

भवन ताव खा गया, "गिरीश, यह ऐसे नहीं मानेगी। मैं इसके हाथ पकड़ता हूँ। तू इसके कपड़े उतार।" भवन ने एक हाथ से कसकर रमावती का मुँह दबाया।

एक हाथ से उसके हाथ पकड़ लिये। गिरीश उसके कपड़े उतारने लगा। रमावती पैर चलाने लगी। छीनाझपटी में रमावती के कपड़े फट गये। जब वह निर्वस्त्र हो गयी तो दोनों ने उसे उठाकर बिस्तर पर पटक दिया। भवन गिरीश से बोला, "मैं इसे मजबूती से पकड़े हुए हूँ। तू कर ले।" रमावती छटपटाती रही, लेकिन वह कुछ कर नहीं पायी। गिरीश ने उसके साथ जबर्दस्ती कर डाली।

उसको उसी कमरे में छोड़कर दोनों बाहर चले आये। गिरीश अपराध-बोध से ग्रस्त हो गया। उसने भवन से कहा, "शायद हमने यह ठीक नहीं किया।" भवन बोला, "तुम औरतों का त्रिया चरित्र नहीं जानते। पति के सामने किसी के साथ कुछ करना हो तो बहुत पतिव्रता बनेंगी। पति की आँख बचाकर किसी के साथ मज़ा मारने में सारा पतिव्रता धर्म गायब हो जाता है। दो-चार महीने में दो पतियों की यह एकदम अभ्यस्त हो जाएगी।" रमावती की बिना कोई सुध लिये दोनों अलग-अलग कमरों में सोने चले गये। रमावती रात भर रोती हुई उसी कमरे में बैठी हुई थी। उसने कपड़े भी नहीं पहने। उसे लगा रहा था कि इससे तो अच्छा था कि मुझे किसी ने मार डाला होता।

तीनों अलग-अलग कमरे में रहने लगे। एक कमरे में भवन रहता था, एक में गिरीश और एक में रमावती। रात में भवन और गिरीश में जिसका मन करता, वह रमावती के कमरे में चला जाता। उसे भोग कर अपने कमरे में वापस लौट जाता। कभी-कभी तो भवन और गिरीश साथ पहुँच जाते। बारी-बारी से दोनों उसे भोगते। वापस लौट जाते। रमावती ने विरोध करना छोड़ दिया था। उसके लिए अब शारीरिक सुख का, काम-क्रीड़ा का कोई अर्थ नहीं रह गया था। वह अपनी ही नज़रों में बुरी तरह गिर गयी थी। उसे लगता था कि वह दुनिया की सबसे नीच और पापी औरत है। उसे अब बाहर निकलते भी डर लगता था। उसे लगता था जैसे हर कोई उस पर हँस रहा है और उसका मज़ाक उड़ा रहा है।

तीनों एक ही घर में साथ रहते थे। भवन और गिरीश ने अपने घर से सम्बन्ध भी समाप्त कर लिया था। स्वाभाविक था खुसुर-फुसुर होती। गाँव-कस्बों में यह खुसुर-फुसुर बहुत तेजी से फैलती है। लोगों ने पहले आपस में तीनों के बारे में कहना शुरू किया। रमावती को भवन और गिरीश दोनों रखे हुए हैं। दिन बीते। खोंचड़ टाइप लोग मज़ाक-मज़ाक में भवन और गिरीश के सामने यह बात कहने लगे। फिर तो ऐसी बात होने लगी, जिसकी किसी को उम्मीद नहीं थी। भवन और गिरीश बड़ी साफगोई से सबके सामने स्वीकार कर लेते थे कि रमावती हम दोनों की पत्नी है। रमावती की किस्मत और फूट गयी। उसका घर से बाहर निकलना

दूभर हो गया। कोई उसे देख कर हँसता, कोई मुस्कुराता, कोई छींटाकशी करता। मनचले उसके पीछे लग लेते। सब उसे बहुत सस्ती औरत समझने लगे, जिसे बड़ी आसानी से पटाया जा सकता था। वह सुंदर थी। जो नहीं वही उसका स्वाद लेने के चक्कर में पड़ जाता। रमावती सबसे अपने को बचाती हुई जिन्दा लाश की तरह अपने शरीर को ढो रही थी। उसकी सारी इच्छाएँ, अभिलाषाएँ समाप्त हो चुकी थीं। बस, जिये जा रही थी किसी तरह। अकेले में अपने मायके को याद करके वह बहुत रोती। उसे याद आते थे मायके में बिताये हुए अपने दिन। बड़ी हँसी-खुशी में बीता था वहाँ उसका जीवन। मायके अब वह झाँकने भी नहीं जा सकती थी। कौन सा मुँह लेकर जाती। अब माँ-बाप तक उसे शायद नहीं पहचानेंगे। हर सहेली ताना मारेगी।

बात सब जगह फैल चुकी थी। भवन के घर भी, गिरीश के घर भी। समाज में दोनों परिवारों की छीछालेदर हो रही थी। दोनों के घरवाले शार्मिन्दा भी थे और क्रुद्ध भी। कोई बस नहीं था। हाथ मलकर रह जा रहे थे सब।

भवन का छोटा भाई जगन अब भवन और गिरीश की अनुपस्थिति में अपनी भौजाई से मिलने बहुत आने लगा था। वह उससे पूरी सहानुभूति जताता। उसका दुःख-दर्द साझा करने की कोशिश करता। उसे पूरा भरोसा दिलाता कि भले दुनिया में कोई इस समय तुम्हारे साथ नहीं है, लेकिन मैं पूरी मजबूती से तुम्हारे साथ खड़ा हूँ। हर दुःख-दर्द में तुम मुझे अपने साथ समझना। रमावती ने भी उसे अपना शुभचिंतक मान लिया। उसके अलावा कोई और उससे मिलने नहीं आता था। वह उसके सामने रो लेती। अपने मन की पीड़ा कह लेती। जीवन में सुख तो क्या था, अपना दुःख-दर्द साझा कर लेती। कुछ ही सही, हल्की हो जाती थी।

जगन अपने दाँव से था। वह सोच रहा था कि जब बाहर वाले सेंक रहे हैं तो वह तो घर का है। वह क्यों पीछे रहे? ऊपर से वह बड़ा विनम्र और भोला बना हुआ था। भौजी का भक्त! वह कभी भी इधर-उधर की बात नहीं करता था। भौजी को जरा भी शक न होने पाये उस पर, उसका असली इरादा क्या है। उसे पूरा विश्वास था कि वह भौजी का इतना विश्वास-पात्र बन जाएगा कि अपना दुःखड़ा रोते-रोते भौजी खुद एक दिन उसकी गोद में आ गिरेंगी। वह पानी में बंसी डाले उसमें मछली के फँसने का इंतज़ार कर रहा था। रमावती इन बातों से बेखबर थी। उसके लिए अब प्रेम, काम सुख, पुरुष का साथ; इन सब बातों को कोई अर्थ नहीं था। वह जगन को अपना सच्चा शुभचिंतक समझती थी।

समय बीतता गया। धीरे-धीरे रमावती के चार बच्चे भी हो गये। दो बेटे, दो बेटियाँ। दोनों बेटे गोरे-गोरे थे। भवन के चेहरे पर गये थे। इससे भवन और गिरीश ने अनुमान लगाया कि ये दोनों भवन के बेटे हैं। विद्यालय में उन दोनों के पिता का नाम भवन लिखाया गया। लड़कियाँ नाटी-नाटी, चपटे नाक वाली थीं। देखने से ही लगता था कि वे गिरीश की बेटियाँ हैं। विद्यालय में दोनों के पिता का नाम गिरीश लिखाया गया। भवन और गिरीश अपनी दोस्ती निभा रहे थे। कौन सी खुशी पाने के लिए वे दोस्ती निभा रहे थे, ये वही जानते थे। इस दोस्ती का अंजाम यह था—

प्रकरण-एक

भवन का बड़ा बेटा, मुहम्मदाबाद इंटर कालेज में इस समय नौंवी कक्षा में पढ़ता था। छोटा वहीं पर सातवीं कक्षा में था। जब पढ़ाई न हो रही होती, दोनों हमेशा साथ-साथ रहते थे। विद्यालय में दोनों का कोई मित्र नहीं था। दोनों को विद्यालय के लड़के मिलकर बहुत अपशब्द कहते थे। साथ रहते थे तो एक दूसरे को देखकर अपमान का घूँट पी लेते थे। यह हौसला मिलता था कि मैं दुनिया में अकेले नहीं हूँ। कोई है खड़ा मेरे साथ। विद्यालय दस बजे से चार बजे तक चलता था। चालीस-चालीस मिनट के कुल आठ घंटे चलते थे। चौथे घंटे के बाद चालीस मिनट की छुट्टी होती थी।

उस दिन चौथा घंटा पूरा होने का घंटा बजा। सब बच्चे अपनी-अपनी कक्षाओं से दौड़ते हुए निकले और विद्यालय के मैदान की ओर भागे। दोनों भाइयों को देखकर कई बच्चे चिल्लाते हुए उनके पीछे दौड़े—"एक माई दो बाप के... एक माई दो बाप के...एक माई दो बाप के...एक माई दो बाप के...।" दानों रोज ही यह सब सुनने के अभ्यस्त थे। दोनों भाग खड़े हुए। चिल्लाने वाले लड़के उनके पीछे-पीछे दौड़ रहे थे। दोनों जान बचाते हुए मैदान के चारों ओर भाग रहे थे। शैतान बच्चे उनका पीछा ही नहीं छोड़ रहे थे। छोटा दौड़ते-दौड़ते थक गया। गिर पड़ा। कई शैतान बच्चे एक साथ उसके ऊपर कूद पड़े। छोटा बड़ी जोर से रोने लगा। बड़े से बर्दाश्त नहीं हुआ। वह भी शैतान बच्चों पर कूद पड़ा। उसने दो-चार को पीट दिया। शैतान बच्चे छोटे को छोड़कर बड़े की ओर मुड़ गये। सब उस पर पिल पड़े। वह बहुत मार खा गया। दोनों भाई रोते हुए चल दिये। प्रधानाचार्य के पास।

प्रधानाचार्य ने उन सारे बच्चों को तलब किया, जिन्होंने दोनों को मारा था। सारे बच्चे हाजिर किये गये। प्रधानाचार्य ने छड़ी उठायी। जोर से गर्जे, "तुम लोग

विद्यालय में अनुशासनहीनता करते हो? क्यों मारा दोनों को?'' एक लड़का बोला, ''सर, पहले इन्हीं लोगों ने हम लोगों को मारा। हम लोगों ने बाद में मारा।'' प्रधानाचार्य उन दोनों की ओर मुड़े, ''क्यों? क्या ये सच कह रहा है?'' बड़ावाला बोला, ''सर, ये सभी लोग मिलकर हम दोनों को गाली दे रहे थे। कह रहे थे—एक माई दो बाप के...एक माई दो बाप के।'' प्रधानाचार्य हँसने लगे। उन्होंने छड़ी मेज पर रख दी, ''इसमें गाली की क्या बात है बे? सब मिलकर तुम लोगों से मज़ाक कर रहे थे। क्या यह सच बात नहीं है कि तुम लोगों की माँ एक है और बाप दो हैं? इसके लिए तो तुम दोनों घर में अपनी माँ से लड़ो। उससे पूछो कि विद्यालय में और सब बच्चों के तो एक बाप हैं। हम लोगों के दो बाप क्यों हैं? क्यों तुमने एक साथ दो आदमियों से शादी की?...अच्छा ये बताओ कि तुम लोगों के दो बाप हैं। फिर ये कैसे पता चला कि तुम दोनों भवन के ही बेटे हो? तुम लोग गिरीश के भी तो बेटे हो सकते हो? तुम लोगों का पक्का विश्वास है कि तुम दोनों भवन के ही बेटे हो? बोल बे! कुछ जवाब क्यों नहीं देते?'' दोनों चुपचाप लज्जित सिर झुकाये खड़े थे। प्रधानाचार्य मज़ा ले रहे थे। वे दोनों शर्मिन्दा हो रहे थे। वहाँ पर खड़े बाकी लड़के मुँह दबाकर ही-ही कर रहे थे। प्रधानाचार्य ने फिर छड़ी उठायी और वे बच्चों को धमकाने लगे, ''अच्छा भाई! आज से अगर कोई इन दोनों को एक माई दो बाप के कहेगा तो उसकी बहुत पिटाई होगी। इन दोनों की माँ ने अगर दो आदमियों से शादी कर ली है तो इसमें इन दोनों का क्या दोष है? तुम लोग इन सब बातों की बहुत खबर रखते हो। पढ़ाई में मन नहीं लगता। इतना मन पढ़ाई में लगाओ तो तुम लोग कुछ बन जाओ। भागो सब लोग यहाँ से। आइन्दा मेरे पास शिकायत नहीं आनी चाहिए।''

प्रकरण-दो

गिरीश की दोनों बेटियाँ इस समय मुहम्मदाबाद कस्बे के राजकीय बालिका इंटर कॉलेज में पढ़ती थीं। बड़ी पाँचवीं में थी और छोटी चौथी में। वहाँ भी विद्यालय में लड़कियाँ उन दोनों को बहुत चिढ़ाती थीं। पूरे विद्यालय दोनों मनोरंजन की केन्द्र थीं। दोनों गाना बहुत अच्छा गाती थीं। संगीत की शिक्षिका हर कार्यक्रम में दोनों से जरूर गाना गवाती थीं। जब औपचारिक कार्यक्रम न होता, संगीत शिक्षिका उन दोनों को 'दो बाप की बेटियाँ' ही कहकर बुलाती थीं, ''ऐ दो बाप की बेटियों, आओ मेरे साथ तुम दोनों नये गाने का अभ्यास करो।'' या ''ऐ लड़कियों! जाओ देखो दो बाप की बेटियाँ कहाँ हैं? जल्दी से उन्हें पकड़कर लाओ। उन दोनों को

गाने का अभ्यास कराना है।'' बड़ी कक्षा की लड़कियाँ उन दोनों से अक्सर बहुत भद्दे-भद्दे मज़ाक करतीं, ''ऐ! तुम दोनों की माँ अपने दोनों आदमियों के साथ कैसे सोती है? दोनों बारी-बारी उसके साथ सोते हैं या एक साथ?'' दूसरी व्यंग्य से कहती, ''एक बाप आगे से काम लगाता होगा और एक बाप पीछे से।'' सारी लड़कियाँ खिलखिलाकर हँसने लगतीं। दोनों बहनें असहाय होकर एक दूसरे का चेहरा देखतीं। उन दोनों को भी बड़ी हसरत होती कि जैसे बाकी लड़कियाँ आपस में मिल बैठकर बातें करती हैं या आपस में सब मिल-जुलकर खेलती हैं, वैसे ही वे भी सबके साथ रहें। लड़कियों की कोई गोल उन्हें अपने साथ रखने को तैयार नहीं होती थी। दोनों सिर्फ आपस में ही एक दूसरे की दोस्त थीं। उनके साथ विद्यालय में ऐसा व्यवहार होता था, जैसे वे दोनों किसी वेश्या की बेटियाँ हों। वे दोनों कक्षा की और लड़कियों के साथ जहाँ घुलने-मिलने की कोशिश करतीं, लड़कियाँ या तो उन्हे भगाने लगतीं या सब मिलकर उनका मज़ाक उड़ाने लगतीं। वे दोनों यह तो नहीं जानती थीं कि उनका अपराध क्या है, लेकिन उनके मन में यह बात घर कर गयी थी कि वे दोनों जरूर बहुत गन्दी लड़कियाँ हैं।

उस दिन विद्यालय का वार्षिक समारोह था। मुख्य अतिथि के रूप में मुहम्मदाबाद तहसील के उपजिलाधिकारी को बुलाया गया था। मुख्य अतिथि विद्यालय में आ चुके थे। वे प्रधानाचार्या के कमरे में बैठे हुए चाय-नाश्ता कर रहे थे। कार्यक्रम शुरू होने में थोड़ा सा विलम्ब था। प्रधानाचार्या के कमरे में कुछ और शिक्षिकाएँ बैठी हुई थीं। तब तक दोनों बहनें उधर से गुजरीं। संगीत-शिक्षिका ने उन दोनों को अन्दर बुला लिया। वे उपजिलाधिकारी से दोनों बहनों का परिचय कराने लगीं, ''सर ये दोनों सगी बहनें हैं। एक पाँचवीं कक्षा में पढ़ती है और एक चौथी कक्षा में। दोनों बहनें बहुत अच्छा गाना गाती हैं। दोनों हमारे विद्यालय की सबसे अच्छी गायिकाएँ हैं।'' ''अच्छा! बड़ी अच्छी बात है।'' उपजिलाधिकारी बोले। ''इन दोनों की एक विशेषता और है सर!'' वे और परिचय कराने लगीं, ''इन दोनों की एक माँ है और दो पिता हैं।'' उपजिलाधिकारी बात को अच्छी तरह नहीं समझ पाये। ''क्या इनकी माँ का तलाक हो गया है और उन्होंने दूसरी शादी कर ली?'' ''नहीं सर! आप बात को ठीक से समझे नहीं।'' संगीत-शिक्षिका बात को ठीक से समझाने लगीं, ''इनकी एक माँ है, दो बाप हैं, दो भाई हैं और दो बहनें। सब एक ही घर में बड़े प्रेम-पूर्वक रहते हैं।'' प्रधानाचार्या और सारी शिक्षिकाएँ हँसने लगीं। माजरा उपजिलाधिकारी के समझ में आ गया, ''यह तो बड़ी दिलचस्प बात है। एक फूल दो माली वाली कहानी है।'' ''हाँ सर!'' संगीत शिक्षिका ने हाँ में हाँ मिलायी।

सब फिर से हँसने लगे। उपजिलाधिकारी ने बड़ी बहन से पूछा, ''बेटा ये बताओ, तुम्हारी माँ तुम्हारे दोनों पापा में से किसे ज्यादा प्यार करती हैं?'' सारी शिक्षिकाएँ हँस रही थीं। दोनों बहनें निरीह भाव से खड़ी थीं। वे सारा मज़ाक समझ रही थीं। ''तुम तो कुछ बोल ही नहीं रही हो। अच्छा जाने दो! यह बताओ कि तुम्हारे दोनों पापा में से तुम्हारी माँ को कौन ज्यादा प्यार करता है?'' दोनों बहनों ने चुपचाप सर झुका लिया। सब हँस रहे थे। दोनों तमाशा बनी खड़ी थीं।

उपजिलाधिकारी ने प्रधानाचार्या से पूछा, ''रजिस्टर में दोनों के पिता का नाम कैसे लिखा गया है?'' ''इनके दोनों भाइयों के पिता का नाम एक व्यक्ति का लिखाया गया है और इन दोनों के पिता का नाम दूसरे व्यक्ति का लिखाया गया है।'' प्रधानाचार्या ने बताया। ''यह तो बड़ा गलत न्याय है।'' उपजिलाधिकारी के कहा, ''दोनों को एक बेटा और एक बेटी लेना चाहिए था। इससे संतुलन बना रहता। वैसे दोनों बहनों का चेहरा तो एकदम एक जैसा है।'' प्रधानाचार्या ने उन दोनों बहनों को वहाँ से भगा दिया। वैसे दोनों को अभी एक परीक्षा और देनी थी। किसी भी समारोह में जब दोनों साथ-साथ गाने के खड़ी होती थीं तो सारी लड़कियाँ हँसना शुरू कर देती थीं।

प्रकरण-तीन

भवन अपनी कपड़े की दुकान पर था। चार ग्राहक बैठे हुए थे। भवन ने दुकान पर दो लड़के रखे हुए थे। दोनों लड़के ग्राहकों को कपड़े दिखा रहे थे। तब तक पास के गाँव के भुलई आ गये। भुलई अपने गाँव के प्रधान थे। ''और भवन भाई क्या हालचाल है?'' भुलई ने बैठते हुए पूछा। ''सब आप लोगों की कृपा है। ऊपरवाले के आशीर्वाद से सब ठीक-ठाक चल रहा है।'' भवन ने उत्तर दिया। ''हमारी भौजाई एकदम चकाचक हैं?'' भुलई ने चुहलबाजी करते हुए पूछा। भवन को भुलई का यह वाक्य तनिक भी नहीं सुहाया। उसने नाराज़ होते हुए कहा, ''मैं तो किसी की पत्नी को भौजाई नहीं कहता फिर आप मेरी पत्नी को भौजाई क्यों कह रहे हैं? मेरी पत्नी आपकी भौजाई लगती है? मैं आपकी पत्नी को भौजाई कहूँ तो आपको कैसा लगेगा?'' भुलई ने भवन को थोड़ा सा और तिनगाते हुए कहा, ''मेरी पत्नी को खूब भौजाई कहो! हजार बार भौजाई कहो! मैंने रोक रखा है क्या? अरे गाँव वाले मेरी पत्नी को भौजाई कहते हैं तो मुझे बड़ा अच्छा लगता है। किसी औरत को भौजाई कहना, उसका सम्मान करना होता है। तुम्हारी पत्नी को कोई रे भवनवा बहू कहे तो तुम्हें अच्छा लगेगा क्या?'' भवन भड़क गया, ''भुलई उस्ताद

मुझसे नेतागिरी वाली भाषा न बोलो। मैंने भी दुनिया देखी है। आप ने अभी जिस स्कूल में नाम लिखाया है, वहाँ से मैं पीएचडी. कर चुका हूँ।'' ''मैं कहाँ कह रहा हूँ कि तुमने पीएच. डी. नहीं कर रखी है?'' भुलई बाकी ग्राहकों की ओर देखकर मुस्कराये और उन्हें आँख मारी, ''तुमने तो उस विषय में पीएचडी. किया है जिस विषय में पांडवों ने की थी।'' ''अच्छा नेताजी बहुत हो गया।'' भवन ताव खाते हुए बोला, ''तुम्हें लेना क्या है, यह बताओ। जो खरीदना हो खरीदो और घर जाओ। मुझे और भी ग्राहकों को देखना है।'' ''बता रहा हूँ, बता रहा हूँ! ऐसी भी क्या जल्दी है? अरे व्यापार का मूल नियम याद रखो। ग्राहक भगवान होता है। ग्राहकों को भगाने पर तुल जाओगे तो क्या दुकान करोगे? इतनी दूर से पैदल आ रहा हूँ। कुछ चाय-वाय मँगाओ। जब तुमको भौजी का हालचाल पूछने पर आपत्ति है तो नहीं पूछूँगा भौजी का हालचाल। तुरंत चाय मँगाओ।'' भवन लाचार हो गया। वह जानता था कि उसके भगाने से भुलई नहीं भागेगा। उसने झख मारकर एक लड़के को चाय लाने के लिए भेजा। भुलई फिर बोले, ''चाय के साथ कुछ और भी मँगवाओ नहीं तो मैं फिर से भौजी का हालचाल पूछने लगूँगा।'' भवन मन ही मन सुलग उठा। उसने लड़के से साथ में समोसा लाने को भी कहा। दुकान पर बैठा एक अन्य ग्राहक बोला, ''क्यों भाई सेठ जी? जो भौजी का हालचाल पूछेगा, केवल उसी को चाय पिलाओगे? हम लोगों को चाय नहीं पिलाओगे? हम लोगों ने भौजी का हालचाल नहीं पूछा तो इसका यह मतलब नहीं हुआ कि हम लोगों के मन में भौजी के प्रति भुलई नेता से कम श्रद्धा है। भौजी कहीं दिख जाती हैं तो मैं उन्हें नमस्कारी जरूर करता हूँ।'' भवन को ग्राहक की यह बात नागवार गुज़री, ''मेरी पत्नी को आप लोग तमाशा बना रहे हैं? आप लोगों के घर में बहू-बेटियाँ नहीं हैं क्या?'' वह ग्राहक बोला, ''तमाशा हम लोगों ने बना रखा है या तुमने और गिरीश ने बना रखा है? हम लोगों के लिए भी चाय मँगाओ नहीं तो मैं जा रहा हूँ तुम्हारे घर और वहाँ मैं भौजाई के हाथ की बनी चाय पिऊँगा।'' भवन मन ही मन दाँत पीसकर रह गया। भुलई बोले, ''अच्छा भाई, आप लोग भवन को मत परेशान करिए। मैं मँगाता हूँ सबके लिए चाय और समोसा। भवन भइया, ऐसे गरमाकर दुकानदारी करोगे तो सारे ग्राहक भाग जाएँगे। जरा शांति से रहा करो, शांति से।'' पास में ही एक चाय की दुकान थी। भुलई ने दुकान के एक लड़के को बुलाया। उससे बोले, ''यहाँ पर जितने लोग बैठ हैं, गिन लो। सबके लिए एक-एक चाय और दो-दो समोसा ले आओ।'' लड़का सबको गिनकर चला गया। उसी दुकान पर भवन के दुकान का भी लड़का खड़ा था। भवन ने उसे दुकान पर

वापस बुला लिया। कुछ देर में चाय-समोसा आ गया। सब चाय पीने लगे। चाय जितनी जल रही थी, उससे दस गुना भवन का जी जल रहा था।

प्रकरण-चार

गिरीश पूरे बैंक में मजाक का पात्र था। बैंक के कर्मचारी तो अपनी जगह, आने वाले ग्राहक भी उससे उसकी पत्नी के बारे में मज़ा लेने लगते थे। गिरीश एक तो नाटा था, दूसरे दुबला-पतला। वह किसी से लड़ नहीं सकता था। सबके मज़ाक पर वह या तो ही-ही करके रह जाता या चुप्पी साध लेता। चुप्पी साध लेने पर यह समस्या होती थी कि लोग और खोद-खोदकर छेड़खानी करते थे।

एक दिन बैंक में तीन-चार कर्मचारियों ने आपस में कुछ खुसुर-फुसुर किया। जब चार बजे गये तो चारों ने गिरीश को बुलाया। एक ने कहा, ''गिरीश भाई आज मौसम बड़ा सुहावना है। आज जो कहो, हम लोग तुमको वो खिलायें। कहो तो नन्दा की दुकान से मिठाई मँगाया जाय।'' ''मँगाइए साहब मँगाइए।'' गिरीश खुश होता हुआ बोला, ''आप लोग खायेंगे तो मैं भी खा लूँगा। पैसा दीजिए जाकर ले आऊँ।'' दूसरा व्यक्ति बोला, ''गिरीश आज मौसम सचमुच बहुत सुहावना है। सब चले जाएँ तो जाकर मिठाई ले आओ साथ में अपनी बीवी को भी ले आओ। सब लोग मिलकर मज़ा करते हैं। किसी को भनक नहीं लगने दी जाएगी।'' गिरीश के दिल को बहुत ठेस लगी, ''साहब, आप लोगों को ऐसा नहीं बोलना चाहिए। मेरी बीवी इस तरह की औरत नहीं है।'' ''अरे गिरीश भाई, हम लोग तुमको अच्छा पैसा देंगे। तुम्हारी तबीयत खुश हो जाएगी।'' पहले व्यक्ति ने गिरीश को फुसलाया। गिरीश बुरा मान गया, ''आप लोग मेरी बीवी के बारे में ऐसे गन्दे विचार रखते हैं, यह ठीक नहीं है। भले उसके दो पति हैं, लेकिन वह आप लोगों की पत्नियों से ज्यादा पतिव्रता है।'' ''ससुर नहीं तो।'' दूसरे व्यक्ति ने कहा, ''तुम्हारी पत्नी कितनी पतिव्रता है यह पूरा मुहम्मदाबाद जानता है। भवन अपनी दुकान पर चला जाता है। तुम बैंक चले आते हो। तुम्हारे सारे बच्चे विद्यालय चले जाते हैं। उसके बाद तो घर में तुम्हारी औरत अकेली बचती है न! क्या वह तुम लोगों के घर आने तक अकेली बैठी भजन करती रहती है? अकेली हो जाने पर पता नहीं किस-किस को अपने ऊपर चढ़ाती होगी। औरत जब तक एक आदमी के साथ बँधी रहती है, तभी तक वह काबू में रहती है। औरत को जहाँ एक से दो का स्वाद मिला, तो वह दो पर नहीं रुकी रहती। दो से हजार तक पहुँचने में समय नहीं लगता। कितनी भी चंचल औरत हो, हर औरत अपने पति के सामने पतिव्रता बनती है।

तुम्हारी औरत भी तुम दोनों पतियों के सामने बहुत पतिव्रता बनती होगी। कभी बीच में ही छुट्टी लेकर घर जाकर देखो। कोई आदमी तुम्हारी बीवी के ऊपर चढ़ा हुआ मिलेगा।...इसीलिए कहा रहा हूँ जाकर ले आओ उसे। वैसे तो वह सबको मुफ्त में दे रही है। यहाँ चार पैसा पा जाओगे। तुम्हारा भी भला हो जाएगा।'' गिरीश रोने लगा, ''साहब आप लोगों के मुँह से यह सब बातें शोभा नहीं दे रही हैं। आप लोग मेरी औरत पर बहुत गन्दे-गन्दे और घिनौने इलजाम लगा रहे हैं। आप लोगों की औरतों पर कोई इस तरह के इलजाम लगाये तो आप लोगों को कैसा लगेगा? मैं कमजोर हूँ तो इसका मतलब यह नहीं हुआ कि आप लोगों के जो जी में आये वह बोलें।'' ''बहुत नाटक कर रहा है ससुरा।'' पहले व्यक्ति ने कहा, ''कहने पर धोबी गधे पर नहीं बैठता। ये साले दो-दो लोग उस पर कूद रहे हैं, तब कुछ नहीं हो रहा है। यहाँ बैंक में आ जाएगी और हम लोग भी थोड़ा आनन्द ले लेंगे तो इसकी बीवी के सारे सामान घिस जाएँगे। वह अपवित्र हो जाएगी। इन सालों को ले जाकर फिर से उसकी सर्विसिंग करानी पड़ेगी।...भाग जा साले। जब अपनी बीवी को यहाँ नहीं ला सकता, तब किसलिए यहाँ खड़ा है? किसी दिन तू बैंक में रहेगा और हम लोग तेरे घर जाकर उस पर चढ़ आयेंगे, तब पता चलेगा। तब हम लोग यहाँ आकर तुझे बतायेंगे कि वह कितनी पतिव्रता है।''

दोपहर में किसी ने दरवाजा खटखटाया। रमावती का कलेजा काँप गया। उसने हिम्मत जुटा कर पूछा, ''कौन?'' ''मैं हूँ भौजी, जगन।'' बाहर से आवाज़ आयी। रमावती ने दरवाजा खोल दिया। जगन को बताने लगी, ''आज मैं कस्बे में गयी थी, गरम मसाला खरीदने। मैं घूँघट निकालकर गयी थी कि कोई पहचान न पाये। पता नहीं कैसे डंगर नाई ने मुझे पहचान लिया। आते समय उसने बहुत परेशान किया।'' रमावती ने जगन को पूरी कहानी बता दी। जगन उत्तेजित होते हुए बोला, ''उस साले की इतनी हिम्मत? मैं अभी जाकर साले की लतियाता हूँ।'' रमावती ने उसे रोक दिया, ''जाने दो! किस-किस से झगड़ा करोगे। जिधर भी जाती हूँ यही तो होता है। जब मेरी ही किस्मत खोटी है तो मैं किसी और को क्या दोष दूँ?'' ''भौजी तुम मना कर रही हो तो जाने देता हूँ। नहीं तो आज मैं डंगर को बहुत मार मारता।'' जगन बड़े रोष में बोला। किसी से भौजी के पीछे झगड़ा करने में जगन की कोई दिलचस्पी नहीं थी। वह भौजी को प्रभावित करने के लिए बस वीर रस की एक भंगिमा बना रहा था। वह बैठ गया और भौजी से बातें करने लगा। रमावती उसके लिए चाय बनाकर लायी।

समय अपनी गति से चल रहा था। एक दिन उसने इस कहानी को नया मोड़ दे दिया। गिरीश छुट्टी होने के बाद साइकिल से घर लौट रहा था। वह बनारस-बलिया सड़क पर था। अचानक बलिया की तरफ से आती हुई एक तेज रफ्तार ट्रक ने उसे कुचल दिया। उसे कुचलती हुई तेज रफ्तार से ट्रक आगे निकल गयी। जब तक कोई कुछ समझ पाता, ड्राइवर ट्रक लेकर फरार हो गया। लोग चिल्लाते हुए दौड़े। चारों तरफ कोहराम मच गया। भवन को पता चला तो वह भी दुकान छोड़कर भागा हुआ आया। वह फूट-फूटकर रोने लगा। जिस दोस्त के लिए उसने सब कुछ सहा, वही उसे छोड़कर चला गया। कुछ ही देर में मुहम्मदाबाद थाने से पुलिस भी आ गयी। थाना पास में ही था। बात घर तक भी पहुँच गयी। रमावती और उसके चारों बच्चे भागे-भागे आये। सब दहाड़ मार कर रोने लगे। दोनों बेटियाँ तो जैसे पागल हो गयीं। लोग सब को पकड़ने और समझाने लगे। पुलिस लाश लेकर चली गयी। लाश का पोस्टमार्टम होना था। बैंक के मैनेजर और सारे कर्मचारी भी पहुँच गये। गिरीश उनके यहाँ का कर्मचारी था। सब दुःखी थे। भवन और उसका पूरा परिवार वहीं सड़क पर बैठा दहाड़ मार-मार कर रो रहा था। कुछ औरतों ने रमावती को पकड़ कर उठाया। आदमियों ने भवन और बच्चों को पकड़कर खड़ा किया। सब मिलकर उन सबों को लेकर घर की ओर चल दिये।

घर पर भी सब दहाड़ मार-मारकर रो रहे थे। सबसे ज्यादा रो रहा था भवन। उसका प्यारा दोस्त उसे छोड़कर इस संसार से ही चला गया। दोनों बेटियाँ भी भवन को पकड़कर जोर-जोर से रो रहीं थीं। रमावती एकाएक उसके मर जाने से स्तब्ध जरूर थी, लेकिन उसे कुछ खास दुःख नहीं था। भवन और गिरीश के चलते वह जो जिन्दगी जी रही थी, उससे उसे भवन या गिरीश के प्रति कोई मोह या लगाव नहीं रह गया था। वह सिर्फ लोक मर्यादा निभाने के लिए रो रही थी। घर में किसी के मरने पर रोया जाता है इसलिए वह रो रही थी। वैसे गिरीश के प्रति लोगों की जो भावना रही हो या वे उसे जो कुछ भी कहते-समझते रहें हों, इस समय सब दुःखी थे। इस समय लोग तारीफ़ कर रहे थे कि वैसे गिरीश चाहे जैसा आदमी रहा हो, उसने कभी किसी को कोई नुकसान नहीं पहुँचाया। बात गिरीश के घर भी पहुँच गयी। उसकी बूढ़ी माँ रोने लगी। बाकी घर में किसी को कोई फर्क नहीं पड़ा। बूढ़ी माँ ने उसके बाप से कहा, "वह चाहे जैसा भी था, था तो तुम्हारा ही बेटा। उसका क्रिया-कर्म तो कर दो। ढंग से उसका क्रिया-कर्म नहीं होगा तो उसकी आत्मा भटकेगी।" बाप ने साफ इनकार कर दिया, "उसे मैं अपनी औलाद मानता ही नहीं। जहाँ रह रहा था, वहीं के लोग उसका क्रिया-कर्म करें। वैसे भी उसने घर

से सारा सम्बन्ध खत्म कर लिया था। जैसी करनी वैसी भरनी। भगवान के घर देर है, अन्धेर नहीं है। जैसा कर्म कर रहा था, भगवान ने उसको वैसा ही फल दिया।''

पोस्टमार्टम के बाद लाश घर आ गयी। फिर से रोना-पीटना मच गया। लोग लाश को श्मशान घाट ले जाने की तैयारी करने लगे। प्रश्न उठा कि चिता को मुखाग्नि कौन देगा? भवन ने कहा कि सारा क्रिया-कर्म मैं करूँगा।

लाश लेकर लोग गंगा नदी के तट की ओर चल दिये। 'राम नाम सत्य है' कहते हुए। घर पर रमावती रोती हुई बैठी हुई थी। तमाम औरतें उसे घेरकर बैठी थीं। कुछ ढाँढस बँधा रही थीं, कुछ चुपचाप बैठी हुई थीं। एक तेज औरत बोली, ''क्या इतना रोकर रख दे रही हो? कौन तुम राँड़ हो गयी हो? अरे दो थे, एक ही तो मरा है? एक तो अभी जिन्दा है। जैसे रह रही थी, वैसे रहो। तुम्हें कौन सी कमी हो गयी है?'' उस औरत की बात रमावती को अन्दर तक चीर गयी। एक अन्य औरत ने सहानुभूति प्रकट की, ''बेचारी आधा राँड़ तो हो ही गयी है।'' कुछ औरतें फिस्-फिस् करके हँस दीं। रमावती का कलेजा फिर छिल उठा। उसने तय कर लिया कि अब वह और नाटक नहीं करेगी। उसने रोना बन्द कर दिया। माँ ने रोना बन्द कर दिया तो दोनों बेटों ने भी रोना बन्द कर दिया। बस दोनों बेटियाँ रो रही थीं। उनके प्रमाण पत्र में पिता का नाम गिरीश लिखा हुआ था। उन्हें लग रहा था कि उनके पिता उन्हें छोड़कर चले गये। अब वे अनाथ हो गयी हैं। रमावती ने भी उन्हें चुप कराने की कोशिश नहीं की। रमावती चुप हो गयी तो औरतें एक-एक करके खिसकने लगीं। अन्त में एकदम बगल की सिर्फ दो-तीन औरतें बचीं। वे आपस में तय करने लगीं कि कौन रात में अपने घर से खाना बनाकर लायेगा और सबको खिलायेगा। मनुष्यता के नाते इतना तो करना जरूरी था।

गंगा नदी के तट पर चिता बन तैयार हो गयी। एक बुजुर्ग व्यक्ति ने जब क्रिया-कर्म करने के लिए भवन को तैयार होते देखा तो वे बिगड़ गये, ''गिरीश का क्रिया-कर्म गिरीश के किसी घरवाले को करना चाहिए। तुम कैसे उसका क्रिया-कर्म कर सकते हो? यह किस शास्त्र में लिखा है कि सौतेला पति भी क्रिया-कर्म कर सकता है? यह क्या अनर्थ हो रहा है? बाकी लोग चुपचाप खड़े हैं...आप लोग कुछ बोलते क्यों नहीं?'' कुछ देर के लिए वहाँ धर्मसंकट की स्थिति उत्पन्न हो गयी। उन बुजुर्ग ने महाब्राह्मण से पूछा, ''क्यों पंडित जी? क्या सौतेला पति किसी का क्रियाकर्म कर सकता है?'' भवन असहाय होकर महाब्राह्मण की ओर देखने लगा। महाब्राह्मण को इन सब लफड़ों में कोई दिलचस्पी नहीं थी। उसे सिर्फ अपने दक्षिणा से मतलब था। उसने बुजुर्ग को समझाया, ''कोई भी क्रियाकर्म कर दे!

क्या फर्क पड़ता है? असली बात यह है कि क्रियाकर्म होना चाहिए। क्रियाकर्म हो जाने से व्यक्ति की आत्मा भटकती नहीं। क्रियाकर्म कौन कर रहा है, इससे बहुत फर्क नहीं पड़ता।'' कुछ लोग बुजुर्ग व्यक्ति को पकड़कर दूर खींच ले गये, ''दादा जी, जो हो रहा है, होने दो। कौन क्रियाकर्म कर रहा है, इससे तुम्हें क्या मतलब है? भवन अपने घर के शास्त्र के हिसाब से सारा काम कर रहा है। तेरहवीं के दिन पूड़ी खाने को मिलेगी, बस इससे मतलब रखो।''

अगने दिन मुहल्ले में दिलचस्प नज़ारा था। यह समाचार अखबार में छप गया था। मुहम्मदाबाद संवाददाता ने एक समाचार बनाकर गाजीपुर कार्यालय भेज दिया था। वहाँ से समाचार बनारस भेज दिया गया। वहाँ से गाजीपुर के पृष्ठ पर समाचार बाक्स में छप गया। बाक्स में इस ढंग से समाचार छपा था कि हर व्यक्ति की निगाह उस पर जा रही थी। सब रस ले-ले कर समाचार पढ़ रहे थे। दूसरों को भी पढ़ा रहे थे। समाचार पर बहस भी जारी थी। भवन की दुकान पर काम करने वाले एक लड़के ने अखबार खरीदा और लेकर पहुँच गया भवन के पास। भवन घर के एक कमरे में लकड़ी के तख्त पर बैठा था। जब तक शुद्धि न हो जाय वह किसी को छू नहीं सकता था। लड़के को देखकर भवन ने पूछा, ''क्या है? हाथ में अखबार क्यों लिये हो?'' लड़का बोला, ''इसमें आपके बारे में समाचार छपा है। कस्बे में सब लोग उसी समाचार को पढ़ रहे हैं।'' ''लाओ देखूँ क्या छपा है।'' भवन आशंकित हो उठा। लड़के ने अखबार खोलकर भवन के सामने रख दिया। भवन समाचार खोजकर उसे पढ़ने लगा। छपा था—

मुहम्मदाबाद, गाजीपुर। यहाँ पर एक व्यक्ति की मृत्यु के पश्चात उसका दाह-संस्कार उसके सौतले पति द्वारा करने का एक दिलचस्प मामला प्रकाश में आया है। कस्बे में भवन और गिरीश नामक दो व्यक्तियों ने रमावती नाम की एक ही औरत से शादी कर रखी है। दोनों पतियों से रमावती के चार बच्चे—दो बेटे और दो बेटियाँ भी हैं। मंगलवार को एक सड़क दुर्घटना में गिरीश की मृत्यु हो गयी। गिरीश भारतीय स्टेट बैंक की स्थानीय शाखा में चतुर्थ श्रेणी कर्मचारी था। मंगलवार को छुट्टी के बाद वह बैंक से घर लौट रहा था। बनारस-बलिया रोड पर बलिया की ओर से आती एक तेज रफ्तार ट्रक ने उसे कुचल दिया। ट्रक लेकर ड्राइवर फरार हो गया और कोई व्यक्ति उस ट्रक का नम्बर भी नहीं नोट कर पाया। पुलिस उस ट्रक का पता लगाने में जुटी हुई है।

लाश का पोस्टमार्टम कराने के बाद कल पुलिस गिरीश का शव लेकर उसके घर गयी। घरवालों ने गिरीश का शव लेने से इनकार कर दिया। उल्लेखनीय है

कि गिरीश ने जब से भवन के साझे में रमावती से शादी किया था, उसने अपने परिवार से सारे सम्बन्ध समाप्त कर दिये थे। घरवालों ने भी उसका बहिष्कार कर रखा था। इस समय गिरीश कस्बे में एक नया घर बनवाकर भवन और रमावती के साथ रह रहा था। घरवालों के मना कर देने पर पुलिस ने शव भवन को सौंप दिया। यहाँ यह बात भी बताते चलें कि रमावती से शादी के पहले ही भवन और गिरीश बहुत घनिष्ठ मित्र थे। भवन ने मित्रता की लाज रखी और कल ही गंगा तट पर पूरे विधि-विधान से गिरीश के शव का दाह संस्कार किया। इस दाह-संस्कार को लेकर कस्बे में तरह-तरह की चर्चाएँ हो रही हैं। कुछ लोग भवन की प्रशंसा कर रहें हैं तो कुछ लोग दूसरी तरह की बातें कर रहे हैं। एक दिलचस्प बहस इस पर जारी है कि रमावती विधवा हुई या नहीं।

समाचार पढ़कर भवन आग-बबूला हो गया, "इस अखबार का मुहम्मदाबाद का पत्रकार गुड्डू है। उसी साले ने यह सब छपवाया है। देख लूँगा साले को। तेरहवीं हो जाय और मैं फुर्सत हो जाऊँ। किसी की मौत को भी सालों ने मज़ाक बना रखा है। अपने घर में कोई मर जाएगा तब पता चलेगा साले को। तब नही छापेगा अखबार में। यह सोचता है, इसके बारे में किसी को कुछ पता नहीं है। इसका बाप पहले एक धोबिन को रखे हुए था। इसका बाबा एक पंडिताइन से फँसा हुआ था। अपने सब साले दूध के घुले हुए हैं। अपना बेल के बराबर दोष नहीं दिखायी देता। दूसरे का सरसों के बराबर भी दोष दिख जाता है।"

जब तक शुद्ध नहीं हो जाता, भवन कहीं नहीं जा सकता था। अब बच्चों के विद्यालय चले जाने पर रमावती को ही हाट-बाजार करना था। रमावती भी सोच रही थी कि उसके घर में एक आदमी की मौत हो गयी है। जब तक उसकी तेरहवीं नहीं हो जाती, लोग कुछ तो लोकलाज निभायेंगे। कस्बे में, बाजार में लोग मुझसे शराफत से पेश आयेंगे।

एक दिन वह झोला लेकर सामान खरीदने चल दी। वह बाजार पहुँची ही थी, कि उसके कान में पीछे से एक तेज आवाज सुनायी पड़ी—"भौजी तुम तो आधा राँड़ हो गयी।" उसके कलेजे में जैसे किसी ने कटार भोंक दी। उसने पलटकर देखा। अपनी चाय की दुकान पर फूलचन्द चाय बना रहा था और उसकी ओर देखकर हँस रहा था। वह फिर बोला, "भौजी मैं सही कह रहा हूँ न? अब तुम आधा राँड़ हो गयी। चलो! हम लोगों के पास पूरी सुहागन या पूरी राँड़ भौजियाँ तो थीं, अभी तक आधा राँड़ भौजी नहीं थी। अब हम लोगों के पास वह भी हो गयी।" रमावती ने उसके मुँह लगना उचित नहीं समझा। आगे बढ़ गयी वह।

अभी वह कुछ दूर ही बढ़ी थी कि अपनी गुमटी में बैठकर पान बेच रहा बृजमोहन जोर से चिल्लाया, ''भौजी पाँयँ लागूँ।'' ''सुख से रहो भैया।'' रमावती ने आशीष दिया। बृजमोहन ने कहा, ''एक मिनट रुको भौजी।'' रमावती रुक गयी। बृजमोहन सहानुभूति दिखाने लगा, ''भौजी बड़ा दुःख हुआ जानकर। भगवान तुम्हारे परिवार को यह दुःख सहने की ताकत दें। गिरीश भैया बहुत अच्छे आदमी थे। बैंक में कोई भी जरूरत पड़ने पर हम लोगों की पूरी मदद करते थे। उनके रहते हम लोगों को कभी बैंक में लाइन नहीं लगानी पड़ी। मैनेजर साहब से कहकर छोटा-मोटा उधार भी दिला देते थे। हम लोगों की अब बैंक में मदद करने वाला कोई नहीं रहा।'' रमावती ने कोई उत्तर नहीं दिया। बृजमोहन फिर बोला, ''वैसे कोई बात नहीं है। तुम आधा ही तो राँड़ हुई हो। भवन भाई तो अभी हैं ही! पैसे का भी सुख देने के लिए, शरीर का भी सुख देने के लिए।'' ''अच्छा भैया अब मैं चल रही हूँ। देर हो रही है।'' कहकर रमावती चल दी। आज उसे पता चला कि उसे एक नयी उपाधि मिल गयी है, आधा राँड़ की। उसकी आँखों में आँसू आ गये। भगवान ने किस्मत में रत्तीभर भी चैन नहीं लिखा है। कभी शान्तिपूर्वक जीने नहीं मिलेगा।

वह झोला लेकर नन्दलाल की दुकान पर पहुँच गयी। उसे देखते ही नन्दलाल ने कहा, ''भौजी, पाँयँ लागूँ। बहुत दिनों बाद आप मेरी दुकान पर आयीं। मेरी दुकान के धन्न भाग जो आप हमरी दुकान में पधारीं। वैसे तो भगवान ने आप के ऊपर बहुत विपत्ति डाल दी है, लेकिन उसने इतनी कृपा बनाये रखी कि आप को आधा ही राँड़ बनाया। आपका आधा अहिवात अभी सही सलामत है।'' रमावती कुछ नहीं बोली। उम्र में बड़ा हो या छोटा। सभी देवर बने हुए थे।

गिरीश की तेरहवीं बीते एक महीने से ऊपर हो गये। एक दिन भवन ने रमावती से कहा, ''अपने परिवार की सम्पत्ति में गिरीश का भी हिस्सा था। गिरीश के घरवाले गिरीश का हिस्सा मार लेंगे क्या? चलो एक दिन गिरीश के घर चलते हैं। उन लोगों से गिरीश का हिस्सा माँगते हैं।'' ''तुम जाओ हिस्सा माँगने। मैं तो नहीं जाऊँगी। अभी जो इतनी छीछालेदर हो रही है, वह कम है क्या? चलूँ मैं अपनी और छीछालेदर करवाऊँ?'' रमावती ने साफ मना कर दिया। भवन उसे हड़काने लगा, ''गिरीश के हिस्से पर मेरा क्या हक बनता है? पत्नी होने के नाते हक तो तुम्हारा बनता है। तुमको तो जाना ही पड़ेगा साथ में मैं भी चला चलता हूँ।'' ''मैं किसी की पत्नी नहीं हूँ। मुझे मेरे हाल पर छोड़ दो। मैं नहीं जाऊँगी हिस्सा माँगने।'' रमावती ने फिर मना कर दिया। ''चलोगी कैसे नहीं।'' भवन उसका हाथ पकड़कर खींचने लगा, ''तुम नहीं रहोगी तो किस मुँह से मैं माँगूँगा?

गिरीश की दो बेटियाँ हैं। कल को उनका शादी-ब्याह करना पड़ेगा।'' मजबूर होकर रमावती चल दी भवन के साथ।

दरवाजे पर गिरीश का बाप अपने एक बेटे के साथ बैठा हुआ था। भवन को एक औरत के साथ आते देखकर दोनों समझ गये कि साथवाली औरत रमावती है। दोनों उठकर खड़े हो गये। भवन और रमावती उनके दरवाजे पर पहुँचकर खड़े हो गये। रमावती ने आज पहली बार गिरीश का घर देखा। गिरीश के बाप ने गुर्राते हुए भवन से पूछा, ''यहाँ किसलिए आये हो?'' भवन ने उत्तर दिया, ''आपकी संपत्ति में गिरीश का भी हिस्सा है। गिरीश अब नहीं रहा। यह गिरीश की औरत है। इसको गिरीश का हिस्सा चाहिए।'' गिरीश का बाप चिल्लाने लगा, ''आज़ के पहले तक तो हमने गिरीश की किसी औरत को नहीं देखा था। आज अचानक गिरीश की औरत कहाँ से प्रकट हो गयी। गिरीश साला तो हमारे लिए बहुत साल पहले ही मर गया था। बहुत सालों से मैंने उसका मुँह ही नहीं देखा। आज एक पतुरिया को खड़ा करके उसका हिस्सा माँगने आये हो?'' गिरीश के बाप का चिल्लाना सुनकर गिरीश की माँ और उसकी तीनों बहुएँ घर से बाहर निकल आयीं। आस-पड़ोस के लोग भी इकट्ठा हो गये। भवन बोला, ''खबरदार जो गिरीश की औरत को पतुरिया कहा। यह गिरीश की ब्याहता औरत है। गिरीश मेरा दोस्त था। उसकी औरत का हक दिलाने के लिए मैं जान लड़ा दूँगा। आपको अपनी संपत्ति में इसका हिस्सा देना ही पड़ेगा।'' गिरीश का बाप फिर चिल्लाया, ''तुम्हारे अलावा और किसी ने भी गिरीश की शादी होते देखी थी? कौन-कौन गया था, उसकी बारात में? है कोई गवाह जो कह सके कि मेरे सामने गिरीश की शादी हुई थी? तुम्हारे कहने से मैं मान लूँगा कि यह राँड़ उसकी औरत है?'' भवन भी चिल्लाने लगा, ''पूरा मुहम्मदाबाद कस्बा जानता है कि यह गिरीश की औरत है। कस्बे में किसी से भी पूछ लीजिए। केवल आपके मानने-न-मानने से दुनिया नहीं चलती। आपको हिस्सा देना ही पड़ेगा।'' गिरीश का बाप उसी तरह चिल्ला रहा था, ''मैं तो एक धेला या एक इंच जमीन नहीं दूँगा इसे। जाओ तुम मेरे ऊपर मुकदमा कर दो। मुकदमा जीत जाना तो हिस्सा ले लेना...बड़ा आया साला हिस्सा लेने वाला।'' गिरीश बोला, ''कैसे नहीं देंगे हिस्सा। हम दोनों यहीं आपके दरवाजे पर अनशन करेंगे। यहीं बैठे-बैठे बिना खाये-पिये प्राण त्याग देंगे। देखते हैं कैसे हिस्सा नहीं देते?'' भवन वहीं पालथी मार कर बैठ गया। मजबूरन रमावती भी बैठ गयी। गिरीश के बाप ने अपनी बहुओं को ललकारा, ''तुम लोग देख क्या रही हो? पीटो दोनों को।'' उसकी तीनों बहुएँ अपने-अपने चप्पल उतारकर पिल पड़ीं।

कुछ ही देर की मार के बाद भवन उठकर भाग खड़ा हुआ। रमावती भी भागी लेकिन तीनों ने उसे दौड़ाकर पकड़ लिया। रमावती की जमकर कुटम्मस होने लगी। भवन दूर खड़ा रमावती को पिटता देख रहा था।

इस घटना को हुए महीनों बीत गये। भवन की दुबारा हिम्मत नहीं पड़ी गिरीश का हिस्सा माँगने की। इस प्रकरण पर उसने एकदम चुप्पी साध ली। एक दिन उसने रमावती को फिर उकसाया, ''चलो, चलकर गिरीश के बैंक में देखते हैं। हो सकता है वहाँ गिरीश की नौकरी तुम्हें मिल जाय!'' रमावती कुछ देर चुप रही। फिर बोली, ''ऐसा हो सकता है क्या?'' उसके मन में एक उम्मीद जगी। अपनी नौकरी हो। अपना पैसा अपने हाथ में मिले। आदमी अपने ढंग से जी सकता है। किसी की धौंस नहीं सहनी पड़ेगी। पैसे लिए किसी का मुँह नहीं देखना पड़ेगा। भवन ने उसे उत्साहित किया, ''हाँ-हाँ! क्यों नहीं हो सकता? सरकारी विभागों में किसी के मरने पर उसकी जगह उसकी पत्नी को नौकरी मिल जाती है।'' ''तो चलो, चलकर बैंक में पता करते हैं। देखते हैं, बैंक वाले क्या जवाब देते हैं?'' रमावती ने उत्सुकता से कहा। दोनों तैयार होकर बैंक चल दिये।

बैंक के बाहर पहुँचकर भवन बोला, ''तुम अकेले अन्दर जाकर मैनेजर साहब से मिलो। मैं बाहर खड़ा हूँ। मैं भी साथ रहूँगा तो हो सकता है, वे कुछ उल्टा-सीधा पूछने लगें।'' रमावती अकेले अन्दर चली गयी। पूछते-पूछते वह प्रबन्धक के पास पहुँच गयी। प्रबन्धक के पास पहुँचकर वह उनके सामने हाथ जोड़कर खड़ी हो गयी। ''कहो क्या बात है?'' प्रबन्धक ने पूछा। वह बोली, ''साहब मैं गिरीश की औरत हूँ। आप तो जानते ही हैं कि गिरीश अब इस दुनिया में नहीं रहे। साहब किसी भी तरीके से आप उनकी नौकरी मुझे दिलवा दीजिए। मैं सारी जिन्दगी आपका एहसान मानूँगी।'' प्रबन्धक ने उसे ऊपर से नीचे तक देखा, ''तो तुम्हीं हो गिरीश की औरत। तुम्हारे तो मैंने बड़े चर्चे सुन रखे हैं भाई!'' रमावती की आँखों से झर-झर आँसू झरने लगे। प्रबन्धक ने सोचा कि यह गिरीश के न रहने के दुःख में रो रही है। रमावती को गिरीश के न रहने-रहने का कोई गम नहीं था। ये आँसू अपमान, पीड़ा और दिल की चीख के थे। प्रबन्धक ने रमावती को कुर्सी पर बैठने को कहा। रमावती बैठ गयी। उन्होंने कहा, ''मैं नौकरी दिलाने में तुम्हारी पूरी मदद करूँगा। तुमको गिरीश की पत्नी होने का प्रमाण पत्र लाना होगा। जैसे-शादी की फोटो, राशन कार्ड में गिरीश की पत्नी के रूप में तुम्हारा नाम, और भी दस्तावेजों में गिरीश की पत्नी के रूप में तुम्हारा नाम, तहसील से भी एक प्रमाण पत्र बनवा लो कि तुम गिरीश की पत्नी हो।'' प्रबन्धक ने उसके लिए पानी मँगवाया।

पूरे आफिस में खुसुर-फुसुर होने लगी कि गिरीश की औरत नौकरी माँगने के लिए मैनेजर साहब के पास आयी है।

रमावती जब प्रबन्धक के कमरे से निकली तो उसे तीन-चार कर्मचारियों ने घेर लिया। एक ने उससे पूछा, "मृतक आश्रित कोटे में नौकरी के लिए आयी हो क्या?" रमावती ने कहा, "हाँ!" उसने कहा, "तुम चिन्ता मत करो। हम लोग तुम्हारी पूरी मदद करेंगे। हम लोग कोशिश करेंगे कि जल्दी से जल्दी तुम्हारी नौकरी लग जाय लेकिन नौकरी ऐसे नहीं लगती। तुम्हें साहब को खुश करना पड़ेगा। एक दिन बैंक बन्द होने के बाद आओ और साहब के कमरे में जाओ। उनसे कहो कि साहब मैं आपको खुश करने आयी हूँ। आप सब कुछ ले लीजिए। साहब को खुश करने के पहले तुम्हें हम लोगों को खुश करना पड़ेगा। जब घर में कोई न रहा करे तो तुम हम लोगों को बुला लिया करो। बारी-बारी से एक-एक दिन हम लोगों को खुश करो। फिर देखो तुम्हारी नौकरी कैसे लगती है? हर कागज फटाफट दौड़ने लगेगा। वैसे भी गिरीश अब नहीं रहा। एक मर्द की कमी तुम्हें खलती होगी न।" रमावती डर गयी। वह कुछ नहीं बोली। चुपचाप बाहर निकल आयी।

बाहर आने पर भवन उससे पूछने लगा, "क्या हुआ? मैनेजर ने क्या जवाब दिया?" रमावती ने मैनेजर से हुई सारी बात भवन को बता दी। रास्ते में कर्मचारियों से हुई बात भी बता दी। भवन आग-बबूला हो गया, "सालों ने मेरी पत्नी को मज़ाक बना रखा है। सब अपनी-अपनी बीवियाँ लाकर नहीं मैनेजर को दे देते। नहीं करानी है मुझे नौकरी। वैसे भी सब तुम्हें बेवकूफ बना रहे हैं। इस बात का एक भी प्रमाण नहीं है कि तुम गिरीश की पत्नी हो। हर कागज में तुम्हारा नाम मेरी पत्नी के रूप में दर्ज है। राशन कार्ड से लेकर कुटुम्ब रजिस्टर तक। किसी भी तरह यह नहीं सिद्ध किया जा सकता कि तुम गिरीश की पत्नी हो इसलिए चुपचाप चलकर घर बैठो।"

कामातुर

अक्षय साइकिल लेकर इलाहाबाद की सड़कों पर यूँ ही घूम रहा था। दोपहर का समय था। सड़कों पर यूँ ही इधर-उधर साइकिल से घूमना उसका प्रिय शगल था। घूमते-घूमते वह बघाड़ा मुहल्ले में पहुँच गया। एक जगह उसने देखा कि बालकनी में एक पेटीकोट सूखने के लिए डला हुआ है। वह साइकिल से उतरकर वहीं खड़ा हो गया। वह पेटीकोट को घूर-घूरकर देखने लगा। पेटीकोट उसकी कमजोरी थी। कहीं पर भी पेटीकोट देखकर वह विचलित हो जाता था। वह इकटक पेटीकोट को देखता रहा। उसके शरीर में कामोत्तेजना व्याप्त होने लगी। खड़े-खड़े घंटों हो गये। इस बीच उधर से कुछ लोग पैदल भी गुज़रे। उन्हें इस तरह एक आदमी को किसी की बालकनी में घूरते देखना विचित्र लगा। एक-दो लोगों ने झाँककर यह देखा कि बालकनी में कोई लड़की या औरत तो नहीं खड़ी है। ऐसा नहीं था। लोग उसे अजीब नज़रों से देखते हुए चले जाते थे। कुछ यह सोच लेते थे कि शायद यहाँ खड़ा होकर यह किसी का इंतज़ार कर रहा हो। उसे अपने आसपास किसी चीज का न तो ध्यान था, न फिक्र थी। वह सिर्फ पेटीकोट को घूर रहा था। कामोत्तेजना के कारण उसका शरीर उसके वश में नहीं रह गया था। उसकी खोपड़ी नाच रही थी। करीब तीन घंटे बाद एक औरत आयी और पेटीकोट को लेकर अन्दर चली गयी। तब तक वह साइकिल लिये वहीं खड़ा था। उसने एक लम्बी साँस ली। उसकी कामोत्तेजना कम होने लगी। शरीर धीर-धीरे नियंत्रण में आने लगा। जब वह सामान्य हो गया तो साइकिल लेकर वहाँ से चल दिया।

उसका पूरा नाम अक्षय कुमार शुक्ल था। उम्र चालीस साल थी। उसने अल्लापुर में दो कमरे का एक फ्लैट किराये पर ले रखा था और अपने एक मित्र उमेश के साथ रहता था। उमेश की उम्र पैंतीस साल थी। अक्षय और उमेश दोनों की शादी नहीं हुई थी और न ही कोई और इस दुनिया में उनके आगे-पीछे था। दोनों की स्थिति आगे नाथ न पीछे पगहा वाली थी। दोनों गहरे दोस्त थे और आपस में एक दूसरे का सुख-दुःख बाँट लेते थे। इलाहाबाद के ही एक विधायक जी थे।

दोनों उनकी चमचागिरी का काम करते थे। विधायक जी आधे समय लखनऊ में रहते, आधे समय इलाहाबाद। जब वे इलाहाबाद में रहते, दोनों अक्सर उनके घर पर ही रहते और उनके स्वागत-सत्कार में जुटे रहते। दोनों उनके आदेश पर उनके घर से लेकर बाहर तक के काम भी करते रहते। दोनों को ठेकेदारी के छोटे-मोटे काम मिलते रहते थे, जिससे दोनों का खर्च चलता रहता था।

अक्षय के अंदर काम-भावना की मात्रा बहुत ज्यादा थी। इसके कारण बहुत परेशान रहता था वह। वह चालीस का हो गया था। तीस साल की उम्र से शादी के लिए सिर पटक रहा था। किस्मत साथ नहीं दे रही थी। वह हमेशा किसी महिला के साथ सहवास करने के लिए पेरशान रहता था। किस्मत यहाँ भी दगा दे रही थी। सहवास तो बहुत दूर की बात, वह आज तक कोई निर्वस्त्र औरत नहीं देख पाया था। उसे अगर कहीं कोई पेटीकोट दिख जाता था तो उसके ऊपर भूत सवार हो जाता था। वह कामोत्तेजना से पागल हो जाता था। उमेश के अंदर इतनी काम-भावना नहीं थी। वह अपने नियंत्रण में रहता था। वही एक ढंग से अक्षय को सम्हालने का काम करता था। ऊँच-नीच, भला-बुरा, उचित-अनुचित सब उसे समझाता था। उमेश साथ में न रहा होता तो अक्षय ने अब तक कोई भयंकर अनर्थ कर डाला होता। फिर भी काम भावना तो काम भावना। अक्षय को शांति नहीं थी।

उमेश दो-तीन बार गरीब किस्म के ब्राह्मणों को पटाकर ले आया। अक्षय की शादी के लिए। बातचीत बड़े अच्छे वातावरण में शुरू होती। लोग अपनी बेटी की शादी के लिए तैयार भी हो जाते। अन्त में बात ब्राह्मण के मुद्दे पर फँस जाती। लोग पूछते कि क्या सबूत है कि तुम ब्राह्मण हो? अक्षय अपने ब्राह्मण होने का कोई सबूत पेश कर पाने में असमर्थ था।

अक्षय मूल रूप से मध्य प्रदेश के कटनी जिले का रहने वाला था। जब उसने इंटर की परीक्षा पास कर ली, आगे की पढ़ाई के लिए वह इलाहाबाद चला आया। इलाहाबाद विश्वविद्यालय में उसने बी. ए. में दाखिला लिया। जब वह बी. ए. प्रथम वर्ष की पढ़ाई कर रहा था, कटनी में एक बस दुर्घटना में उसके माँ-बाप की मृत्यु हो गयी। वह अपने माँ-बाप की इकलौती सन्तान था। कटनी शहर में ही इंटर की पढ़ाई तक वह अपने माँ-बाप के साथ रहा था। अपने माँ-बाप के अलावा किसी रिश्तेदार वगैरह से उसका खास लेना-देना नहीं था। उसके ऊपर विपत्तियों का पहाड़ टूट पड़ा। कहावत है कि—बिगड़े भाइ न बिगड़े बंधु, बिगड़े बैल न रोपे कंध। कोई भी उसकी मदद के लिए आगे नहीं आया। इलाहाबाद में उसने अपनी पढ़ाई ट्यूशन वगैरह करके किसी तरह जारी रखी। बी. ए. करने के बाद उसने हिन्दी से

एम.ए.किया। एम.ए.करने के बाद वह इलाहाबाद में ही छोटी-मोटी नौकरियाँ करने लगा। इसी बीच उसकी मुलाकात उमेश से हो गयी। धीरे-धीरे दोनों गहरे दोस्त बन गये। जो स्थिति अक्षय की थी लगभग वहीं स्थिति उमेश की थी। दोनों को इलाहाबाद से इतना लगाव हो गया था कि दोनों इलाहाबाद छोड़कर जाना नहीं चाहते थे। दोनों साथ-साथ रहने लगे। एक से भले दो। दोनों साथ-साथ संघर्ष करने लगे। ज़िन्दगी थोड़ा सा आसान हो गयी। इसी बीच दोनों की मुलाकात विधायक जी से हो गयी। विधायक जी के घर में कोई न कोई हर बड़ी पार्टी में नेता था। विधायक जी की हनक सदाबहार थी। किसी भी पार्टी की सरकार आये-जाये, उनके परिवार पर कोई फर्क नहीं पड़ता था। कोई न कोई सत्ताधारी पार्टी में रहता ही। दोनों ने विधायक जी का पैर खूब मजबूती से पकड़ लिया। दोनों की आर्थिक स्थिति काफी सुधर गयी। कम से कम एक-एक पैसे के लिए होने वाला संघर्ष समाप्त हो गया।

अक्षय यह तो अच्छी तरह जानता था कि उसका नाम अक्षय कुमार शुक्ल है और वह ब्राह्मण है, लेकिन वह इस बात का कोई सबूत पेश कर पाने में असमर्थ था कि वह ब्राह्मण है। अपने किसी रिश्तेदार का पता-ठिकाना उसे मालूम नहीं था। शादीवाले इसी बात पर बिदक जाते, "अरे कोई भी अपने नाम के आगे शुक्ल, तिवारी, मिश्र लिख सकता है। लिख लेने से थोड़े न कोई ब्राह्मण हो जाता है। आखिर कहीं कोई रिश्तेदारी होनी चाहिए, जहाँ से जाति का पता चल सके।" अक्षय मज़बूर था। कुछ लोगों के साथ किस्मत भी अजीब किस्म के खेल खेलती है। अक्षय और उमेश दोनों जी-तोड़ कोशिश कर रहे थे। मामला था कि किसी न किसी कारण बिगड़ जाता। वही स्थिति थी-जहाँ-जहाँ कबीरदास मट्ठा माँगने जाएँ, भैंस पँड़वा दोनों मर जाएँ।

एक दिन अक्षय ने अधीर होते हुए कहा, "मीरगंज मुहल्ला बदनाम है। वहाँ बहुत वेश्याएँ रहती हैं। चलो वहीं चला जाय। कम से कम एक बार तो कामसुख मिल जाय। आधी उम्र बीत गयी। अभी तक औरत के सामानों का दर्शन नहीं हुआ। न ऊपर का सामान, न नीचे का सामान।" उमेश ने सख्ती से मना कर दिया, "अखबार में अक्सर पढ़ते हो। वह एड्स प्रभावित क्षेत्र है। जाकर एक बार मज़ा ले लो। उसके बाद समाज में अछूत बनकर, मौत का एक-एक दिन इंतजार करते हुए ज़िन्दगी काटो।" अक्षय बोला, "निरोध का इस्तेमाल कर लिया जाएगा। नहीं होगा एड्स।" "निरोध कोई सुरक्षा की गारंटी नहीं है।" उमेश ने कहा, "जानबूझकर मौत के मुँह में कूद जाना बुद्धिमानी नहीं है।" अक्षय चुप हो गया। उमेश की सलाह वह हमेशा मान लिया करता था।

अक्षय और उमेश के पास एक रंगीन टी. वी. था। एक दिन अक्षय एक डी. वी. डी. प्लेयर खरीद लाया। उमेश ने पूछा "इसका क्या करोगे?" अक्षय ने जवाब दिया, "कोई मिस्त्री बुलाकर इसे टी. वी. से जुड़वा देते हैं। ब्लू फिल्मों के डी. वी. डी. लाकर टी. वी. में देखा जाएगा। कुछ तो काम सुख प्राप्त किया जाय।" उमेश हँसने लगा, "यह काम तुमने ठीक किया। मेरे दिमाग में भी यही बात चल रही थी। अब औरतों का सारा सामान देख लेना।"

अब दोनों खाली समय में टी. वी. पर अश्लील फिल्में देखते रहते। भिन्न-भिन्न मुद्राओं में स्त्री-पुरुष की काम-क्रीड़ा देखकर दोनों उत्तेजित हो जाते थे। अक्षय का बुरा हाल हो जाता था। वह सोचता कि काश कोई औरत मिल जाती! मैं नोच-खसोटकर उसका बुरा हाल कर डालता।

एक दिन अक्षय शाम को बिग बाजार गया। यूँ ही घूमने। बाहर एक महिला गार्ड खड़ी थी। वह उसे देखने लगा। उसे लगा, लड़की तो सही है। पट जाती तो इसी से शादी कर लेता। बाहर थोड़ी दूर पर बैठकर वह उसे देखने लगा। लड़की ने देखा कि यह आदमी बैठकर मुझे बार-बार देख रहा है। उसने भी उत्सुकता में उसकी ओर कई बार देखा। अक्षय काफी देर से वहाँ बैठा हुआ था। लड़की उलझन में पड़ गयी। यह आदमी चाहता क्या है? उसे लगा कि वह एक बार जाकर पूछे कि यहाँ बैठे-बैठे क्या कर रहे हो? लेकिन किसी से इस तरह की पूछताछ करना उसके लिए मना था। उसे केवल यह बताया गया था कि हर व्यक्ति के साथ शिष्टता और प्रेम से पेश आओ। किसी व्यक्ति को किसी तरह की शिकायत का मौका न दो। कोई व्यक्ति अगर छोटी-मोटी गलती कर रहा हो तो उसे नज़रअंदाज़ कर दो। किसी के साथ अभद्रता की शिकायत मिली तो नौकरी से निकाल दिया जाएगा। अक्षय जब तक वहाँ बैठा था वह बार-बार उसे ही देख रहा था। लड़की बड़े पशोपेश में थी। वह समझ नहीं पा रही थी, क्या करे-क्या न करे।

अगले दिन अक्षय फिर वहाँ आ गया। वहीं बैठकर उस महिला गार्ड को देखने लगा। महिला गार्ड उसे देखते ही परेशान हो गयी। उसे लगा, कहीं यह कोई गुंडा या बदमाश तो नहीं है। मुझे नुकसान पहुँचाना चाहता है या मेरे साथ कुछ उल्टा-सीधा करने के चक्कर में है। वह डर के मारे अंदर घुस गयी। करीब आधे घंटे बाद वह बाहर निकली। वह वहीं पर बैठा हुआ था। डर के मारे उसका कलेजा धक-धक करने लगा। आखिरकार उसने हिम्मत जुटायी। वह अक्षय के पास पहुँच गयी और सहमते हुए पूछा, "आप कौन हैं? कल से ही मुझे इस तरह क्यों परेशान कर रहे हैं?" "मैं आपको परेशान नहीं कर रहा हूँ। मैं आप से प्यार करता हूँ।

आपसे शादी करना चाहता हूँ, लेकिन आपसे कुछ कहने की मेरी हिम्मत नहीं पड़ रही है।'' लड़की एकदम से नर्वस हो गयी। कुछ देर तक तो वह उसके पास यूँ ही चुपचाप खड़ी रही। कुछ देर बाद उसने अपने को संयत करते हुए पूछा, ''आप मुझे जानते हैं?'' अक्षय ने उत्तर दिया, ''नहीं, जानता तो नहीं!''

''फिर कैसे आपको मुझसे प्यार हो गया?''

''प्यार के लिए किसी जो जानना जरूरी नहीं होता। मैंने आपको देखा और मेरा दिल आप पर आ गया। वैसे आपका नाम क्या है?''

''पूनम।''

''यहाँ पर आपकी ड्यूटी कितने से कितने बजे तक रहती है?''

''दस बजे से छः बजे तक।''

''तो ठीक है! छः बजे जब आपकी ड्यूटी खत्म हो जाय तो चलिए चल कर कहीं बैठते हैं। वहीं इत्मीनान से बातें होंगी।'' लड़की बड़े धर्मसंकट में फँस गयी। उसे कुछ जवाब ही नहीं सूझ रहा था। अक्षय बोला, ''डरिए मत! मैं एक शरीफ आदमी हूँ। छः बजे के बाद यहीं बगल में तंदूर रेस्टोरेन्ट में बैठते हैं। कुछ खाया-पिया जाएगा। कुछ बातें होंगी।'' झिझकते-झिझकते लड़की ने स्वीकृति दे दी।

छः बजने को हुआ तो पूनम ने अक्षय से कहा, ''आप चलकर तंदूर के बाहर मेरा इंतज़ार करिए। थोड़ी देर बाद मैं भी आ रही हूँ।'' इतनी देर से अक्षय वहीं बैठा था। पूनम की बात अक्षय को अच्छी लगी। पहली बार किसी लड़की ने इतने प्यार और अपनत्व भरे लहजे में उसे इस तरह की बात कही थी। संयोग यह अच्छा था कि आज वह मोटरसाइकिल से आया था। साइकिल से आया होता तो पूनम की नज़रों में उसकी छवि खराब हो जाती। वह फटीचर सिद्ध हो जाता। प्रथम ग्रासे मक्षिकापात से वह बच गया।

अपनी मोटरसाइकिल से वह तंदूर रेस्टोरेन्ट पहुँच गया। थोड़ी दूरी पर उसने अपनी बाइक खड़ी कर दी और उसी पर बैठकर वह पूनम का इंतज़ार करने लगा। करीब आधे घंटे बाद पूनम आ गयी। अपनी गार्ड वाली ड्रेस वह पहने हुए थी। अक्षय उसके साथ रेस्टोरेन्ट में घुसा और एकदम अन्त में एक मेज के पास बैठ गया। अक्षय पूनम पर अपना रंग जमाना चाहता था। वह यह दिखाना चाह रहा था कि वह बहुत पैसे वाला है। उसने पूनम से कहा, ''जो भी जी में आये मँगाओ। पैसे की बिलकुल चिन्ता मत करो।'' पूनम ने वेटर को बुलाकर एक-एक चीज मँगाना शुरू किया। उसने एकदम भुक्खड़ों के अंदाज़ में खाना शुरू किया। साथ देने के लिए अक्षय भी खा रहा था। वह सोच रहा था कि पूनम खाने की गति कम करे

तो वह बातचीत शुरू करे। पूनम के व्यवहार से ऐसा लग रहा था जैसे वह सिर्फ खाने के लिए आयी है। बातचीत में उसकी कोई दिलचस्पी नहीं है।

"तुम्हारे पिताजी क्या करते हैं?" अक्षय ने पूछा। "सब्जी बेचते हैं।" पूनम ने संक्षिप्त उत्तर दिया। अचानक वह झेंप गयी, "मैं तो सिर्फ खाये चली जा रही हूँ। आप से कुछ बात तो कर ही नहीं रही हूँ.... आप का नाम क्या है?.... आपकी उम्र कितनी है?" अक्षय ने मन ही मन सोचा कि सही उम्र बताने में भलाई नहीं है। पाँच साल कम कर देता हूँ उम्र। उसने उत्तर दिया, "मेरा पूरा नाम अक्षय कुमार शुक्ल है। वैसे लोग अक्षय कह कर ही बुलाते हैं। मेरी उम्र पैंतीस साल है। मैं और मेरा एक दोस्त अल्लापुर में किराये के मकान में रहते हैं। मेरे दोस्त का नाम उमेश है। न तो मेरे और न ही मेरे दोस्त के आगे-पीछे कोई है। हम दोनों साथ-साथ ठेकेदारी करते हैं। मैं किसी अच्छी लड़की की तलाश कर रहा था, जिसके साथ मैं घर बसा सकूँ। सौभाग्य से मुझे तुम मिल गयी.... पूनम मैं तुम्हें एकदम रानी बनाकर रखूँगा।" "आप तो तिवारी हैं यानी ब्राह्मण हैं।" पूनम बोली, "मैं यादव हूँ। पूनम यादव। फिर हमारी शादी कैसे हो सकती है? मेरे पिता जी बहुत गुस्सैल स्वभाव के आदमी हैं। मैं अकेली नहीं हूँ। मेरी दो बहनें और हैं। दो भाई भी हैं। भाई-बहनों में मैं सबसे बड़ी हूँ। भाई-बहनों में अभी किसी की शादी नहीं हुई है। हम लोगों का घर मुट्ठीगंज में है। मुट्ठीगंज में ही पिता जी की सब्जी की काफी बड़ी दुकान है। माँ घर में ही रहती हैं। हम लोगों का परिवार काफी बड़ा है। दो चाचा लोगों का परिवार भी हमारे साथ रहता है। मैं इस तरह जाति के बाहर शादी करने के बारे में सोच भी नहीं सकती। मेरे घर वाले मिलकर मुझे मार डालेंगे।" "तुम परेशान न हो।" अक्षय उसे समझाने लगा, "तुम्हारे पिता जी के पैर पड़कर, हाथ जोड़कर किसी न किसी तरीके से मैं उन्हें मना लूँगा। शुरू-शुरू में सबके घर वाले नाराज़ होते हैं। गुस्सा करते हैं। बाद में धीरे-धीरे-धीरे सब मान जाते हैं। पूनम मैं तुम्हें बहुत प्यार करता हूँ। तुम्हारे बिना जिन्दा नहीं रह सकता।" "झूठे कहीं के।" पूनम तुनक कर बोली, "मुझसे मिले अभी दो दिन हुए और मेरे बिना जिन्दा नहीं रह सकते।...अभी एक समस्या तो और भी है। आपकी उम्र पैंतीस साल है। मेरी उम्र पच्चीस साल है। दस साल बड़े लड़के से मेरे घर वाले मेरी शादी करने को तैयार होंगे?" "तुम तो एकदम नादानी वाली बात कर रही हो पूनम!" अक्षय उसे फुसलाने लगा," लड़के और लड़की की उम्र में इतना अन्तर तो रहता ही है। कभी अपने मम्मी-पापा से पूछा है कि उनके बीच में उम्र का कितना अन्तर है? पाँच-पाँच बच्चों की लाइन लगा दी। हम लोग भी इसो तरह बच्चों की लाइन लगा देंगे"

''धत!'' पूनम शरमा गयी। अक्षय ने पूछा, ''अच्छा माँ-बाप तो बाद में आते हैं। पहले तुम बताओ कि तुम मुझसे शादी करने के लिए तैयार हो या नहीं?'' ''ए मिस्टर!'' पूनम थोड़ा सा रौब से बोली, ''शादी तो सबसे बाद की चीज है। पहले यह पूछिए कि मुझे आपसे प्यार है भी या नहीं?'' अक्षय ने दोनों हाथ जोड़ दिये, ''ठीक है मेरे सरकार! मुझे पहले यही बता दीजिए कि आप मुझे प्यार करते हैं या नहीं!'' ''हाँ, अब आप लाइन पर आये।'' पूनम ऐंठकर बोली, ''मुझे दस दिन का समय चाहिए। अच्छी तरह सोच-विचार करने के बाद मैं बताऊँगी कि मैं आपको प्यार करती हूँ या नहीं? इस बीच में आप मुझसे मिलने की कोशिश नहीं करेंगे। बिग बाजार के आस-पास आप दिखायी नहीं पड़ेंगे।'' ''दस दिन तो बहुत ज्यादा हैं। दस दिनों तक मैं तुम्हारे बिना कैसे रह पाऊँगा? जो सोचना हो दो-चार दिन में सोच-समझ लो।'' अक्षय थोड़ा सा मायूस हो गया। पूनम थोड़ा सा गम्भीर होकर बोली, ''नहीं! मुझे ठीक से सोचने समझने के लिए कुछ समय तो चाहिए ही। मेरे द्वारा कहीं कोई ऐसा कदम न उठ जाय, जिससे बाद में मेरे घरवालों को कोई समस्या हो या मेरी ज़िन्दगी बर्बाद हो जाय।'' अक्षय को उदास देखकर उसने मुस्कराकर उसे ढाँढस बँधाने की कोशिश की, ''घबराइए नहीं! मैं आपके आवेदन पत्र पर पूरी सहानुभूतिपूर्वक विचार करूँगी।''

दोनों रेस्टोरेन्ट के बाहर निकल आये। दोनों ने एक-दूसरे का मोबाइल नम्बर लिया। पूनम ने सावधान किया, ''दस दिन तक आप मुझे कोई फोन नहीं करेंगे। दस दिन बाद जो कुछ बताना होगा मैं खुद फोन करके आपको बताऊँगी।'' अक्षय ने मन मसोसकर यह शर्त भी मान ली। अपनी मोटरसाइकिल पर बैठाकर वह पूनम को उसके घर के काफी करीब तक छोड़ आया।

अक्षय कमरे पर लौटा तो देखा कि उमेश और नवीन बैठे चाय पी रहे थे। नवीन उमेश का काफी घनिष्ठ मित्र था और इस नाते अक्षय का भी वह मित्र बन गया था। ''कहाँ थे? बड़ी देर लगा दी। कहीं पर पेटीकोट देख लिया था क्या?'' उमेश ने मज़ाक करते हुए कहा। ''नहीं यार! आज एक लड़की मिल गयी थी। उसी के साथ बड़ी देर से तंदूर रेस्टोरेन्ट में बैठा था।'' अक्षय ने बताया। उमेश उछल पड़ा, ''क्या कहा? लड़की? बात कहाँ तक आगे बढ़ी?'' अक्षय दोनों को शुरू से लेकर पूरा किस्सा सुनाने लगा। पूरा किस्सा सुना लेने पर बोला, ''दस दिन बाद पता नहीं वह क्या जवाब देगी।'' ''गुरू समझ लो लड़की पट गयी।'' नवीन ने कहा। ''कैसे?'' अक्षय ने पूछा। नवीन समझाने लगा, ''अगर उसे मना करना होता तो वह तुम्हारे साथ रेस्टोरेन्ट ही न जाती। दस दिन में उसकी झिझक दूर हो जाएगी।

अपने आप को वह प्यार के लिए मानसिक रूप से तैयार कर लेगी।'' ''अगर वह पट गयी तो सबसे पहले मैं, उसको यहीं कमरे पर लाकर उसके साथ सेक्स करूँगा।'' अक्षय बोला। उमेश ने अपना माथा पीट लिया, ''अरे सब्र रखो मेरे भाई! प्यार की शुरूआत में ही सीधे एकदम सेक्स की माँग करोगे तो वह बिदक जाएगी और भाग जाएगी।'' ''ऐसा नहीं है यार!'' नवीन ने कहा, ''तुम क्या समझते हो? लड़कियाँ सेक्स के लिए नहीं परेशान रहती हैं क्या? आजकल जमाना बहुत आगे निकल चुका है। अब लड़कों की तरह लड़कियाँ भी सेक्स के लिए पगलाई रहती हैं। हाँ, इलाहाबाद में दिल्ली और मुम्बई जैसी स्थिति नहीं है, लेकिन यहाँ की लड़कियों को भी कम मत समझो। इलाहाबाद में पहले एक जिलाधिकारी थे। उनकी बेटी अक्सर कमरा बन्द करके लम्बे वाले बैगन से खुद सेक्स किया करती थी। उनके घर में किसी को इस बात की भनक नहीं थी। एक दिन वह सेक्स कर रही थी कि योनि के अंदर बैगन टूट गया। उसने अंदर से बैगन को निकालने की बहुत कोशिश की लेकिन नहीं निकाल पायी। हारकर उसने डरते-डरते यह बात अपनी माँ को बतायी। उसकी माँ ने बड़े धर्मसंकट में यह बात अपने पति को बतायी। जिलाधिकारी ने शहर की एक नामी महिला डॉक्टर को अपने घर पर बुलाया। लड़की की माँ ने महिला डॉक्टर को सारी बात बतायी। महिला डॉक्टर ने टूटा हुआ बैगन जिलाधिकारी की बेटी की योनि से निकाल दिया। यह रहस्य किसी को न मालूम हो पाता, लेकिन उस महिला डॉक्टर ने कई लोगों को यह बात बता दी। फिर तो बहुत सारे लोग इस बात को जान गये। इसी तरह शहर में एक बड़े आदमी की बेटी ने एक विदेशी कुत्ता पाल रखा था। वह कुत्ता उसका सबसे बड़ा दोस्त था। वह न तो किसी लड़के से दोस्ती करना पसन्द करती थी और न किसी लड़की से। उसका एकमात्र दोस्त था उसका कुत्ता। वह कुत्ते के साथ कार से खूब घूमती थी। कार खुद चलाती और कुत्ते को अपने बगल में बैठा लेती। रात में भी उसका कुत्ता उसके बिस्तर पर उसके साथ सोता था। वह इलाहाबाद में कहीं जाती या इलाहाबाद के बाहर जाती तो अपने कुत्ते को साथ लेकर जाती। एक दिन घर में कोई नहीं था। उसने अपने कुत्ते को लेकर कमरा बन्द कर लिया। उसके बाद उसने अपने सारे कपड़े उतार दिये। उसने अपने कुत्ते को अच्छी तरह प्रशिक्षित कर रखा था। कुत्ता कुछ देर तक उसकी योनि को अपनी जीभ से चाटता रहा। जब वह उत्तेजित हो गयी तो कुत्ता उसके साथ सेक्स करने लगा। अचानक लड़की की माँ लौट आयी और उसका दरवाजा खटखटाने लगी। लड़की कुत्ते को अपने से अलग करने की कोशिश करने लगी। कुत्ता अलग ही नहीं हो पा रहा था।

कुत्ते का लिंग अन्दर पता नहीं किस तरह लिपट जाता है कि वह जल्दी बाहर नहीं निकल पाता। किसी कुत्ते-कुतिया को देख लो। दोनों घंटों जुड़े पड़े रहते हैं। लड़की बहुत कोशिश कर रही थी, लेकिन वह कुत्ते को अलग नहीं कर पा रही थी। उधर उसकी माँ बराबर दरवाजा खटखटाये जा रही थी। लड़की ने पूरी ताकत लगाकर ज़ोर से झटका दिया। लड़की की बच्चेदानी सहित कुत्ते का लिंग बाहर निकल आया। यह घटना अखबार में छपी थी।....तुम लोग अखबार ध्यान से नहीं पढ़ते क्या? अखबारों में कुछ न कुछ निकलता ही रहता है। ऐसे ही एक बार और एक समाचार छपा था। एक लड़की के माँ-बाप कुछ दिनों के लिए बाहर गये हुए थे। लड़की घर में अकेली थी। एक दिन उसने फोन करके अपनी तीन और सहेलियों को घर बुला लिया। चारों बाजार गयीं और वहाँ से ब्लू फिल्म का कैसेट ले आयीं। चारों टी.वी. में ब्लू फिल्म देखने लगीं। देखते-देखते चारों बहुत उत्तेजित हो गयीं। चारों ने घर का दरवाजा खोला। बाहर एक चौदह साल का लड़का जा रहा था। चारों उसे पकड़कर अन्दर घसीट ले गयीं और दरवाजा अन्दर से बन्द कर लिया। चारों ने उसकी पैण्ट उतारी। पैण्ट उतारकर सब उसके लिंग पर टूट पड़ीं। कोई उसके सामान को चूमने लगी, कोई चाटने लगी, कोई चूसने लगी। चारों लड़कियाँ इतनी आक्रामक होकर उसके सामान पर टूट पड़ीं कि उसका सामान घायल हो गया। समझ लो कि उसका सामान बहुत बुरी तरीके से चोटिल हो गया। उस लड़के को ले जाकर अस्पताल में भर्ती कराना पड़ा।''

अक्षय अपनी दोनों हथेलियों को आपस में रगड़ने लगा, ''हे भगवान! ऐसी किसी लड़की से मेरी कभी मुलाकात क्यों नहीं हो जाती? मेरी तो किस्मत खुल जाती।'' ''हमारे देश के संस्कारों की बात है।'' नवीन बोला, ''लड़कियाँ अपने घर वालों से बचाती हैं। लड़के अपने घरवालों से बचाते हैं। सबसे बड़ी बात है लोकलाज का भय।'' अक्षय अब दूसरी टोह लेने लगा, ''नवीन मैं देख रहा हूँ, तुम्हें बड़ी जानकारी है। यह बात तो तय है कि इलाहाबाद में बहुत सी कालगर्ल होंगी। साधारण किस्म से लेकर बहुत ऊँचे स्तर तक की। ये सब कालगर्ल कहाँ मिलती हैं, कैसे मिलती हैं, तुम्हें कुछ जानकारी है। मीरगंज मैं जाना नहीं चाहता। वह एड्स प्रभावित क्षेत्र है। किसी हाई-फाई किस्म की कालगर्ल का जुगाड़ करो। जितना भी पैसा खर्च होगा मैं दूँगा।'' ''माफी चाहता हूँ भाई!'' नवीन बोला, ''कालगर्लों के बारे में कभी-कभार अखबारों में समाचार छपता है लेकिन वे कहाँ मिलती हैं, कैसे मिलती हैं, यह तो मुझे नहीं पता है। मैंने सुना है, कुछ दलाल होते हैं। इन्हीं दलालों के माध्यम से कालगर्ल का सौदा होता है। इन दलालों और

कालगर्लों की दुनिया बड़ी रहस्यमय होती है। हर आदमी उनकी दुनिया में नहीं घुस सकता। बहुत पैसेवाले और रईस लोगों को ये दलाल पकड़ते हैं। उनके आदेश पर खूब पैसे ले-लेकर ये दलाल हर तरह की लड़कियाँ सप्लाई करते हैं। पुलिसवालों से इनकी मिलीभगत रहती है। इन दलालों के माध्यम से पुलिसवालों की भी खूब कमाई होती है। ये दलाल कहाँ मिलते हैं, यह सब मुझे नहीं मालूम है।''

''यह सब जानकारी तो मुझे भी है।'' अक्षय बोला, ''लाख टके का सवाल यही है कि ये दलाल कहाँ मिलेंगे? कुछ पता करो यार! तुम तो पहुँचे हुए फकीर हो।'' ''मुझे अगर किसी दलाल का पता लग जाय तो मैं पहले अपने लिए व्यवस्था न करूँ? तुम्हारा नम्बर तो बाद में आयेगा।'' कहकर नवीन हँसने लगा।

दस दिन बीत गये। बड़ी मुश्किल से अक्षय ने काटे यह दस दिन। ग्यारहवें दिन वह भोर में चार बजे ही उठ गया। सारे कामों को जल्दी-जल्दी निबटाकर वह तैयार होकर बैठ गया। उसकी देखा-देखी उमेश भी उठकर तैयार हो गया। उसे भी उत्सुकता थी। क्या होगा आज अक्षय के प्यार का? इंतज़ार करते-करते दस बज गये। कोई फोन नहीं आया। घड़ी की सुई ग्यारह पर पहुँच गयी। साढ़े ग्यारह पर पहुँच गयी। अक्षय निराश होने लगा, ''यार उमेश! लगता है फिर वही होगा जो होता आया है। जहाँ जाएँ दूला रानी, वहीं पड़े पत्थर-पानी।'' उमेश उसे धीरज बँधाने लगा, ''इतनी जल्दी निराश होने की जरूरत नहीं है। अभी तो पूरा दिन पड़ा है। मेरा दिल कहता है, उसका फोन जरूर आयेगा।'' एक बजे के लगभग अक्षय के मोबाइल फोन की घंटी बज उठी। उसने अधीरता से नम्बर देखा। उत्साहित होकर उमेश को इशारा किया। उसी का फोन है। उसने मोबाइल आन किया, ''हेलो! कहाँ हो? सबेरे से ही उठकर तुम्हारे फोन का इंतजार कर रहा था।'' उधर से आवाज़ आयी, ''बहुत अच्छा कर रहे थे। ये बताइए। अगर मैं हाँ कर दूँ तो मुझे क्या उपहार मिलेगा?'' ''जो जी में आये माँग लो! तुम साफ-साफ हाँ करो तो!'' उधर से आवाज़ आयी, ''शाम को छः बजे सिसोदिया ज्वैलर्स पर पहुँच जाना। बाकी बात वहीं होगी।'' उधर से फोन कट गया। अक्षय ने अधीर होकर फिर फोन मिलाया, ''तुमने कुछ साफ-साफ बताया नहीं। पहले साफ-साफ कुछ बताओ तो। उधर से आवाज़ आयी, ''आई लव यू!'' फोन फिर कट गया। अक्षय मोबाइल रखकर कूदने लगा। उसे देखकर उमेश भी कूदने लगा। बिना यह जाने कि उधर से क्या कहा गया। अक्षय कूद रहा था, मतलब उधर से सकारात्मक संकेत मिल गया।

अक्षय ने उमेश को गले लगा लिया और सारी बात बता दी। उमेश बोला, ''शाम को सुरक्षा के लिए जेब में साठ हजार रुपये रखे रहना। पता नहीं वह कितना

खर्च कराये? उससे ज्यादा खर्च होने की नौबत आये तो हाथ खड़े कर देना। बिना संकोच कह देना अब और पैसे नहीं हैं।'' अक्षय बोला, ''एक बार सब कुछ दे दे। मैं उसको पटक लूँ। उसके बाद अगर भाग भी गयी तो पैसे का गम नहीं है।''

शाम को ठीक छः बजे अक्षय सिविल लाइंस में सिसोदिया ज्वैलर्स की दुकान पर अपनी मोटरसाइकिल से पहुँच गया। मोटरसाइकिल सड़क पर ही खड़ी करके वह उस पर बैठ गया और पूनम का इंतज़ार करने लगा। साढ़े छः बजे पूनम पहुँच गयी। अक्षय ने मुस्कराकर प्यार भरी नज़रों से उसकी ओर देखा। वह भी मुस्करायी। अक्षय उत्तेजित हो गया। उसका बस चलता तो वह वहीं पूनम को गिराकर उसके साथ सब कुछ कर डालता। उसने मजबूती से अपने ऊपर नियंत्रण किया। ''आओ चलो अंदर! जो कुछ पंसद आये खरीद लो।'' अक्षय ने बड़े प्यार से पूनम से कहा। पूनम तुनक गयी, ''मैं क्यों पसंद करके खरीदूँ? ये प्रेमी का काम होता है कि वह अपनी पसंद से कोई चीज खरीदकर प्रेमिका को दे।'' ''भाई इस मामले में मैं बिलकुल अनाड़ी हूँ। आज तक मैं कभी किसी जेवर की दुकान में नहीं घुसा। तुम मेरी मदद कर दो। जो तुम्हें पसंद आयेगा, समझ लो वही मेरी पसंद है।'' अक्षय ने अपनी दुविधा बता दी। पूनम ने मुस्कराकर अक्षय की ओर देखा, ''सचमुच तुम अनाड़ी हो। लेकिन बहुत ही प्यारे इंसान हो।'' अपनी तारीफ़ सुनकर अक्षय गद्गद हो गया। दोनों दुकान में घुस गये। गनीमत थी कि पूनम इस समय गार्ड की वर्दी में नहीं थी। उसने काफी अच्छे कपड़े पहन रखे थे। अक्षय तो खैर सजबज कर आया ही था। दोनो को इज़्ज़त से बैठाया गया। पूनम ने सबसे पहले अँगूठियाँ मँगवायीं। बहुत छाँटते-छाँटते अन्त में उसे एक अँगूठी पसन्द आयी। उसके बाद उसने गले की जंजीर मँगवायी। अँगूठी पचीस हजार की थी। अक्षय का दिल बैठने लगा। कहीं इसने बहुत महँगी जंजीर पर हाथ रख दिया तो? मेरा बजट बिगड़ जायेगा। पूनम ने पचीस हजार की ही एक जंजीर भी पंसद की। पूनम ने हँसकर पूछा, ''अँगूठी और जंजीर, दोनों चीजें ले लूँ? या तो कहो कोई एक ही चीज लूँ?'' अक्षय ने राहत की साँस ली, ''तुम दोनों ही ले लो। दोनों मुझे पसंद हैं।'' पूनम ने दोनों चीजें पैक करा लीं। पैसा अक्षय ने दे दिया। इसी बहाने पूनम ने अक्षय की आर्थिक स्थिति को टटोला।

दोनों दुकान के बाहर निकल आये। पूनम बोली, ''आपने अपने प्यार की निशानी मुझे दे दी। अब आज से हम दोनों औपचारिक रूप से प्रेमी-प्रेमिका। चलिए तंदूर रेस्टोरेन्ट में बैठते हैं। हाँ! एक बात और! अब आज से मैं आप को आप नहीं बल्कि 'तुम' कहूँगी और नाम लेकर बुलाऊँगी।'' अक्षय मुस्करा दिया। उसने पूनम को अपनी मोटरसाइकिल पर बैठाया और चल दिया तंदूर की ओर।

तंदूर रेस्टोरेन्ट में बैठकर दोनों खा-पी रहे थे। बातें भी कर रहे थे। अचानक अक्षय ने कहा ''मैंने तो अपने प्यार की निशानी तुमको दे दी, लेकिन तुमने अपने प्यार की कोई निशानी मुझको नहीं दी। इसका मतलब तो यही हुआ कि तुम मुझे प्यार नहीं करती हो।'' ''नहीं नहीं, ऐसी बात नहीं है।'' पूनम हड़बड़ा गयी। वह पचास हजार के उपहार के बोझ तले दबी थी, ''मैं तुमको बहुत प्यार करती हूँ। मैंने अपने पसंद की निशानी ले ली। तुम्हें भी जो चाहिए, बताओ। अगर मेरे औकात के अन्दर होगी तो जरूर दूँगी।'' अक्षय बड़े रहस्यपूर्ण अंदाज में बोला, ''मैं ऐसी चीज माँगूगा जिसे देना तुम्हारे बाँयें हाथ का खेल है।'' ''तब ठीक है! बताओ तुम्हें क्या चाहिए?'' पूनम ने पूछा। अक्षय ने पूनम की आँखों में आँखें डाल दीं, ''तुम मेरे साथ मेरे कमरे पर चलो। मुझे जो लेना होगा वहीं पर ले लूँगा।'' पूनम बात को ठीक से समझ नहीं पायी, ''पहले ही दिन कमरे पर चलना ठीक नही रहेगा। जो लेना हो यहीं ले लो।'' अक्षय उसे ठीक से बताने लगा, ''यहाँ कैसे कुछ ले सकता हूँ? यहाँ तमाम लोग बैठे हैं। मैं तुम्हें अपने कमरे पर ले चलूँगा तो वह लूँगा जो एक प्रेमी अपनी प्रेमिका से लेता है। कमरा अन्दर से बन्द कर लूँगा। उसके बाद मैं तुम्हें कसकर अपनी बाँहों में भर लूँगा। तुम्हारे होठों को चूमूँगा। तुम्हारे गालों को चूमूँगा। तुम्हारी आँखों को चूमूँगा। तुम से प्यार करते-करते अन्त में मैं तुम्हारे कपड़े उतार दूँगा। अपने कपड़े भी उतार दूँगा। उसके बाद तुम्हें बाँहो में भरकर मैं बिस्तर पर ले जाऊँगा। फिर हम दोनों दो जिस्म एक जान हो जाएँगे।'' पूनम की छठीं इन्द्रिय जाग गयी। वह सोचने लगी, 'अपने कमरे पर ले जाकर अपने दोस्त के साथ कहीं यह मुझसे दुष्कर्म करने के चक्कर में तो नहीं है? अखबारों में इस तरह के समाचार अक्सर छपते रहते हैं। लड़के किसी लड़की को पटाकर अपने कमरे पर ले जाते हैं, फिर कई दोस्त मिलकर उसके साथ दुष्कर्म करते हैं। मैं कतई इसके साथ इसके कमरे पर नहीं जाऊँगी।' पूनम थोड़ा सा शर्माती, थोड़ी सी अदा दिखाती हुई बोली, ''तुमने तो ऐसी चीज माँग ली जो मेरे बाएँ हाथ तो क्या दाहिने हाथ का भी खेल नहीं है। तुम जो चीज बता रहे हो, वह सब तो शादी के बाद होता है। शादी के पहले मैं यह सब नहीं दे पाऊँगी। हाँ जब शादी हो जाएगी तो जितन मन करे उतना लेना। मैं कभी नहीं रोकूँगी। तब देखूँगी कि तुम्हारे अंदर कितनी ताकत है! रात भर में कितनी बार मेरे कपड़े उतारते हो।'' पूनम की कामुक बातों से उसे मज़ा भी आ रहा था और वह उत्तेजित भी हो रहा था, लेकिन कमरे पर चलने से इनकार कर देने के कारण वह थोड़ा मायूस भी हो गया। उसने पूछा, ''इसका मतलब तुम पहली मुलाकात की कोई निशानी नहीं दोगी?'' पूनम मुस्कराती

हुई बोली, ''मैं यह कहाँ कह रही हूँ कि कुछ नहीं दूँगी। मैं तो बस इतना कह रही हूँ कि सबसे बड़ी और अन्तिम चीज पहली ही मुलाकात में मत लो। उसके बाद मेरे पास देने को बचेगा ही क्या? सुहागरात में फिर मैं आपको कौन सी चीज उपहार में दूँगी?'' अक्षय ने उसे उपहार में पचास हजार की अँगूठी और जंजीर दी थी। उसे इतना महँगा उपहार जीवन में कभी नहीं मिला था। न तो नकद ही इतना पैसा कभी उसे किसी ने दिया था। वह अक्षय का दिल नहीं दुखाना चाह रही थी। वह सोच रही थी कि किसी तरह फुसलाकर वह उसका ध्यान दूसरी ओर मोड़ दे।

''तब फिर तुम मुझे क्या दोगी, तुम्हीं बताओ?'' अक्षय ने पूछा। पूनम ने मुँह बन्द करके अपने दाएँ हाथ की तर्जनी अपने होठों पर चार बार पटकी। वह शरारत से मुस्करा रही थी। अक्षय समझ गया, ''अच्छा! तुम पप्पी दोगी।'' पूनम ने शरारत से मुस्कराते हुए हाँ में सर हिलाया। ''लेकिन यहाँ तो लोग बैठे हैं। यहाँ मैं कैसे पप्पी ले सकता हूँ।'' अक्षय बोला। पूनम शरारत से बोली, ''यह तो तुम जानो। यह सोचना तो तुम्हारा काम है कि तुम कैसे लोगे!'' अक्षय चुपचाप बैठा रहा। कुछ देर बाद पूनम मुस्कराते हुए बोली, ''अरे बुद्धू! तुम तो सचमुच एकदम से अनाड़ी हो। चलो रिक्शे से हाईकोर्ट चलते हैं और फिर वहाँ से वापस आते हैं। रिक्शा का परदा ऊपर से गिरा लेना। इस समय अँधेरा है। जहाँ थोड़ा सा सुनसान देखना वहीं ले लेना।'' अक्षय के होठों पर मुस्कराहट तैर गयी। उसने पूनम को उठने का इशारा किया। अक्षय ने काउन्टर पर पैसा चुकता कर दिया और दोनों बाहर निकल आये।

एक रिक्शे पर बैठकर दोनों हाईकोर्ट चल दिये। पत्थर गिरिजाघर तक बहुत चहल-पहल थी। अक्षय चुपचाप बैठा रहा। पत्थर गिरिजाघर के बाद सन्नाटा था। अक्षय ने पूनम को पकड़कर भींच लिया और पागलों की तरह उसके होंठ, गाल, आँख सब चूमने लगा। रिक्शा हिलने लगा। रिक्शेवाले ने पलटकर देखा। पूनम को थोड़ा संकोच लगा लेकिन अक्षय के ऊपर कोई असर नहीं पड़ा। अक्षय ने उत्तेजित होकर पूनम के गाल पर जोर से दाँत काट लिया। पूनम चीख पड़ी। रिक्शेवाला रिक्शा रोककर वहीं खड़ा हो गया। पूनम घबरा गयी, ''कोई बात नहीं है। तुम रिक्शा चलाते रहो।'' रिक्शेवाला रिक्शे पर बैठ गया और फिर से रिक्शा चलाने लगा। रिक्शेवाला भी यह सब देख-देखकर उत्तेजित हो रहा था। पूनम अक्षय को डाँटने लगी, ''एकदम से जानवर मत बन जाओ। गाल पर दाँत का निशान पड़ जाएगा तो घर जाकर क्या बताऊँगी? कहूँगी कि अपने प्रेमी से गाल कटवा कर आ रही हूँ?'' वह हँसने लगी। अक्षय भी हँसने लगा।

हाईकोर्ट के पास पहुँचने के बाद पूनम रिक्शेवाले से बोली, "ऐ रिक्शा! अब लौटकर चलो जहाँ से आये हो।" रिक्शेवाले ने रिक्शा मोड़ लिया। रिक्शेवाले को भी मज़ा आ रहा था। उसे बस यही डर लग रहा था कि साथ में बैठा लड़का मुझे पीट देगा, अन्यथा वह भी पूनम को नोचने लगता। दोनों वापस आ गये। अक्षय ने रिक्शेवाले को पैसा देकर विदा कर दिया। उसने पूनम को अपनी बाइक पर बैठाया। चल दिया पूनम के घर की ओर। पूनम के घर के काफी नज़दीक उसने बाइक रोक दी। उसने पूनम से कहा, "चलो यहाँ से पैदल मैं भी चलता हूँ। मुझे तुम्हारा घर देखना है।" पूनम तैयार हो गयी, "चलो! मगर बाहर से ही लौट आना। घर के अन्दर मत चलने के लिए कहना।" दोनों चल दिये। थोड़ी दूर से ही पूनम ने अपना घर दिखाया, "वह है मेरा घर। अब यहीं से तुम लौट जाओ।" अक्षय ने ठीक से उसका घर पहचान लिया और वापस हो लिया।

कमरे पर लौटकर अक्षय ने विस्तार से उमेश को पूरा किस्सा सुनाया। उमेश ने हँसते हुए जोर से उसे सीने से लगा लिया, "वाह गुरू! मार लिया तुमने मैदान! उसे दो-तीन बार और मँहगे उपहार दो। वह सब कुछ देने लगेगी।" अक्षय बोला, "एक बार तो मुझे लगा कि वह देने के लिए अभी तैयार हो जाएगी, लेकिन मेरी ही हिम्मत नहीं पड़ी आगे कुछ बोलने की।" "क्या हुआ था?" उमेश ने पूछा। अक्षय बताने लगा, "जब रिक्शे से हम लोग हाईकोर्ट से लौट रहे थे, मैं कपड़े के ऊपर से ही उसके सारे अंगों को टटोलने लगा। उसने मेरा हाथ पकड़ लिया। बोली कि मैं भी इन्सान हूँ। मुझे भी उत्तेजना हो रही है। मेरी हालत इतनी मत खराब कर दो कि रिक्शे पर ही हम दोनों को कपड़ा उतारना पड़ जाय।" "हाय-हाय" उमेश दाँत भींचकर बोला, "कोई बात नहीं! जल्दी ही तुम ढाई इंच के उस सामान के दर्शन कर लोगे, जिसके पीछे दुनिया पागल है।"

अक्षय और पूनम दोनों खूब प्यार की पींगें बढ़ा रहे थे। दोनों खूब बाइक से घूमते। जगह-जगह पार्कों में बैठकर गुटरगूँ करते। अक्षय का निशाना चिड़िया की आँख पर था। पूनम किसी न किसी बहाने कन्नी काट जाती थी।

एक दिन पूनम के एक भाई ने उसे अक्षय के साथ मोटरसाइकिल से घूमते हुए देख लिया। उसने घर जाकर अपने माँ-बाप को यह बात बता दी। दोनों आगबबूला हो गये। पारा सातवें आसमान पर। पूनम का बाप उसकी माँ से बोला, "तुम उससे एक शब्द मत बोलना। पूरे मामले को मुझे निबटाने दो।" इत्तफाक से उसी समय पूनम आ गयी। पूनम के बाप ने बड़े ठंडे स्वर में उससे पूछा, "आजकल किस लड़के के साथ तू बहुत घूम फिर रही है?" पूनम एकदम से सकपका गयी।

उसके मुँह से आवाज़ नहीं निकल रही थी। उसका बाप फिर बोला, ‘‘मैं तुझे मार-पीट नहीं रहा हूँ। बस उसका नाम बता दे।’’ पूनम का हौसला बढ़ा, ‘‘उसका नाम अक्षय कुमार शुक्ल है। ठेकेदारी करता है। हम दोनों एक दूसरे को बहुत प्यार करते हैं। हम दोनों शादी करना चाहते हैं।’’ उसके बाप ने कहा, ‘‘ठीक है! फोन करके उसे तुरंत बुला। मैं उससे बात करता हूँ। लड़का अगर अच्छा होगा तो मैं तुम्हारी शादी उससे कर दूँगा।’’ पूनम खुशी से पागल हो गयी। उसने तुरंत अक्षय को फोन मिलाया, ‘‘अक्षय तुम तुरंत चले आओ। मेरे पिताजी तुमसे हमारी शादी के बारे में बात करना चाहते हैं।’’

अक्षय दनदनाते हुए उसके घर पहुँच गया। उसने पूनम के माँ-बाप के पैर छुए। पूनम के बाप ने उसे चारपाई पर बैठाया। उसने लाठी निकाली। अक्षय की पीठ पर धाड़-धाड़ चार लाठी। अक्षय चिल्लाते हुए जमीन पर लेट गया। पूनम उसे बचाने के लिए दौड़ी। उसका भी झोंटा पकड़कर दनादन लातों की बारिश होने लगी, ‘‘अब आज से तू घर पर रहेगी। कहीं नहीं जाएगी नौकरी करने। चली थी बिरादरी में मेरी नाक कटाने? हरामजादी कुतिया कहीं की। घर से कदम निकालने दिया तो तू यार के साथ घूमने लगी?’’ उसका बाप अक्षय की ओर मुड़ा, ‘‘भाग साले यहाँ से। फिर कभी मेरी बेटी के चक्कर में पड़ा तो जान से मार डालूँगा।’’ अक्षय से उठा नहीं जा रहा था। बड़ी मुश्किल से वह उठा। किसी तरह से मोटरसाइकिल चलाते हुए अपने कमरे पर पहुँचा।

कमरे पर उमेश मौजूद था। अक्षय ने कराहते हुए सारी बात बतायी उमेश को। उमेश उसे मोटरसाइकिल पर बैठाकर तुरंत अस्पताल भागा। अल्लापुर में ही स्थित साकेत अस्पताल में उसे भर्ती कराया। पीठ का एक्सरे हुआ। गनीमत थी कि कोई हड्डी नहीं टूटी थी।

अक्षय को पूरी तरह से भलाचंगा होने में बीस दिन लग गये। दो दिन वह अस्पताल में भर्ती था। उसके बाद कमरे पर लाकर उमेश उसकी सेवा कर रहा था। अक्षय ने उमेश से कहा, ‘‘कान पकड़ता हूँ यार! अब ज़िन्दगी में पूनम की तरफ कभी देखूँगा भी नहीं। मेरी किस्मत में शादी लिखी ही नहीं है।’’ उमेश ने भी निराश होते हुए कहा, ‘‘चलो एक दिन मीरगंज ही चलते हैं। निरोध लेकर चलेंगे। एड्स अगर होना ही होगा तो हो जाएगा।’’ ‘‘नहीं यार! रहने दे। वहाँ जाने की कोई ज़रूरत नहीं है।’’ अक्षय बोला।

समय था सुबह नौ बजे के लगभग। अक्षय अखबार पढ़ रहा था। उमेश खाना बना रहा था। अक्षय उमेश से बोला, ‘‘यार अखबार में यह क्या विज्ञापन

निकला रहता है? एक में लिखा है-'मस्ती भरी बातें करें' और उसके बाद कई मोबाइल नम्बर दिये हुए हैं। उसके नीचे विज्ञापन है-'हेलो दोस्त' और उसमें भी बहुत सारे मोबाइल नम्बर। उसके नीचे-'रोचक बातें', यहाँ भी ढेर सारे मोबाइल नम्बर। उमेश ने भी आकर विज्ञापनों को देखा। उमेश ने कहा, ''ये सब विदेशी नम्बर हैं। मोबाइल नम्बरों के आगे दो शून्य लगे हैं। इन नम्बरों पर बात करने पर प्रति मिनट दस रुपये से कम नहीं कटेगा।'' अक्षय ने उत्सुकता से पूछा, ''किसी नम्बर पर मिलाऊँ क्या? देखें क्या होता है?'' ''मिलाओ।'' उमेश ने सहमति दे दी। अक्षय ने एक नम्बर पर फोन मिलाया। दूसरी तरफ से एक लड़की बात करने लगी। अक्षय ने मोबाइल का स्पीकर आन कर दिया, जिससे उमेश को भी बातचीत सुनायी देती रहे। ''हेलो! आप कौन बोल रहे हैं? कहाँ से बोल रहे हैं आप?'' उधर से आवाज़ आयी।

''हेलो! मै। अक्षय बोल रहा हूँ। इलाहाबाद से। आपका क्या नाम है? उम्र कितनी है?''

''मैं मुंबई से नेहा बोल रही हूँ। मेरी उम्र बाईस साल है। मैं बी. ए. में पढ़ती हूँ। आप बिजनेसमैन हैं क्या?''

''हाँ! तुम्हें कैसे पता चला?''

''हम लोगों की बातचीत काफी महँगी पड़ती है। ज्यादातर बिजनेसमैन ही हम लोगों से बात करते हैं।''

''मुझसे दोस्ती करोगी?''

''क्यों नहीं। तुम्हारी कोई प्रेमिका है?''

''प्रेमिका होती तो तुम्हें क्यों फोन करता? मुझे दोस्त के रूप में कोई लड़की चाहिए। इसीलिए तुम्हें फोन किया है।''

''जानू तुम झूठ बोल रहे हो। तुम्हारे पास प्रेमिका है। तुम्हारी आवाज़ बड़ी मीठी है। कुछ-कुछ लड़कियों जैसी। इसका मतलब हुआ तुम अपनी प्रेमिका का जूठा खाते हो। तुम्हारी प्रेमका कैसी है जानू?''

''मैं सच कह रहा हूँ। मेरी कोई प्रेमिका नहीं है। तुम मेरी प्रेमिका बनोगी?''

''क्यों नहीं बनूँगी? लो जानू! मैं बन गयी तुम्हारी प्रेमिका...तुमने मेरे बारे में तो कुछ पूछा ही नहीं..कि मैं कैसी हूँ?

''तो अब बता दो न कि तुम कैसी हो?''

''जानू मैं बहुत सुंदर हूँ। बहुत क्यूट हूँ। मेरी चूँची बहुत मस्त है। मेरा चूतर भी बहुत मस्त है। मेरी गाँड़ तो और मस्त है। मेरी ... तो इतनी मस्त है कि एक बार देख लोगे तो पागल हो जाओगे। कभी मुंबई आओ न!''

अश्लील शब्दों की बौछार सुनकर अक्षय उत्तेजित हो गया। वह भी अश्लील बातें करने लगा। लड़की प्यार भरी मीठी आवाज़ में और भी अश्लील उत्तर दे रही थी। जितने भी अश्लीलतम शब्द हो सकते थे और जितनी भी अश्लीलतम बातें हो सकती थीं, दोनों तरफ से उनका प्रयोग हो रहा था। अक्षय सारा काम छोड़कर बात करने में मगन था। उमेश दोनों की बातें सुनने में मगन था। अचानक अपने आप ही फोन कट गया। दोनों ने मोबाइल के स्क्रीन पर देखा। कुल पाँच सौ रुपये की बात हुई थी। दोनों को थोड़ा सा खला लेकिन यह संतोष था कि कुछ तो कामसुख मिला। दोनों ने तय किया कि इस सेवा का लाभ कभी-कभी लिया जाएगा। मजेदार सेवा है।

उस दिन अक्षय साइकिल से इलाहाबाद की सड़कों की खाक छान रहा था। उसे पूनम के साथ बिताये गये क्षणों की याद आ रही थी। उसके मन में आया कि एक बार पूनम को फोन करके देखूँ। क्या होता है? उसने साइकिल खड़ी की। जेब से मोबाइल निकाली। डरते-डरते हिम्मत जुटाकर उसने पूनम का नम्बर मिला दिया। पूनम का मोबाइल स्विच ऑफ था। समझ गया अक्षय। उसके बाप ने मोबाइल छीन लिया होगा। वह इस समय जहाँ पर खड़ा था, वहाँ दूर-दूर तक सन्नाटा था। अचानक अठारह-बीस साल की एक लड़की पैदल आती हुई दिखी। उसने बड़ी शालीनता से उस लड़की को अपने पास बुलाया। लड़की चली आयी। पूछा, ''क्या है?'' अचानक उसने कसकर लड़की को अपनी बाहों में भर लिया और उसके होंठ, गाल वगैरह चूमने लगा। लड़की एकदम से स्तब्ध रह गयी। डर के मारे वह जोर-जोर से चिल्लाने लगी। उसने लड़की को छोड़ दिया और साइकिल लेकर भाग खड़ा हुआ। उसका दिल जोर-जोर से धड़क रहा था। वह काफी दूर निकल आया तो उसकी जान में जान आयी।

साइकिल लेकर वह उसी तरह घूम रहा था। इस मुहल्ले से उस मुहल्ले। उस मुहल्ले से उस मुहल्ले। अचानक एक जगह एक घर में बालकनी में पेटीकोट टँगा हुआ दिख गया। वह साइकिल लेकर वहीं खड़ा हो गया। लगा पेटीकोट को निहारने। नीचे खिड़की से घर के एक आदमी ने उसे देख लिया। वह लगा अक्षय को देखने। उसकी समझ में नहीं आ रहा था, यह आदमी बालकनी में क्या देख रहा है? काफी देर हो गयी। आदमी को शक होने लगा कि शायद यह चोर है। दिन में सब कुछ देख-समझ रहा है। रात में अपने साथियों के साथ घर में चोरी करने आयेगा। वह डर गया। फिर हिम्मत जुटायी। धीरे से गेट खोलकर घर के बाहर निकल गया। मुहल्ले में सबके घर जा-जाकर वह बताने लगा कि मेरे घर के

बाहर कई घंटे से एक चोर खड़ा है और वह मेरे घर की सुरागकशी कर रहा है। मुहल्ले के लोग धीरे-धीरे इकट्ठा होने लगे। अक्षय के अन्दर इस समय कामोत्तेजना व्याप्त थी और उसे पेटीकोट के अलावा कुछ नहीं सूझ रहा था। अचानक मुहल्ले के लोगों ने धावा बोल दिया। अक्षय की लात-घूँसों से पिटाई होने लगी। लोगों ने मार-मारकर उसे अधमरा कर दिया। पुलिस को फोने कर दिया गया। पुलिस भी आ गयी। लोगों ने पुलिस को बताया कि यह कई घंटे से इस घर की सुरागकशी कर रहा था। यह चोर है। पुलिस साइकिल सहित अक्षय को थाने उठा ले गयी। अक्षय ने वहाँ से उमेश को फोन किया।

उमेश थाने पर पहुँच गया। उमेश ने थानाध्यक्ष को बताया कि हम लोग चोर नहीं हैं। किसी का कुछ चोरी हुआ है? हम लोग फलाँ विधायक जी के आदमी हैं। उमेश ने विधायक जी को फोन लगा दिया, "हेलो सर! प्रणाम सर! कुछ गलतफहमी में अक्षय को पुलिस ने पकड़ लिया है। लीजिए आप थानाध्यक्ष से बात कर लीजिए।" उमेश ने फोन थानाध्यक्ष को दिया। विधायक और थानाध्यक्ष में बात होने लगी। थानाध्यक्ष ने पूरी बात बता दी। विधायक जी ने तुरंत अक्षय को छोड़ने को कहा। अक्षय को छोड़ दिया गया। उमेश ने एक रिक्शा बुलाया। रिक्शे पर साइकिल सहित अक्षय को बैठा दिया। खुद वह बाइक से था। दोनों घर पहुँच गये। उमेश ने साइकिल अंदर रखी और अक्षय को मोटरसाइकिल पर बैठाकर अल्लापुर के साकेत अस्पताल चल दिया। उमेश को लगा कि आजकल अक्षय के दिन ठीक नहीं चल रहे हैं। दो बार मार खा चुका।

महीनों बीत गये। इधर अक्षय ने फालतू टहलना बंद कर दिया था। या तो विधायक जी के यहाँ जाता या अपने किसी काम से। मन बहलाने के लिए टी.वी. में अश्लील फिल्में देख लेता था। कभी-कभी फोन पर लड़कियों से अश्लील बातें कर लिया करता था।

एक दिन अखबार पढ़ते हुए उसका ध्यान फिर एक चीज पर गया। उसने उमेश से कहा, "यार अखबार में कई मसाज पार्लरों का विज्ञापन निकला है। सुना है इन मसाज़ पार्लरों में लड़कियाँ मसाज करती हैं। लड़कियाँ अपने सारे कपड़े उतार देती हैं। आदमी के भी सारे कपड़े उतरवा देती हैं। उसके बाद वे आदमी की बड़े विधि से मालिश करती हैं। देखो एक विज्ञापन निकला है—'प्रिया मसाज पार्लर को आवश्यकता है हर शहर के नवयुक/नवयुवतियों की। अपने शहर में ही हाई प्रोफाइल लोगों की मसाज करके रोजाना कमायें 15000 से 25000।' उसके नीचे कई सारे मोबाइल नम्बर दिये हुए हैं। इसी तरह और भी बहुत सारे

मसाज पार्लर और मसाज क्लब के विज्ञापन दिये हुए हैं। फोन करके जरा देखूँ क्या? किसी निर्वस्त्र लड़की से मालिश कराने को ही मिल जाय तो मज़ा आ जाएगा।'' उमेश भी अखबार लेकर विज्ञापनों को देखने लगा। उसने कहा, ''कुछ विज्ञापनों में लिखा है कि धोखेबाजों से सावधान! इसका मतलब हुआ कि कुछ विज्ञापन देनेवाले धोखेबाज भी हैं। जिस विज्ञापन में लिखा हुआ है—'धोखेबाजों से सावधान,' उसी को फोन करो।'' अक्षय ने एक जगह फोन कर दिया। उधर से एक महिला की आवाज़ आयी, ''हेलो आप कौन बोल रहे हैं?'' अक्षय ने जवाब दिया, ''जी मैं अक्षय बोल रहा हूँ, इलाहाबाद से। आप प्रिया मसाज पार्लर से बोल रही हैं?'' उधर से आवाज़ आयी, ''हाँ मैं बोल रही हूँ। आप लड़कियों और औरतों की मालिश करके पैसे कमाना चाहते हैं?'' अक्षय ने कहा, ''मैं मालिश नहीं करना चाहता। मैं मालिश करवाना चाहता हूँ। क्या आप इलाहाबाद में यह सुविधा उपलब्ध करवाती हैं?'' आवाज़ आयी, ''हमारी सेवा हर शहर में उपलब्ध है। आप कहीं भी हमारी सेवा की सुविधा प्राप्त कर सकते हैं।'' ''मैं लड़की से मालिश करवाना चाहता हूँ।'' अक्षय ने कहा। उधर से आवाज़ आयी, ''आदमियों की मालिश लड़कियाँ ही करती हैं। आप पैसा खर्च करेंगे तो लड़की मालिश के साथ आप को हर तरह की सेवा देगी।'' अक्षय उत्तेजित हो उठा, ''इसके लिए मुझे क्या करना होगा?'' आवाज़ आयी, ''मैं आपको एक नाम और एक एकाउंट नम्बर दे रही हूँ। आप आई सी आई सी आई बैंक में जाकर उस एकाउंट में ढाई हजार जमा कर दीजिए। यह रजिस्ट्रेशन फीस है। पैसा जमा करके आप मुझे इसी नम्बर पर बता दीजिए कि आपने पैसा जमा कर दिया। मैं चेक करूँगी कि पैसा जमा हुआ या नहीं। पैसा जमा रहेगा तो आप साल भर के लिए हमारे पार्लर के सदस्य बन जाएँगे। आप को साल भर सेवा मिलती रहेगी। मसाज के लिए आज ही आपकी एक लड़की के साथ मीटिंग सेट कर दी जाएगी।'' अक्षय अधीरता से बोला, ''ठीक है! आप मुझे एकाउंट नम्बर बताइए।'' उधर से एकाउंट नम्बर बता दिया गया। अक्षय ने लिख लिया।

मोबाइल का स्पीकर आन था। उमेश भी सारी बात सुन रहा था। अक्षय ने पूछा, ''जाऊँ पैसा जमा कर दूँ?'' ''जाओ जमा ही कर दो। देखते हैं क्या होता है?'' उमेश ने बड़े ताव से कहा। अक्षय ने बाइक उठायी और उड़ चला बैंक। बताये हुए खाते में ढाई हजार जमा करके उसने फोन किया, ''हेलो मैडम! मैंने पैसा जमा कर दिया।'' ठीक है! मैं चेक कर लूँ तो आपको बताती हूँ।'' उधर से आवाज़ आयी। थोड़ी देर बाद अक्षय के मोबाइल की घंटी बजी। अक्षय ने तुरंत उठाया,

''हेलो! हाँ मैडम!'' उधर से आवाज़ आयी, ''आज तीन बजे कर्नलगंज में आपकी मीटिंग सेट कर दी गयी है। पर लड़की एक विशेष क्रीम से आपकी मालिश करेगी। वह क्रीम साढ़े तीन हजार की आती है। उसी खाते में साढ़े तीन हजार और जमा करके मुझे फोन करिए।'' ''ठीक है!'' अक्षय ने कहा। अक्षय ने पर्स देखा। साढ़े तीन हजार थे। उसने फिर उसी खाते में साढ़े तीन हजार जमा कर दिये। अक्षय ने तुरंत फोन मिलाया, हाँ मैडम! जमा हो गया पैसा।'' ''ठीक है! मैं चेक करके आपको फोन करती हूँ।'' उधर से आवाज़ आयी। अक्षय इंतज़ार करने लगा। इंतज़ार लम्बा होने लगा। अक्षय ने खुद ही फोन किया। उधर फोन स्विच ऑफ। अक्षय बार-बार फोन करने लगा। कोई फायदा नहीं निकला। उधर का फोन बंद।

अक्षय मायूस होकर कमरे पर लौट आया। उसने सारा किस्सा उमेश को बता दिया। उमेश ने भी उस नम्बर पर कई बार फोन लगाया। फोन बंद था तो बंद था। दोनों बहुत मायूस थे। कहीं कोई उम्मीद नहीं बची।

एक दिन फिर अखबार पढ़ते हुए अक्षय बोला, ''यार एक चीज और दिखायी दे रही है। इसको भी आजमा लिया जाय क्या?'' ''क्या है?'' उमेश ने पूछा। अक्षय बताने लगा, ''अखबार में बहुत सारे फ्रेंडशिप क्लबों का विज्ञापन निकला है। इसमें लड़के-लड़कियाँ आपस में दोस्ती करते हैं और मज़े करते हैं। एक विज्ञापन है—'बन्धन फ्रेंडशिप क्लब। हर उम्र, हर शहर के युवक/युवतियाँ हाई प्रोफाइल दोस्ती कर हजारों कमायें। दूसरा विज्ञापन है—'गोल्डेन फ्रेंडशिप क्लब। कमायें हजारों। हर उम्र, हर शहर के युवक युवतियाँ निःसंकोच संपर्क करें। फीमेल मेम्बरशिप फ्री।' तीसरा विज्ञापन है—'स्वीटी फ्रेंडशिप क्लब। हर उम्र, हर शहर के मेल, फीमेल, हाउसवाइफ, विधवा, कॉलेज गर्ल से दोस्ती करें। आय 100 प्रतिशत। सर्विस पूरी सुरक्षा के साथ।' ऐसे ही बहुत सारे विज्ञापन दिये हुए हैं। सब विज्ञापनों के साथ कई मोबाइल नम्बर दिये हुए हैं।'' उमेश बड़े असमंजस से बोला, ''यार एक बार तो हम लोग धोखा खा चुके हैं। अब मैं क्या बताऊँ?'' ''एक बार आजमा कर देख लेते हैं। धोखा हुआ तो कोई बात नहीं, लेकिन अगर सही निकल गया तो मज़ा आ जाएगा।'' उमेश ने कोई जवाब नहीं दिया।

अक्षय ने एक जगह नम्बर मिला दिया। उधर से आवाज़ आयी, ''हेलो! हाँजी कहिए? आप कौन?'' अक्षय ने जवाब दिया, ''मैं इलाहाबाद से अक्षय बोल रहा हूँ। मैं आपके फ्रेडशिप क्लब का सदस्य बनना चाह रहा हूँ। क्या इलाहाबाद में आपके क्लब की शाखा है?'' आवाज आयी, ''हाँ-हाँ क्यों नहीं! मैं आपको एक नाम और एकाउंट नम्बर बता रही हूँ। आई.डी.बी.आई. बैंक में आपको चार हजार

रुपये जमा करने पड़ेंगे। पैसे जमा कर देने के बाद आप हमें फोन करिए। हम आपको रोज दो लड़कियों के मोबाइल नम्बर बतायेंगे। आप उनसे दोस्ती करिए।'' ''ठीक है! आप मुझे एकाउंट नम्बर बताइए।'' अक्षय ने कहा। उधर से एकाउंट नम्बर नोट करा दिया गया। उमेश मुस्कराया, ''जाओ आज भी चार हजार डुबाकर आओ।'' अक्षय बाइक लेकर बैंक चल दिया। बैंक पहुँच कर उसने बताये हुए एकाउंट में चार हजार जमा कर दिया। उसने फोन करके कहा, ''हेलो मैडम! मैंने पैसे जमा कर दिये।'' उधर से आवाज़ आयी, ''ठीक है! मैं देख लेती हूँ तो आपको फोन करती हूँ।'' अक्षय इंतजार करने लगा। देर होने लगी तो अक्षय का दिल डूबने लगा। उसने फोन मिलाया। उधर से फोन बंद। अक्षय माजरा समझ गया। थके हुए कदमों से वह अपनी मोटरसाइकिल की ओर बढ़ गया। मोटरसाइकिल के पास पहुँचकर वह फिर फोन मिलने लगा। एक आखिरी उम्मीद। किसी के मर जाने पर जैसे कोई सोचता है कि शायद चमत्कार हो जाय और ये जिन्दा हो जायँ। कोई चमत्कार नहीं हुआ। फोन बन्द था। कमरे पर लौटकर उसने बुझे मन से उमेश को सूचना दे दी।

उस दिन, दिन के एक बज रहे थे। उमेश कमरे पर नहीं था। अक्षय दरवाजे के बाहर सड़क पर खड़ा था। अचानक मुहल्ले की ही एक आठ साल की लड़की उधर से निकली। अक्षय उसे अच्छी तरह जानता था। वह भी अक्षय को अच्छी तरह जानती थी। अक्षय ने उससे पूछा, ''कहाँ जा रही हो?'' ''दुकान पर जा रही हूँ। सामान खरीदने।'' उसने कहा। अक्षय ने उससे कहा, ''मेरे साथ अंदर आओ। मैं तुम्हें एक चीज दूँगा।'' लड़की उसके साथ अन्दर चली गयी। अक्षय बोला, ''मैं तुम्हारा मुँह बन्द कर देता हूँ। मुँह बन्द रहने पर भी अगर तुम मुँह से आवाज निकाल लोगी तो मैं तुम्हें दस रुपये इनाम दूँगा।'' लड़की तैयार हो गयी। अक्षय ने अपनी लुँगी से खूब कसकर उसका मुँह बाँध दिया। उसके बाद वह उसके हाथ भी बाँधने लगा। लड़की को इस खेल में मज़ा आ रहा था। लड़की के हाथ भी बँध गये। अक्षय ने दरवाजा अन्दर से बन्द कर लिया। उसने लड़की की चड्ढी उतारी और जबर्दस्ती जमीन पर लिटा दिया। वह उसके साथ बलात्कार करने लगा। लड़की छटपटाने लगी। हाथ पैर मारने लगी। अक्षय ने उसे नहीं छोड़ा। उसने घंटे भर में उसके साथ तीन बार बलात्कार किया। लड़की खून से बुरी तरह लथपथ हो गयी।

उसने लड़की को पाँच सौ रुपये दिये और कहा, ''किसी से इसके बारे में बताना मत।'' उसने लड़की के हाथ और मुँह खोल दिये। लड़की ने जल्दी से दरवाजा खोला। उसने पाँच सौ रुपये का नोट अंदर फेंक दिया और सड़क पर खड़ी होकर

चिल्लाने लगी। लोग इकट्ठा होने लगे। लड़की के माँ-बाप भी आ गये। लड़की रोते हुए सबको सारी बात बताने लगी। लड़की के माँ-बाप ने चिल्लाते हुए अक्षय को घर के अन्दर से खींच लिया। लोग अक्षय को लात-घूँसों से पीटने लगे। बहुत तेज हल्ला होने लगा-मार साले को ...बचने न पाये ...बहुत हरामी है साला .. बहुत पापी है ....। बहुत भीड़ इकट्ठा हो गयी। लोग अक्षय को बुरी तरह मार रहे थे। अक्षय जमीन पर पड़ा हुआ था। काफी देर से मार पड़ रही थी। एक डॉक्टर साहब ने लोगों को रोका। उन्होंने अक्षय की नाड़ी और दिल की धड़कन जाँची। "अरे, यह तो मर गया।" डॉक्टर साहब बोले।

भीड़ तेजी से छँटने लगी। पुलिस के चक्कर में फँसने के डर से लोग खिसकने लगे। लड़की के माँ-बाप लड़की को लेकर थाने भागे। वहाँ से उन्हें बेटी को अस्पताल भी ले जाना था।

साँड़

दरवाजे की घंटी काफी देर से बज रही थी। डॉ. उदिशा अनमने भाव से उठीं और जाकर दरवाजा खोला। दरअसल वे थोड़ी देर सोना चाह रही थीं। दरवाजे पर उनके महाविद्यालय की तीन महिला प्राध्यापिकाएँ खड़ी थीं। डॉ. रश्मि ने टोका, ''क्यों भाई? पढ़ाई-लिखाई हो रही है क्या? हम लोग इतनी देर से दरवाजे पर खड़ी हैं। घंटी पर घंटी बजाये जा रही हैं। तुम हो कि खोलने का नाम नहीं ले रही हो।'' ''अरे नहीं!'' उदिशा खिसियानी हँसी हँसते हुए बोलीं, ''मैं इतनी पढ़ने-लिखने वाली महिला नहीं हूँ बस समझ लो कि दरवाजे तक पहुँचते-पहुँचते देर हो गयी।''

चारों सहेलियाँ ड्राइंगरूम में बैठ गयीं। गपशप होने लगी। तब तक अन्दर से उदिशा के प्रति संजीव भी आ गये। उन्होंने तीनों महिलाओं को नमस्कार किया और खुद भी सोफे पर बैठ गये। डॉ. रश्मि बोलीं, ''आइए भाई साहब, आइए! बड़ी देर में निकले। कहाँ थे आप?'' ''बस एक पत्रिका पढ़ रहा था। आप लोगों की आवाज़ सुनी तो मैं भी उठकर आ गया।'' संजीव ने जवाब दिया। अचानक उदिशा ने संजीव को बड़ी जोर से डाँटा, ''तुम यहाँ क्या करने आ गये? हम औरतों के बीच में तुम्हारा क्या काम है? औरतों से ही-ही करने आये हो? चलो भागो यहाँ से। जाओ, अपना जो काम कर रहे हो करो। तुम्हारी यहाँ कोई जरूरत नहीं है। दुबारा यहाँ अपनी मनहूस सूरत मत दिखाना।'' संजीव रोनी सूरत बनाकर उठ खड़े हुए और अन्दर चले गये। तीनों औरतें अचकचा गयीं। उन्हें यह तो पता था कि डॉ. उदिशा अपने पति के साथ अच्छा व्यवहार नहीं करतीं परन्तु सबके सामने वे उन्हें इस तरह जलील करती हैं, उन्हें नहीं पता था। एक क्षण के लिए कमरे में खामोशी छा गयी। उधर उदिशा इस तरह व्यवहार कर रही थीं, जैसे कोई बात ही न हुई हो। चारों सहेलियाँ फिर से बातचीत करने लगीं। तभी घर के अंदर से फिल्मी अंदाज में साँड़ का प्रवेश ड्राइंग रूम में हुआ। नया पैंट-शर्ट। करीने से सँवरे हुए बाल। चाल में अकड़।

नाम तो उसका विकास था, लेकिन पूरे महाविद्यालय, पूरे मुहल्ले और डॉ. उदिशा के परिचय क्षेत्र में लोग उसे साँड़ ही कहते थे। सामने नहीं कहता था कोई। पीठ पीछे लोग कहते थे। ''कहाँ थे विकास? देखो मेरे कॉलेज से मैडम लोग आयी हैं।'' उदिशा ने खीसें निपोरते हुए कहा, ''तब तक तुम बैठकर मैडम लोगों से बात करो। मैं जल्दी से चाय बना लाती हूँ।'' वे उठकर चाय बनाने चली गयीं। इधर साँड़ बड़े रौब से मैडम लोगों से बात करने लगा। डॉ. रेखा ने पूछा, ''और विकास? आजकल क्या हो रहा है?'' साँड़ भंगिमा बनाते हुए बोला, ''क्या बताऊँ मैडम! मुझे तो समाजसेवा से ही फुर्सत नहीं मिलती। अभी एक परिचित की आठ-दस बसें लफड़े में फँस गयी थीं। प्रदेश के परिवहन मंत्री से कहकर उनकी समस्या का समाधान कराया। दो-चार दिन में मुख्यमंत्री से मिलने जाना है। एक मित्र का काम करवाना है। ऐसे ही कोई न कोई लफड़ा लगा रहता है। लोग घेरे रहते हैं। जब समाज में रहना है तो कुछ न कुछ समाज का ध्यान रखना ही पड़ता है।'' डॉ. प्रमिला बोलीं,''अरे विकास! तुम तो बहुत पहुँचवाले हो। हम लोगों के भी छोटे-मोटे काम पड़ते रहते हैं। करवा दिया करो।'' ''आदेश करिए मैडम! जिलाधिकारी से लेकर मुख्यमंत्री तक किसी से भी काम पड़े। आपका कोई भी काम कहीं भी फँसा हो। एक बार मुझे बता भर दीजिए। आपका यह सेवक चुटकियाँ बजाते समस्या का हल कर देगा।'' साँड़ ने अकड़ते हुए कहा। रश्मि मुस्करायीं, ''अरे भाई! उदिशा के देवर बनते हो और हमारे सेवक बन रहे हो। यह तो सरासर नाइंसाफी है। क्या हम लोग तुम्हारी भाभियाँ बनने लायक नहीं हैं क्या?'' साँड़ हें-हें करके हँसने लगा, ''अरे यह तो मेरे लिए सौभाग्य की बात है। मेरी जितनी ज्यादा भाभियाँ हो जायँ, उतना ही अच्छा।'' ''मेरा एक काम है विकास!'' डॉ. रेखा बोलीं, ''मेरे पति बहुत दिनों से बरेली में पड़े हुए हैं। हम लोग यहाँ कानपुर में पड़े हुए हैं। बच्चों को भी पापा के बिना असुविधा होती है। किसी तरीके से तुम मेरे पति का स्थानान्तरण यहाँ कानपुर में करवा दो। जो खर्च-बर्च लगेगा मैं दूँगी।'' ''खर्च-बर्च की कोई बात नहीं है मैडम। आप मुख्यमंत्री के नाम एक प्रार्थना पत्र बनाकर दीजिए। अपने नाम से लिखिएगा प्रार्थनापत्र। उसमें विस्तार से ये लिखिए कि पति के बाहर होने के कारण आपके परिवार को क्या-क्या असुविधा हो रही है। प्रार्थनापत्र मुझे दे दीजिए। मैं आपके पति का स्थानान्तरण कानपुर करवा दूँगा।'' साँड़ ने उसी अकड़ के साथ डॉ. रेखा को समझाया। रश्मि, रेखा और प्रमिला तीनों को यह पता था कि साँड़ पूरे आत्मविश्वास के साथ बड़ी लम्बी-लम्बी डींगें हाँकता है। उसकी इन्हीं लम्बी-लम्बी डींगों पर डॉ. उदिशा मर मिटती हैं परन्तु वास्तविकता

यह है कि मुख्यमंत्री तो दूर, किसी सांसद या विधायक से भी उसका कोई परिचय नहीं है। हाँ यह जरूर है कि वह लोगों के प्रार्थनापत्र लेकर थाने से लेकर जिले भर के अधिकारियों के दफ्तरों के चक्कर काटता रहता है। तीनों सहेलियाँ केवल ठिठोली कर रही थीं और साँड़ से मज़ा ले रही थीं।

तब तक उदिशा चाय वगैरह लेकर आ गयीं। रसोई से उन्हें थोड़ा-थोड़ा आवाज़ सुनायी दे रही थी। वे बोलीं, "आप लोगों का कोई काम पड़ा करे न, आप लोग बिना संकोच के विकास को बता दिया करिए। उसकी बड़ी पहुँच है। वह बड़े-बड़े मंत्रियों से मिलता रहता है। वह आप लोगों के काम करवा दिया करेगा। रश्मि, रेखा और प्रमिला ने एक दूसरे की ओर देखा। आँखों ही आँखों में तीनों मुस्करायीं। रेखा ने कहा, "तुम ठीक कह रही हो। अभी मैं विकास से अपने पति का स्थानान्तरण कराने के लिए कह रही थी। इस समय बरेली में हैं। वे भी यहीं कानपुर आ जाते तो मेरा भी परिवार व्यवस्थित हो जाता।" "तो विकास आपका यह काम करवा देगा। अभी आप इसको ठीक से जानती नहीं हैं। इसको आप लोग हल्के में मत लिया करिए।" उदिशा ने बड़े आत्मविश्वास से कहा। रेखा ने द्विअर्थी अंदाज में कहा, "अरे भाई विकास को कौन हल्के में ले सकता है?" उदिशा और साँड़ फूलकर कुप्पा हो गये। रश्मि और प्रमिला आँखों ही आँखों में हँस दीं।

जब उदिशा और संजीव की शादी हुई थी, जिन्दगी ऐसी नहीं थी। दोनों की शादी बड़ी धूमधाम से हुई थी। शादी के समय संजीव की उम्र बाईस साल थी और उदिशा की उम्र अठारह साल थी। संजीव का घर गाँव में था। संजीव के पिता के पास लगभग पच्चीस बीघे खेत था। चूँकि जमीन बहुत उपजाऊ थी, अतः परिवार का गुजर-बसर अच्छे ढंग से हो जाता था। शादी के बाद संजीव और उदिशा गाँव में ही रहकर अपनी पढ़ाई करने लगे। दोनों ने साथ-साथ ही राजनीतिशास्त्र से एम. ए. किया। एम. ए. कर लेने पर दोनों ने अवध विश्वविद्यालय फैजाबाद में पीएच. डी. में दाखिला लिया। संजीव पढ़ने में बहुत प्रतिभाशाली थे। उदिशा उतनी प्रतिशाली तो नहीं थीं, फिर भी पढ़ने में अच्छी थीं। साथ-साथ पढ़ाई करने का यह फायदा मिल जा रहा था कि संजीव मेहनत करके नोट्स इत्यादि बनाते थे और उदिशा उसी को पढ़कर पास हो जाती थीं। संजीव अपनी पढ़ाई से ज्यादा अपनी पत्नी की पढ़ाई पर ध्यान दे रहे थे। पत्नी को जो भी समझ में न आता, उसे पूरी मेहनत से समझाते थे। पत्नी की पढ़ाई के सम्बन्ध में जो भी समस्या आती उसे दूर करते थे। वे सोच रहे थे कि यदि पति और पत्नी दोनों की नौकरी लग जाएगी तो गृहस्थी की गाड़ी बड़े मजे से चलेगी। उस समय पति-पत्नी में बड़ा प्यार था।

संजीव ने बड़े मेहनत से शोधकार्य शुरू किया। वे एक तरफ अपना शोधग्रंथ लिख रहे थे, दूसरी तरफ अपनी पत्नी का। चूँकि वे दो-दो शोधग्रंथ एक साथ लिख रहे थे, अतः बड़ी मेहनत पड़ रही थी। दिन-दिन भर भाग-दौड़ करते, रात में काफी देर तक जागकर लिखते रहते। उनकी मेहनत रंग लायी। चार साल मे दोनों शोधग्रंथ तैयार होकर विश्वविद्यालय में जमा हो गये। वह दिन भी आ गया, जब पति और पत्नी को विश्वविद्यालय से पीएच.डी.की उपाधि प्राप्त हो गयी। दोनों की प्रसन्नता की सीमा न रही।

अब संजीव ने जगह-जगह फॉर्म भरना शुरू कर दिया। कहीं भी विश्वविद्यालय या महाविद्यालय में राजनीतिशास्त्र के प्रवक्ता का विज्ञापन निकलता तो वे तुरंत अपना और अपनी पत्नी का आवेदन पत्र भेज देते। जिसकी नौकरी लग जाय, उसी की सही। किसी एक की लगे तो। अब संजीव का यह एक सूत्रीय कार्यक्रम हो गया था। हमेशा हर जगह प्रवक्ता का विज्ञापन खोजना।

संघर्ष करते चार साल हो गये। उच्चतर शिक्षा सेवा आयोग का विज्ञापन निकला पूरे प्रदेश के अशासकीय महाविद्यालयों में प्राध्यापकों की नियुक्ति की जानी थी। राजनीतिशास्त्र में कुल बीस पद थे। संजीव ने अपना और अपनी पत्नी का आवेदन डाल दिया। दोनों की मेरिट ठीक-ठाक थी। दोनों को साक्षात्कार के लिए बुला लिया गया। साक्षात्कार के लिए बुलावा आते ही संजीव सक्रिय हो गये। साक्षात्कार में कैसा जुगाड़ चल रहा है, किसका जुगाड़ चल रहा है? पता चला चार-चार लाख रुपये लेकर चयन हो रहा है। पैसा किसको देना है, किसके माध्यम से देना है, संजीव ने सब पता कर लिया। वे भागकर अपने पिता जी के पास पहुँचे। पिता जी को सारा हाल विस्तार से समझाया। बोले, ''पिता जी हमारी ज़िन्दगी का सवाल है। किसी भी तरीके से आठ लाख का इंतजाम करिए। नौकरी लग जाने के बाद आप जहाँ से भी पैसे की व्यवस्था करेंगे, ब्याज समेत वहाँ पैसा चुका दिया जाएगा।

पिता जी जुट गये। पैसे की व्यवस्था करने के लिए उन्होंने जान लड़ा दिया। लेकिन पूरा जोर लगा देने के बावजूद वे केवल चार लाख ही जुटा सके। उन्होंने बहुत हाथ-पैर मारा लेकिन सब बेकार। संजीव से अपने पिता की दुर्दशा देखी नहीं गयी। उन्होंने समझाया, ''कोई बात नहीं पिता जी! कम से कम दो में से एक की नौकरी तो लग जाएगी। दूसरे की नौकरी लगवाने के लिए बाद मे फिर प्रयास किया जाएगा।'' संजीव चार लाख रुपये लेकर चले आये। उन्होंने उदिशा को सारी बात बता दी। उदिशा बोलीं, ''ऐसा है, आपकी नौकरी ज्यादा जरूरी है। आप अपनी नौकरी लगवा लीजिए। मेरी बाद में देखी जाएगी।'' संजीव ने समझाया, मेरी मेरिट

तुम से बहुत अच्छी है। बाद में मेरी नौकरी तो लगनी आसान होगी, लेकिन तुम्हें फिर नौकरी मिल पायेगी या नहीं, पता नहीं। मेरी नौकरी तो हो सकता है कहीं बिना पैसा दिये ही, मेरिट और योग्यता के बल पर लग जाय। इसलिए बेहतर यही है कि इस बार तुम्हारी नौकरी लगवा ली जाय।''

उदिशा की नौकरी लग गयी। वे महाविद्यालय में राजनीतिशास्त्र की प्राध्यापक हो गयीं। महाविद्यालय उन्हें कानपुर में मिला। पति-पत्नी दोनों कानपुर में किराये का मकान लेकर रहने लगे। उदिशा के वेतन से परिवार का खर्च अच्छी तरह चल जा रहा था। हँसी-खुशी दिन कटने लगे।

शुरू में कोई मिलने आता तो उदिशा बड़े गर्व से उसे अपने पति से मिलवातीं उनकी काबिलियत का बखान करतीं। बस एक प्रश्न ही थोड़ी सी असहजता पैदा कर देता था। हर कोई उनसे यह प्रश्न पूछ लेता, ''आपके पति क्या करते हैं?'' वे थोड़ा संकोच से बतातीं, ''नौकरी के लिए प्रयास कर रहे हैं। भगवान ने चाहा तो मेरी तरह जल्दी ही इनकी भी नौकरी लग जाएगी। मुझसे बहुत योग्य हैं।'' संजीव को कहीं नौकरी नहीं मिल पायी। धीरे-धीरे उदिशा अपने परिचितों के बीच में संजीव की उपस्थिति से अपने को बेइज़्ज़त महसूस करने लगीं। सारी सहेलियों के पति एक से एक अच्छी नौकरियाँ कर रहे थे। विभिन्न समारोहों और उत्सवों में महाविद्यालय की महिलाएँ बड़े गर्व से लोगों से अपने पतियो का परिचय करवातीं। उदिशा को बहुत मन मसोसकर लोगों से अपने पति का परिचय करवाना पड़ता था। धीरे-धीरे उदिशा संजीव को कहीं ले जाने में हिचकने लगीं। बस एक मजबूरी आड़े आ जाती थी। एक ड्राइवर की आवश्यकता पड़ती थी। स्कूटर कौन चलाये?

आज से दस साल पहले, जब उदिशा की उम्र अड़तीस साल थी, साँड़ ने उनकी बी. ए. -प्रथम वर्ष की कक्षा में प्रवेश लिया था। साँड़ तब बीस साल का था, था तो वह बीस साल का ही, लेकिन पहली नज़र में ही किसी लड़की को आकर्षित कर लेता था। छः फीट लंबा शरीर, चौड़ा सीना, कसा हुआ कसरती शरीर, गठीली भुजाएँ, एकदम गोरा तो नहीं लेकिन गेहुँआ रंग, आकर्षक चेहरा। कुल मिलाकर वह लगभग फिल्मी हीरो जैसा लगता था। पहली बार ही उसे अपनी कक्षा में देखकर उदिशा उस पर मर मिटीं। अब पढ़ाई के दौरान वे उसे अक्सर खड़ा कर देतीं और कुछ न कुछ पूछ लेतीं। वह प्रायः उनके किसी प्रश्न का उत्तर नहीं दे पाता था। पढ़ने में वह अच्छा नहीं था। उदिशा धीरे-धीरे इस बात को समझ गयीं। उन्होंने उससे प्रश्न पूछना बन्द कर दिया।

महाविद्यालय में हर अध्यापक को एक-एक निजी कमरा मिला हुआ था। एक दिन बी. ए. प्रथम वर्ष की कक्षा समाप्त हो जाने के बाद उन्होंने उसे अपने साथ आने को कहा। हाजिरी लेते-लेते अब तक वे उसका नाम जान चुकी थीं। अपने कमरे में आकर वे उससे पूछताछ करने लगीं, "विकास तुम्हारे घर में कुल कितने लोग हैं? तुम्हारे पिता जी क्या करते हैं?" वह अपने बारे में बताने लगा, "मैडम, मेरे परिवार में कुल पाँच लोग हैं। मम्मी, पापा और हम तीन भाई। भाइयों में मैं दूसरे नम्बर पर हूँ। मेरे बड़े भाई साहब एम. ए. में पढ़ रहे हैं और मेरा छोटा भाई ग्यारहवीं कक्षा में पढ़ रहा है। मेरे पिता जी की फोटोस्टेट की दुकान है। उसी से किसी तरह खींचतान कर परिवार का खर्च चल जाता है।" "अरे रे रे.... !" उदिशा ने सहानुभूति प्रकट की, "तुम तो बहुत ही साधारण परिवार के सदस्य हो। ऐसा है, तुम मुझे कभी पराया मत समझना। मैं तुम्हारी अपनी हूँ। तुम्हें जब भी जितना भी अपने खर्च के लिए पैसे की जरूरत हुआ करे, मुझसे माँग लिया करो। किसी तरह का संकोच मत किया करो कि मैडम क्या सोचेंगी। तुम्हारी पढ़ाई का सारा खर्च मैं उठाऊँगी। मेरे ले-देकर एक दो साल का बेटा है। मेरा खर्च ही क्या है?" साँड़ सिर झुकाये जी-मैडम, जी-मैडम करता रहा।

एक दिन उदिशा क्लास पढ़ाकर अपने कमरे में बैठी थीं। करीब तीन महीने बीत चुके थे। साँड़ आकर उनके सामने खड़ा हो गया और फूट-फूटकर रोने लगा। वे घबरा गयीं, "क्या हुआ विकास ...क्या हुआ ...क्यों रो रहे हो?" वह रोते हुए ही बोला, "मैडम, मेरे पापा को एक मोटरसाइकिल से टक्कर लग गयी है। उन्हें काफी चोट आ गयी है। वे अस्पताल में भरती हैं। मैडम पचीस हजार रुपये उधार दे दीजिए। पापा ठीक हो जाएँगे तो मैं आपके पैसे वापस कर दूँगा।" "खबरदार उधार की बात की तो ... कालेज कैसे आये हो?" उदिशा बोलीं। "मैडम, साइकिल से आया हूँ।"

"स्कूटर चलाना जानते हो?"

"हाँ मैडम!"

"तो ठीक है! मैं रिक्शे से अपने घर चल रही हूँ। तुम साइकिल से मेरे साथ-साथ चलो। मेरे घर में स्कूटर है। तुम्हारे साथ स्कूटर से मैं भी तुम्हारे पापा को देखने चलूँगी। तुम पैसों की बिलकुल चिन्ता मत करो।"

धीरे-धीरे पूरे महाविद्यालय में यह खबर जंगल की आग की तरह फैल गयी। आजकल मैडम उदिशा सारा काम-धाम छोड़कर बी. ए. प्रथम वर्ष के एक लड़के के पिता की सेवा में दिन-रात जुटी हुई हैं। लोग पता करने लगे कि वह लड़का

कहीं उदिशा का रिश्तेदार तो नहीं है? पता चला लड़का दूसरी जाति का है। दूर-दूर तक दोनो में कोई रिश्तेदारी नहीं है। लोगों ने सोचा शायद मनुष्यता के नाते मैडम उदिशा उस लड़के की मदद कर रही हैं और इलाज का सारा खर्च भी वहन कर रही हैं। उदिशा ने अपने समर्थक छात्रों के माध्यम से माहौल ऐसा ही बनाना शुरू किया। धीरे-धीरे देखी-देखा महाविद्यालय के छात्र-छात्राएँ भी मदद के लिए अस्पताल पहुँचने लगे। महाविद्यालय के प्राध्यापक और प्राध्यापिकाएँ भी पहुँचने लगे। प्राचार्य भी एक-दो चक्कर लगा आये।

अस्पताल में उस लड़के को देखने के बाद महाविद्यालय की प्राध्यापिकाओं में आपस में खुसर-फुसुर शुरू हुई। एक दिन औरतों की महफिले में डॉ. आरती ने कहा, ''जिस लड़के की उदिशा मदद कर रही हैं, वह है तो बड़ा खूबसूरत और मस्त। एकदम साँड़ जैसा। कहीं उदिशा उसको दिल-विल तो नहीं दे बैठी हैं? क्या नाम है उस लड़के का?'' एकदम से चुप्पी छा गयी। किसी महिला को उसका नाम नहीं मालूम था। अचानक डॉ. रश्मि बोलीं, ''उस लड़के का नाम है-साँड़!'' बड़ी जोर का ठहाका लगा। सारी महिलाएँ हँसते-हँसते लोटपोट हो गयीं। डॉ. मालती बोलीं, ''बाप रे! कितना हट्टा-कट्टा है। उदिशा को अपनी बाँहों में भरकर कसकर दबा देता होगा तो उदिशा की हड्डियाँ कड़कड़ा जाती होंगी।'' सारी महिलाएँ फिर जोर-जोर से हँसने लगीं। रेखा ने चुटकी ली, ''मैडम मालती आप उदिशा से दोस्ती गाँठ लीजिए। फिर उनसे कहिए कि इस साँड़ में वह आपको भी हिस्सा दें।'' सारी औरतें हँसते-हँसते दोहरी हुई जा रही थीं। मालती ने पलटकर जवाब दिया, ''मैं उदिशा से दोस्ती गाँठूँगी जरूर! लेकिन मैं साँड़ में अपने लिए हिस्सा नहीं माँगूँगी। कहूँगी कि रेखा तुम्हारे साँड़ के लिए मरी जा रही है। हफ्ते में एकाध बार उसे भी हिस्सा दे दिया करो।'' प्रमिला बोलीं, ''अरे जाने दीजिए! रेखा वैसे ही दुबली-पतली है। साँड़ इसे कसकर दबा देगा तो इसकी दो-चार हड्डियाँ टूट जाएँगी।'' सारी औरतें रेखा पर हँसने लगीं। रेखा झेंप गयीं। मालती फिर बोलीं,'' उदिशा का पति वैसे भी निठल्ला है। घर में बैठकर बीवी की रोटियाँ तोड़ रहा है। उदिशा उसे कुछ नहीं समझती। वह है भी एकदम नपुंसक जैसा। मुझे तो लगता है, उदिशा उसके सामने ही साँड़ के साथ सब कुछ करती होगी।'' औरतें फिर से एकदम ठहाका मारकर हँसने लगीं।

औरतों में वह लड़का साँड़ के नाम से ही प्रसिद्ध हो गया। धीरे-धीरे बात पुरुष प्राध्यापकों के कान में भी पहुँच गयी। तृतीय और चतुर्थ श्रेणी के कर्मचारी भी जान गये। अब वह लड़का महाविद्यालय के अध्यापकों और कर्मचारियों के लिए साँड़

ही हो गया। उसका वास्तविक नाम जानने में अब किसी की दिलचस्पी नहीं थी। सब यह जान गये कि यह नामकरण किन लोगों ने किया है और किसलिए किया है? अब तो उदिशा की सारी समाज सेवा मिट्टी में मिल गयी। महाविद्यालय के छात्र और छात्राएँ तो बराबर अस्पताल जाते रहे, लेकिन प्राध्यापकों और कर्मचारियों ने अस्पताल जाना छोड़ दिया। यद्यपि उदिशा और साँड़ में कोई गलत सम्बन्ध नहीं था, लेकिन महाविद्यालय के लोगों को मानना था, सो मान लिया।

एक दिन स्टाफ रूम में कई पुरुष और महिलाएँ बैठे हुए थे। डॉ. मालती ने डॉ. विपिन से कहा, "अरे डॉक्टर साहब, सुना है महाविद्यालय में कुछ छुट्टा साँड़ घूम रहे हैं और आप कुछ कर नहीं पा रहे हैं?" विपिन ने जवाब दिया, "मैडम, अब साँड़ हैं तो घूमेंगे ही। इसमें कोई क्या कर सकता है?" "अरे आप भी एक हट्टे-कट्टे साँड़ जैसे ही हैं। आपकी मर्दानगी को धिक्कार है।" मालती बोलीं और पूरे स्टाफ रूम में हँसी का फौव्वारा फूट पड़ा। "देखिए मैडम ये सरासर आपकी नाइंसाफ़ी है। महाविद्यालय में सिर्फ डॉ. किशोर और डॉ. तुषार ही अविवाहित हैं। अगर मर्दानगी को चुनौती देना है तो आप इन दोनों की मर्दानगी को चुनौती दीजिए। हम लोग तो शादीशुदा हैं। हम लोग तो मैदान के बाहर हैं।" विपिन बोले। मालती हँसने लगीं, "अरे आप शादीशुदा हैं तो क्या हुआ? आपने नसबंदी करवा रखी है क्या? पत्नी के अलावा एक और महिला को नहीं सम्हाल सकते आप?" फिर बड़ी जोर का ठहाका लगा। विपिन चिल्लाये, "मैडम सम्हालने को तो मैं आप को भी सम्हाल सकता हूँ लेकिन हम लोगों ने ये जिम्मेदारी किशोर और तुषार को सौंप दी है। हम लोग अब रिटायर हो गये हैं।" तुषार बोले, "देखिए भाई! हम लोग अविवाहित लोग हैं। हम लोगों को यह पता नहीं है कि औरतों को कैसे सम्हाला• जाता है इसलिए कृपा करके यह जिम्मेदारी विवाहित लोग ही सम्हालें। हम लोग उन लोगों से सीखने का प्रयास करेंगे।" प्रमिला बोलीं," ऐसा है तुषार, तुम समझ नहीं रहे हो कि विपिन जी क्यों तुम्हारे ऊपर जिम्मेदारी डाल रहे हैं? विपिन जी में अब कुछ नहीं बचा है। उनकी मारक क्षमता समाप्त हो चुकी है इसलिए वे चाहते हैं कि तुम गैर-शादीशुदा लोग जिम्मेदारी सम्हालो।" सब जोर-जोर से हँसने लगे। हँसते-हँसते सब लोटपोट होने लगे। डॉ. अशोक जोर से बोले, "अरे विपिन जी, यह मैं क्या सुन रहा हूँ? आपकी क्षमता पर प्रश्नचिन्ह लग रहा है। अब आपको अपनी क्षमता सिद्ध करनी पड़ेगी।" "मैं अपनी क्षमता सिद्ध करने के लिए तैयार हूँ।" विपिन बोले, "भाई उदिशा जी के मामले में मैं हस्तक्षेप नहीं करूँगा। उन्होंने अपना साँड़ पाल लिया है। यहाँ पर बैठी महिलाएँ बताएँ कि कौन मुझे अपना साँड़

बनाने के लिए तैयार है।'' अशोक ने कहा, ''भाई प्रमिला जी ने आपकी मारक क्षमता पर संदेह व्यक्त किया है वही आपको ले जायँ और टेस्ट करके बतायें कि आपकी मारक क्षमता बची है या नहीं? अगर बची है तो वही यह भी टेस्ट करके बतायें कि आपकी मिसाइल की मारक क्षमता कितने हजार किलोमीटर है?'' छत फाड़ ठहाके लगने लगे। डॉ. प्रमिला झेंप गयी, ''भाई मुझे किसी को अपना साँड़-वाँड़ नहीं बनाना है। मैं अपने पति से संतुष्ट हूँ।'' ''नहीं मैडम! आपने विपिन जी की मारक क्षमता पर प्रश्न चिन्ह खड़ा किया है।'' अशोक बोले, ''आपको उन्हें अपना साँड़ बनाना पड़ेगा ...नहीं तो आप उन्हें कोई दूसरी गाय दीजिए।'' सबका हँसते-हँसते बुरा हाल हो रहा था। डाँ. अशोक ने प्रमिला को ऐसी स्थिति में फँसा दिया था कि उनसे निकलते नहीं बन रहा था। अचानक प्राचार्य वहाँ पहुँच गये। सब उठकर खड़े हो गये। प्राचार्य बोले, ''अरे भाई इतनी तेज ठहाके लग रहे हैं कि मेरे कमरे तक आवाज़ आ रही है। जरा मुझे भी बताइए कि माजरा क्या है? मैं प्राचार्य हूँ तो इसका यह मतलब थोड़े ही है कि आप लोग मुझे हँसने से ही वंचित कर दें।'' ''सर आप विपिन जी को बधाई दीजिए।'' डाँ. अशोक ने कहा, ''प्रमिला मैडम ने इन्हें अपना साँड़ नियुक्त किया है।'' साँड़ वाला प्रकरण प्राचार्य के कानों में भी पड़ चुका था। वे बड़ी जोर से हँसे, ''बधाई हो विपिन जी, बधाई हो! मेरी शुभकामना है कि आप अपने कर्तव्य पालन में सफल हों।'' डाँ. अशोक फिर बोले, ''ऐसा है सर कि प्रमिला जी को यह संदेह हो गया है कि विपिन जी की मारक क्षमता बची है या नहीं? विपिन जी की मारक क्षमता टेस्ट करने के लिए ही प्रमिला जी ने उन्हें अपना साँड़ नियुक्त किया है।'' प्राचार्य हँसने लगे, ''प्रमिला जी, विपिन जी की मारक क्षमता अग्नि मिसाइल के बराबर है। आप टेस्ट करेंगी तो आपको खुद पता चल जाएगा।'' ''धन्यवाद सर, धन्यवाद! मेरे ऊपर विश्वास व्यक्त करने के लिए धन्यवाद!'' विपिन मुस्कराते हुए बोले। प्रमिला बुरी तरह झेंप गयी थीं, ''सर ये लोग पागल हो गये हैं। कब से मेरा मज़ाक पर मज़ाक उड़ाये जा रहे हैं। मैं अशोक जी का सर तोड़ दूँगी।'' ''अच्छा सर! यहाँ इतने लोग गवाह हैं।'' अशोक बोले, ''आप इन लोगों से पूछ लीजिए कि प्रमिला जी ने विपिन जी की मारक क्षमता पर संदेह व्यक्त किया था या नहीं? अगर मैं गलत होऊँ तो मुझे जो भी सजा दी जाय, मैं भुगतने के लिए तैयार हूँ।'' प्राचार्य भी वहीं बैठ गये और सबके साथ साँड़ प्रकरण का आनन्द लेने लगे।

बीस दिन बाद साँड़ के पिता जी अस्पताल से मुक्त हो गये। वे पूरी तरह ठीक हो गये थे। उनके इलाज में लगभग एक लाख रुपये खर्च हुए। सारा खर्च

डॉ. उदिशा ने वहन किया। उदिशा का इस तरह अस्पताल में डटे रहना और इतने पैसे फूँकना उनके पति संजीव को अच्छा नहीं लग रहा था लेकिन वे लाचार थे। उदिशा उन्हें कुछ समझती ही नहीं थीं, न उन्हें कोई महत्व देती थीं। अस्पताल से मुक्त होने के बाद साँड़ के पिता जी पहले सपरिवार उदिशा के घर गये। वे दोनों हाथ जोड़कर बोले, "मैडम अगर आप ने कृपा न की होती तो मैं न बचता। आपका एहसान मैं ज़िन्दगी भर नहीं भूलूँगा।" उदिशा ने जवाब दिया, "बाबू जी कोई आदमी किसी के ऊपर कृपा नहीं करता। सबके ऊपर भगवान कृपा करते हैं। जब भगवान अनुकूल होते हैं तो सारा संसार अनुकूल हो जाता है। जब भगवान प्रतिकूल होते हैं तो संसार में सब दुश्मन बन जाते हैं।"

"सो तो ठीक है मैडम! लेकिन हमारे लिए तो आप ही भगवान हैं। हम लोग बहुत साधारण आदमी हैं। आपके किसी काम नहीं आ सकते, लेकिन कभी हमारे लायक कोई सेवा हो तो बिना संकोच के आदेश दीजियेगा। मेरा पूरा परिवार आपकी सेवा में एक पैर पर खड़ा रहेगा।"

"आपके लायक एक सेवा है मेरे पास। मैं आपसे कुछ माँगूँ? आप देंगे?"

"अरे मैडम यह तो मेरा अहोभाग्य होगा कि मैं आपको कुछ दे सकूँ। आप आदेश करिए।"

"फिर से सोच लीजिए। बाद में यह मत कहिएगा कि अरे मैडम आपने यह क्या माँग लिया?"

"मैंने सोच लिया है मैडम! मैं यह जानने को बड़ा उत्सुक हूँ कि मैं आपको क्या देने लायक हूँ।"

"ऐसा है, आप अपने बेटे विकास को मुझे दे दीजिए। आपकी आर्थिक स्थिति बहुत अच्छी नहीं है। विकास मेरे साथ मेरे घर रहेगा। इसकी पढ़ाई-लिखाई की पूरी जिम्मेदारी अब मेरी। बीच-बीच में आप लोगों से मिलने यह आपके घर जाता रहेगा, लेकिन मूल रूप से अब यह रहेगा मेरे पास ही। बोलिए, मंजूर है आपको?"

"अरे मैडम, यह तो मेरे पूरे परिवार का भाग्य है। विकास का भाग्य है। विकास की तो किस्मत खुल गयी। अब इसको अच्छी परवरिश मिलेगी। यह अच्छे ढंग से पढ़ाई-लिखाई कर पायेगा। आप जैसे बड़े लोगों की सोहबत में रहेगा तो यह भी बड़ा आदमी बन जाएगा।"

उदिशा ने सारे लोगों की बड़ी खातिरदारी की। अन्त में जब सब लोग जाने लगे तो वे लोग साँड़ को उदिशा के घर में ही छोड़कर चले गये। उदिशा ने उसको रहने के लिए घर में एक अलग कमरा दे दिया। कमरे में एक अच्छा सा बिस्तर

लगा दिया। लगभग वे सारी चीजें उस कमरे में रख दीं, जिनकी उसको जरूरत पड़ सकती थी।

रात में सोते समय उदिशा के पति संजीव ने उदिशा से पूछा, "तुमने ये कौन सी बला मोल ले ली। क्या करोगी इसका?" उदिशा बिगड़ गयीं, "इतना शरीफ़ और सज्जन लड़का आपको बला लग रहा है? अरे हमारे कामों में हाथ बटाया करेगा। काम करवाने में हमारी मदद किया करेगा। आटा पिसाने से लेकर मर्दोंवाले सारे काम वह कर लेगा। साथ में पढ़ाई भी करता रहेगा। अब किसी काम के लिए मुझे किसी का मुँह नहीं देखना पड़ेगा।" "तुम अपनी चालें बहुत सोच-समझकर चलती हो। ये कहो कि तुमने एक मुफ्त का नौकर घर में रख लिया है।" संजीव धीरे से बोले। "तुम्हारे जो जी में आये समझते बैठे रहो। मैंने जो भी किया है, ठीक किया है।" उदिशा ने बड़े दबंग अंदाज में कहा और बिस्तर पर दूसरी तरफ मुँह करके लेट गयीं। अब इधर उदिशा और संजीव के बीच शारीरिक सम्बन्ध लगभग नहीं के बराबर रह गया था। उदिशा संजीव के साथ इस तरह कुत्तों जैसा व्यवहार करती थीं कि शारीरिक सम्बन्ध के लिए संजीव की बोलने की हिम्मत ही नहीं हो पाती थी।

अब उदिशा को जहाँ भी जाना होता वह साँड़ के साथ ही जाती थीं। ब्याह-बारात, समारोह, उत्सव—कहीं भी अब वह पति के साथ नहीं जाती थीं। महाविद्यालय के समारोहों में भी वह साँड़ के साथ जाती थीं। उदिशा की यह दबंग बेहयाई देखकर सब भौंचक्के थे। साँड़ को उदिशा ने समझा दिया था कि तुम मुझे भाभी कहा करो। अब वह उदिशा को भाभी ही कहने लगा था। हर जगह वह साँड़ का बड़े शान से परिचय कराती थीं कि यह मेरा देवर है।

एक बार संजीव एक हफ्ते के लिए अपने गाँव गये। रात में सोने जाते समय उदिशा ने साँड़ से कहा, "विकास! मुझे रात में अकेले सोने में डर लगता है। तुम आ जाओ मेरे साथ ही सो जाओ।" साँड़ को संकोच लग रहा था। अविवाहित लड़का था। मैडम के साथ एक ही बिस्तर पर सोने की सोचकर ही उसके शरीर में झुरझुरी हो रही थी। उदिशा उसका हाथ पकड़कर उसे जबर्दस्ती अपने बिस्तर पर खींच लायीं, "इतना शरमा क्यों रहे हो? आओ लेटो।" वह बिस्तर के किनारे बाहर की तरफ मुँह करके लेट गया। उदिशा भी बिस्तर पर लेट गयीं। वे साँड़ को एक किनारे लेटा देखकर मुस्करायीं। बोलीं कुछ नहीं। करीब आधे घंटे बाद उन्होंने जबर्दस्ती साँड़ का मुँह खींचकर अपनी तरफ कर लिया। शरारत से मुस्काराते हुए बोलीं, "बहुत शर्म लग रही है?" वह कुछ नहीं बोला। अचानक वे थोड़ा सा उठीं

और उसके होठों पर अपना होंठ रख दिया। वे उससे लिपटकर उसके होठों को बुरी तरह चूसने लगीं। साँड़ का पूरा शरीर सिहर उठा। उसे बहुत अच्छा लग रहा था। उदिशा उसके गाल, आँख, नाक, कान, मस्तक-सब को चूमने लगीं। साँड़ उनके ब्लाउज में हाथ डालने लगा। उदिशा हँसने लगीं, "तुम क्या खोज रहे हो?" उन्होंने ब्लाउज खोलकर दोनों स्तन साँड़ के सामने कर दिये। वह उनके स्तनों पर टूट पड़ा। दोनों हाथों से एकदम जानवरों की तरह उनके स्तनों को मसल डाल रहा था। उदिशा के मुँह से चीख निकल जा रही थी, लेकिन उन्हें परम तृप्ति की अनुभूति भी हो रही थी। वे मन ही मन बुदबुदायीं, 'एक ये नपुंसक संजीव है। रुई के फाहे की तरह स्तनों को सहलाता है। हाथों में जैसे ताकत ही नहीं है। इसके हाथ के पंजे तो जैसे लोहे के बने हुए हैं।' साँड़ सोचता था कि किसी औरत के साथ सेक्स करना बहुत आसान काम होता है, लेकिन वह गलत निकला। बहुत प्रयास करके भी वह सब कुछ नहीं कर पा रहा था। उसकी बेवकूफी और उसके अनाड़ीपन पर उदिशा हँस रही थीं। उन्हें बहुत मज़ा आ रहा था। उन्होंने समझ लिया कि इस क्षेत्र में यह एकदम नया है और इसका कौमार्य अभी सुरक्षित है। एक बलिष्ठ और नया लड़का मेरे साथ अपना कौमार्य भंग करने जा रहा है—इस एहसास से ही उदिशा एकदम रोमांचित हो जा रही थी। अंत में उन्होंने उसकी मदद की और वह लक्ष्य प्राप्त करने में कामयाब हो गया।

दोनों चुपचाप बिस्तर पर लेटे थे। "क्यों विकास कैसा लगा? मज़ा आया?" उदिशा ने पूछा। उसने जवाब दिया, "हाँ!" वह झूठ बोल रहा था। चूँकि उसने पहली बार सब कुछ किया था, इसलिए वह ठीक से नहीं कर पाया था। उसके मन में एक अधूरापन सा व्याप्त था। करीब आधे घंटे बाद वह फिर उदिशा के ब्लाउज में हाथ डालने लगा। "क्यों? क्या हुआ?" उदिशा ने पूछा। वह संकोच के साथ धीरे से बोला, "एक बार और कर लूँ?" उदिशा खिलखिलाकर हँसने लगीं, "अरे जितनी बार इच्छा हो उतनी बार करो। कोई रोकटोक नहीं है। सब कुछ तुम्हारे लिए ही है।" अब की बार सारा संकोच छोड़कर वह पागलों की तरह टूट पड़ा। अब वह काफी कुछ निपुण हो गया था। उसने अपनी बाँहों में भरकर अपने सीने से उदिशा के स्तनों को इतनी जोर से दबाया कि उदिशा की चीख निकल गयी। उदिशा की हड्डियाँ कड़कड़ा उठीं। उन्हें परमतृप्ति की अनुभूति हुई। ऐसी तृप्ति उन्हें जीवन में पहली बार हुई थी। वह उदिशा की दुर्दशा किये डाल रहा था। उदिशा को बहुत अच्छा लग रहा था।

सब कुछ हो जाने के बाद उदिशा उठकर खड़ी हो गयीं और कपड़े पहनने लगी। उसने उनका हाथ पकड़ लिया, "अभी नहीं!" "क्यों?" उदिशा ने पूछा, "ऐसे ही लेट जाइए! मेरा जब फिर मन करेगा तो मैं फिर करूँगा।" उसने कहा। उदिशा के मन में लड्डू फूट रहे थे। अंदर ही अंदर उन्हें बहुत गुदगुदी हो रही थी, "अरे बाप रे! तुम तो एकदम से ढीठ हो गये। लगता है रातभर में तुम मुझको मार डालोगे।" वे उसके पास वैसे ही लेट गयीं। अपने हाथ से उसके शरीर को सहलाने लगीं, 'बाप रे! कितना कसा हुआ और हृष्ट-पुष्ट शरीर है। मैं कितनी भाग्यशाली हूँ। ऐसा बाँका सजीला लड़का आज की रात मुझे बार-बार बाँहों में लेकर दबोच रहा है। पाप-पुण्य जो होता हो, होता रहे। मेरी तो जीवन सार्थक हो गया। आज मैंने जिन्दगी को जीने का भरपूर मज़ा लिया। अब यह मज़ा मेरे साथ बराबर बना रहेगा। जिसको जो कहना है, कहता रहे। जिसको जो सोचना है सोचता रहे।' उदिशा के सब कुछ सहलाते रहने से वह कुछ देर बाद फिर उत्तेजित हो गया। उदिशा भी यही चाहती थीं। वह फिर से उन पर टूट पड़ा। अबकी बार वह उनके पूरे शरीर को तहस-नहस किये दे रहा था।

अगले दिन सुबह उठते-उठते देर हो गयी। उदिशा को बिस्तर से उठने में बहुत आलस आ रहा था। उठने का मन नहीं कर रहा था। साँड़ उठकर उनके बेटे के साथ खेल रहा था और उसे सम्हाल रहा था। उदिशा उठीं। किसी तरह काम-धाम निबटाया। खाना बनाकर वे नहाने चली गयीं। नहा लेने के बाद वे अपने को काफी तरोताजा महसूस करने लगीं। खाना खा लेने के बाद उन्होंने साँड़ से कहा, "मैं कॉलेज जा रही हूँ। आज मेरा सिर्फ एक पीरिएड है। मैं जल्दी ही फुर्सत हो जाऊँगी। फुर्सत होते ही मैं घर चली आऊँगी। तब तक तुम बेटे को सम्हाले रहना।" वे पर्स लेकर कॉलेज चल दीं। साँड़ दरवाजा रोककर खड़ा हो गया, "आज आप कॉलेज मत जाइए!" "क्यों?" उदिशा ने पूछा। साँड़ कुछ नहीं बोला। केवल विचित्र नजरों से उनकी तरफ देखता रहा। "आखिर बात क्या है? कुछ बताओ तो?" उदिशा ने फिर पूछा। अचानक उसने अपनी बलिष्ठ भुजाओं में उन्हें उठा लिया और ले जाकर बिस्तर पर पटक दिया। उदिशा को बहुत अच्छा लगा, "अरे भाई! तुमने मुझे पूरी रात परेशान किया। अभी तुम्हारा मन नहीं भरा क्या?" साँड़ वहशी की तरह उनके कपड़े खींचने लगा। उदिशा ने नये और अच्छे कपड़े पहन रखे थे। उन्होंने साँड़ का हाथ पकड़ लिया, "ऐसा है तुम रहने दो। इतने अच्छे कपड़े पहन रखे हैं। तुम इन्हें फाड़ डालोगे। मैं कपड़े बदलकर आती हूँ।" साँड़ नहीं माना। उसने खींचखाँच कर सारे कपड़े फेंक दिये और उन पर टूट पड़ा।

उदिशा ने बहुत कसकर साँड़ के गाल नोच लिए, ''तुम बहुत शैतान हो गये हो। पिछले जन्म में तुम जानवर थे। जानवर भी अपने मादा की इतनी दुर्दशा नहीं करता। मैंने तुम्हें पहला फाटक तोड़ना सिखाया और तुम सातों फाटक तोड़ना सीख गये।''

संजीव घर पर नहीं थे। इधर खूब रासलीला चल रही थी। दोनों को दीन-दुनिया की कोई खबर नहीं थी। दोनों एक-दूसरे में ही खोये हुए थे। दोनों प्रायःघर के अन्दर ही रहते थे। कोई बहुत जरूरी काम आ जाता तभी दोनों बाहर निकलते थे। उदिशा ने कॉलेज से छुट्टी ले रखी थी। दोनों इस तरह से रह रहे थे जैसे नवविवाहित युगल हों और कहीं पर हनीमून मनाने आये हों। दोनो का एक दूसरे से मन ही नहीं भर रहा था।

एक दिन कॉलेज से एक चपरासी आया। उदिशा को पता चला तो वे इस तरह कराहते हुए निकलीं जैसे बहुत बीमार हों। ''कहो सुन्दर कोई खास बात है क्या?'' उन्होंने चपरासी से पूछा। चपरासी बोला, ''मैडम कल दस बजे प्राचार्य जी ने आपको कॉलेज में बुलाया है। कल दस बजे से सारे अध्यापकों की बहुत जरूरी मीटिंग है। इसीलिए उन्होंने आपको याद किया है।'' उदिशा बोलीं, ''ऐसा है सुन्दर! मेरे पति एक हफ्ते के लिए गाँव गये हैं। घर में कोई बड़ा है नहीं। मेरी तबीयत भी खराब चल रही है। मैं कॉलेज नहीं आ पाऊँगी। वैसे भी मैंने छुट्टी ले रखी है।'' ''ठीक है मैडम! जैसा आपका आदेश। मैं जाकर प्राचार्य जी को आपकी बात बता दूँगा।'' सुन्दर ने कहा और साँड़ की ओर देखकर मन ही मन मुस्कराता हुआ चला गया।

अगले दिन दस बजे से महाविद्यालय में मीटिंग शुरू हुई। कुछ देर बाद प्राचार्य ने सुन्दर को बुलाया। सुन्दर आ गया। प्राचार्य बोले, ''सारे अध्यापक मौजूद हैं। केवल उदिशा नहीं हैं। मैंने कल तुमको उनके घर भेजा था। तुम गये थे या नहीं?'' सुन्दर ने जवाब दिया, सर मैं कल मैडम के घर गया था। उन्होंने कहा कि मेरी तबीयत ठीक नहीं है। मैं नहीं आ पाऊँगी। उन्होंने एक हफ्ते की छुट्टी ले रखी है।'' प्राचार्य झुँझलाये, ''ठीक है! मेरा क्या जाता है! नुकसान उन्हीं का होगा। बाद में मेरे पास आकर चिल्लायेंगी कि मुझे क्यों नहीं बताया गया?'' सुन्दर अपना मुँह प्राचार्य के कान के पास ले गया, ''साहब मैं असली बात बताऊँ? मैडम के पति एक हफ्ते के लिए गाँव गये हैं। मैडम मौके का पूरा फायदा उठा रही हैं। वे साँड़ के साथ हनीमून मना रही हैं।'' प्राचार्य ठहाका मार कर हँस पड़े। वे हँसते-हँसते दोहरे हो गये। प्रकरण उदिशा का चल रहा था। सारे अध्यापक समझ गये कि दाल में कुछ काला है। वे माजरा जानने को उत्सुक हो उठे। डॉ. अशोक ने कहा,

"सर ये तो सरासर नाइंसाफ़ी है। आप अकेले-अकेले सारा आनन्द ले ले रहे हैं। हम लोगों को कुछ नहीं बता रहे हैं।" "अरे भाई आप लोग सुन्दर से पूछिए।" प्राचार्य बोले, "बहुत खतरनाक बात है।" सुन्दर प्राचार्य के कमरे से भाग खड़ा हुआ। एक-दो अध्यापकों ने प्राचार्य पर दबाव डाला लेकिन वे कुछ बताने को तैयार नहीं हुए। मीटिंग की कार्यवाही प्रारम्भ कर दी गयी।

डॉ. गीता की डॉ. मालती से थोड़ा सा कम पटती थी। एक दिन उदिशा क्लास लेने के बाद अपने कमरे में पहुँचीं। डॉ. गीता भी थोड़ी देर में उनके कमरे में पहुँच गयीं। दोनों ने एक-दूसरे का हाल-चाल पूछा। थोड़ी देर इधर-उधर की बातें होती रहीं। अचानक गीता बोलीं, "उदिशा तुम जरा मालती से दूर ही रहा करो। वो ठीक औरत नहीं है।" "क्यों क्या हुआ?"

"अरे तुम्हारे बारे में स्टाफ रूम में सबसे उल्टा-सीधा कहती रहती है। तुम्हारा विकास है न, उसका नाम उसने साँड़ रखा हुआ है। कहती है कि उदिशा अपने पति को कुछ नहीं समझती। साँड़ उसका ब्वाय-फ्रेन्ड है। वह साँड़ के साथ खूब मज़े काटती है।"

उदिशा का पारा एकदम से सातवें आसमान पर पहुँच गया, "उसकी यह हिम्मत! अभी मैं उसको चार लात जमाती हूँ। हरामजादी कहीं की। अपनी करतूत नहीं देखती, चली है मुझे बदनाम करने?" गीता ने उनके पैर पकड़ लिये, "प्लीज मेरा नाम मत लेना नहीं तो वह मुझसे बहुत झगड़ा करेगी। तुम तो उसको जानती ही हो।" "तुम निश्चिन्त रहो। मैं तुम्हारा नाम नहीं लूँगी।" कहकर उदिशा आँधी-तूफान की तरह चल दीं। वे चारों तरफ मालती को खोजने लगीं। पहले वे उनके कमरे में गयीं। उनके कमरे में ताला लटक रहा था। फिर वे प्राचार्य कक्ष में गयीं। "क्यों उदिशा जी? क्या हालचाल है? कोई खास बात?" प्राचार्य ने पूछा। उदिशा बोलीं, "कुछ नहीं सर! मैं मालती को खोज रही हूँ। आपने उन्हें देखा है क्या?" "नहीं! मालती जी तो मेरे कमरे में नहीं आयीं। कोई विशेष काम है क्या? मैं चपरासी को भेजकर खोजवाऊँ?" प्राचार्य ने कहा। "नहीं सर, आप मत परेशान होइए। मैं खुद खोज लूँगी।" कहते हुए उदिशा वहाँ से चली गयीं।

स्टाफ रूम में बैठी हुई मिल गयीं मालती। कई लोग बैठे थे। हँसी-मज़ाक हो रहा था। उदिशा बड़े तैश में बोलीं, "क्यों मैडम मालती! आप क्या कह रही थीं मेरे बारे में?" मालती ने पलटकर उनकी ओर देखा,

"क्या हुआ उदिशा? क्या बात है?"

"बहुत भोली मत बनिए। आप बताइए कि आप मेरे बारे में क्या उलटा-सीधा बक रही थीं?"

"मैं? कौन कह रहा था।"

"मुझे कई लोगों ने बताया है। तुम मेरे विकास को साँड़ कह रही थी? सबसे कह रही थी कि मैं विकास के साथ गुलछर्रे उड़ाती हूँ? तुम्हारी हिम्मत कैसे हुई यह सब बकने की?"

"अरे बाबा मैंने यह सब कब कहा? जिसने तुमसे यह सब बताया है उसे मेरे सामने लाओ। मैं पूछती हूँ उससे कि मैंने यह सब कब कहा?"

"ज्यादा बनो मत! मैं तुम्हारी नस-नस जानती हूँ। कॉलेज में लोगों को पता नहीं है क्या कि तुम्हारी नियुक्ति कैसे हुई है? आधा दर्जन बिस्तर गरम करने के बाद इस कॉलेज में आ पायी हो।"

"उदिशा अपनी हद में रहो! नहीं तो मुझसे बुरा कोई नहीं होगा।"

"क्या कर लोगी तुम मेरा?"

"यहीं पटक कर मारूँगी, तुम्हारी अकल ठिकाने आ जायेगी।"

"जरा हाथ लगाकर तो देखो। बड़ी आई पटककर मारने वाली। इस कॉलेज में कौन तुम्हारे विकास को साँड़ नहीं कहता ....अध्यापक, बाबू, चपरासी सब उसे साँड़ ही कहते हैं। किसी को उसका असली नाम नहीं मालूम है। मुझे भी आज ही पता चला कि उसका असली नाम विकास है। यहाँ स्टाफ रूम में बैठे तो हैं सब! पूछो... पूछो... इनमें से कौन तुम्हारे साँड़ का और तुम्हारा मज़ाक नहीं उड़ाता। पूरे महाविद्यालय में सारे अध्यापकों, सारे कर्मचारियों से पूछ लो। सब यही कहते है कि साँड़ तुम्हारा रखैल है। तुम्हारा पति तो सिर्फ कुत्ते की तरह दो रोटी के लिए पड़ा रहता है। तुम्हारे घर में तो उसकी कुत्ते जितनी इज़्ज़त भी नहीं है। जब तुम्हारा पति गाँव जाता है तो तुम कॉलेज से छुट्टी ले लेती हो। घर में रँगरेलियाँ मनाती पड़ी रहती हो उसी साँड़ के साथ...।"

उदिशा चप्पल उतार कर दौड़ीं। मालती भी दौड़ीं। दोनों आपस में गुत्थमगुत्था हो गयीं। उदिशा ने मालती को दो-चार चप्पल मार भी दिया। मालती उदिशा को घूँसे से मारने लगीं। पूरे कॉलेज में हड़कम्प मच गया। छात्र-छात्राएँ दूर खड़े होकर झगड़े का आनन्द ले रहे थे। कई महिला प्राध्यापिकाएँ दोनों को अलग करने का प्रयास करने लगीं। प्राचार्य भी दौड़े आये, "ये क्या तमाशा हो रहा है? आप लोग प्रोफेसर हैं? ये क्या हरकत कर रही हैं? बच्चे भी तमाशा देख रहे हैं। क्या सोच रहे होंगे वे?" कुछ औरतें उदिशा को पकड़े हुए थीं और कुछ मालती को।

अचानक उदिशा मालती की ओर मुँह करके चिल्लायीं, ''चल किसी दिन तुझे भी साँड़ का स्वाद चखा दूँ।'' मालती भी जोर से चिल्लायीं, ''तू ही साँड़ का स्वाद चख। तू ही हमेशा उसके साथ बिस्तर पर पड़ी रह और किसी की दिलचस्पी नहीं है तेरे साँड़ में।'' उदिशा रो-रोकर प्राचार्य से कहने लगीं, ''देख रहे हैं सर! अच्छाई का जमाना ही नहीं रह गया है। मैं एक गरीब लड़के को अपने घर में रखकर पढ़ा-लिखा रही हूँ। उसका पालन-पोषण कर रही हूँ। उसे अच्छे संस्कार दे रही हूँ। उसे एक अच्छा नागरिक बना रही हूँ। उसका मुझे ये सिला दिया जा रहा है। यहाँ कॉलेज में लोग उस लड़के को साँड़ कह रहे हैं। उसे मेरा रखैल कह रहे हैं। मैं क्या करूँ सर? क्या मैं उस लड़के को अपने घर से निकाल दूँ?'' प्राचार्य बोले, ''आप उसको घर से बिलकुल मत निकालिए। आप बहुत अच्छा काम कर रही हैं। आजकल के जमाने में कौन किसी अपरिचित के लिए इतना करता है? कुत्ते भौंकते रहते हैं, हाथी अपने रास्ते पर जाता है। अच्छे मार्ग पर चलने में बहुत सारी बाधाएँ आती हैं, लेकिन महान लोग कभी भी अपने मार्ग से विचलित नहीं होते। आप भी अपने मार्ग से मत विचलित होइए!'' ''थैंक्यू सर थैंक्यू! आपने मुझे गलत रास्ते पर जाने से बचा लिया।'' उदिशा बोलीं, ''मैं उस लड़के का ठीक से पालन-पोषण करती रहूँगी।''

उदिशा अपने कमरे में चली गयीं। पीछे-पीछे गीता भी पहुँच गयीं, ''तुमने बहुत अच्छा किया उदिशा। आज मालती को अच्छा सबक मिल गया। बेचारे सीधे-सादे लड़के विकास पर कीचड़ उछालती है। अपने पति को नहीं देखती। भले बहुत बड़ा अधिकारी है, लेकिन कितनी शराब पीता है। अपना घर नहीं सम्हाल पा रही है, चली है दूसरों के घर में ताक-झाँक करने।'' ''जमाना बहुत खराब हो गया है गीता!'' उदिशा बोलीं, ''लोग अपना बेल के बराबर दोष नहीं देखते लेकिन दूसरे का सरसों के बराबर दोष देखने को उतावले रहते हैं। देख रही थी, कैसे चिल्ला-चिल्ला कर मेरे ऐब गिना रही थी। पूछो किसको नहीं मालूम है कि इसकी नियुक्ति कैसे हुई थी! महीनों लखनऊ में उच्च शिक्षा मंत्री के बँगले में पड़ी हुई थी। उनका बिस्तर गरम करते हुए। फिर उच्च शिक्षा सचिव ने हाथ साफ किया। सोचती है कि इसकी करतूतें किसी को पता नहीं हैं लेकिन सबको सब कुछ पता है। खैर! अब इसको जिन्दगी भर याद रहेगा कि मुझे किसी ने चप्पलों से पीटा था।'' ''हाँ उदिशा!'' गीता ने उनकी हाँ में हाँ मिलायी, ''आज तुमने उसकी चप्पल से जो पिटाई की है कि इसकी अक्ल ठिकाने आ गयी होगी। नहीं तो बहुत अपने को खलीफा बनी फिरती थी। सोचती थी, इसके बराबर कोई है ही नहीं। अपने चोर

पति पर बड़ा घमंड है इसे। अरे पूरे बिजली विभाग को लूट ले रहा है। जिस दिन पुलिस के हत्थे चढ़ेगा उस दिन पता चलेगा। अभी जो कमा-कमाकर सात पीढ़ियों के लिए इकट्ठा कर रहा है सब एक दिन में निकल आयेगा।'' ''अरे इसका पति चाहे बिजली विभाग को लूट ले या पूरे प्रदेश को लूट ले। मुझसे क्या पड़ी है?'' उदिशा बोलीं, ''मैं तो चाहती हूँ वो अपने रास्ते रहे और मैं अपने रास्ते रहूँ। क्यों झूठ-मूठ में मेरे पीछे पड़ी हुई है? क्यों मुझे चारों तरफ बदनाम करती घूम रही है?''

वैसे तो उदिशा अपने पति को घास नहीं डालती थीं, लेकिन आज घर में घुसते ही उनसे बड़े कायदे से बोलीं, ''देखो! कहने को तो मेरे महाविद्यालय में पढ़े-लिखे और विद्वान लोग अध्यापक हैं लेकिन सब इतने गिरे हुए हैं कि गाँव के अनपढ़ लोग भी शरमा जायँ।''

''क्या हुआ?''

आज कॉलेज में मालती से मेरा जमकर झगड़ा हो गया। मैंने उसे चप्पल से पीट दिया।''

''अरे ऐसी भी क्या बात हो गयी थी?''

''कुतिया पूरे कॉलेज में मुझको बदनाम करती फिरती है। विकास का नाम उसने साँड़ रखा हुआ है। सबसे कहती है कि विकास मेरा रखैल है!''

''लोगों का मुँह है! लोग कुछ न कुछ तो बोलेंगे ही। किस-किस से लड़ती फिरोगी?''

''क्यों? कोई मुझे बदनाम करे और मैं मुँह में दही जमाये बैठी रहूँ? कोई मुझे उल्टा-सीधा बोलेगा तो मैं जवाब दूँगी ही। आज मैंने उसका जो हाल कर दिया है कि वह मुझसे कभी नहीं लगेगी।''

''तुम विकास के पीछे संसार में किस-किस से लड़ोगी? मेरे मुँह पर लोग खुलकर तो नहीं कहते लेकिन मुहल्ले के लोग भी दाहिन-बाएँ से व्यंग्य कसते रहते हैं। मैं तो कहता हूँ इसे घर से निकाल दो। घर का सारा काम मैं कर लिया करूँगा।''

उदिशा को गुस्सा आ गया। उसने अपने पति को खींचकर एक थप्पड़ मारा, ''तुम भी मालती की भाषा बोलने लगे? यानी तुम्हारे मन में भी कहीं न कहीं चोर है। विकास घर से कहीं नहीं जाएगा। तुमको खराब लग रहा हो तो तुम खुद घर से चले जाओ। एक तो वैसे ही मेरा मूड खराब था, और खराब करके रख दिया।''

सेर, सवासेर

सौरभ वर्मा बड़ी बेसब्री से घड़ी देख रहे थे। अपनी जगह पर बैठे-बैठे वे कसमसा रहे थे। अनुष्का अभी तक नहीं आयी। साढ़े तीन बज चुके थे जबकि उसने तीन बजे ही आने को कहा था।

इलाहाबाद के चौक मुहल्ले में सौरभ वर्मा की कपड़े की एक बड़ी दुकान थी। एक बड़ा सा हॉल था, जिसमें हर तरह के कपड़े रखे हुए थे। कपड़ों को बेचने का काम दुकान में रखे हुए कर्मचारी करते थे। हॉल के एक कोने में एक छोटा सा कमरा था। उस कमरे में सौरभ वर्मा बैठते थे। कमरे में एक बड़ी सी तख्त डली हुई थी। उस पर बिछा हुआ था एक गद्दा और गद्दे के ऊपर एकदम झक सफेद चादर डली हुई थी। उसके ऊपर पाँच-सात मसनद पड़ी रहती थी। एक मसनद से टेक लगाकर सौरभ वर्मा बैठते थे। दुकान में पैसे का हिसाब-किताब रखने के लिए उन्होंने एक मुनीम रखा हुआ था। सौरभ वर्मा का कोई परिचित आ जाता तो वह सौरभ वर्मा के कमरे में बैठता। उसी तख्त पर। मसनद से टेक लगाकर। गपशप होती। चाय-पानी का दौर चलता।

यह दुकान उनके पिता की विरासत थी। इलाहाबाद विश्वविद्यालय से एम. ए. करके सौरभ वर्मा अपने पिता के साथ इस दुकान पर बैठने लगे थे। इस समय सौरभ वर्मा की उम्र पैंतालीस साल थी। चार साल पहले उनके पिता जी का स्वर्गवास हो गया था। अपने पिता की इकलौती सन्तान होने के कारण उनकी इकलौती दुकान की जिम्मेदारी पूरी तरह से उनके ऊपर आ गयी। तब से इस दुकान के सर्वेसर्वा वही हो गये थे।

अनुष्का कल उनसे मिलने यहीं पर आयी थी। अपनी उम्र उसने तेईस साल बतायी थी। उसने यह भी बताया था कि अभी वह अविवाहित है। पाँच फीट पाँच इंच लंबा शरीर। छरहरी काया। गोरी, सुंदर और स्मार्ट। वह सौरभ वर्मा को आई. सी. एच. सी. कम्पनी की कई बीमा योजनाओं के बारे में बता रही थी। वह उसी

कम्पनी की एजेन्ट थी। सौरभ वर्मा को उसकी किसी बीमा योजना में कोई रुचि नहीं थी लेकिन उसकी सुन्दरता! उसी चक्कर में वे एक घंटे से उसकी बकबक सुन रहे थे और उसे चाय-पानी करा रहे थे।

अनुष्का ने समझ लिया कि सौरभ वर्मा उससे कोई बीमा नहीं करायेंगे। अचानक उसने अपना हाथ उनके हाथ पर रख दिया, "सर कम से कम एक बीमा तो करा लीजिए। आप इतनी बड़ी दुकान के मालिक हैं। इतने पैसेवाले हैं। एक बीमा करा लेने से आपकी सेहत पर क्या फर्क पड़ने वाला है? हम लोगों की तो रोजी-रोटी यही है। इसी से हम लोगों का खर्च चलता है। बीमा कराने से आपका कोई नुकसान नहीं हो रहा है, उल्टे फ़ायदा ही होगा। आपका पैसा बढ़ता रहेगा। ऊपर से रिस्क कवर भी रहेगा। भगवान न करे आपको कुछ हो, लेकिन अगर कुछ उल्टा-सीधा हो जाता है तो आपके परिवार को हमारी कम्पनी बीमित राशि का दुगुना भुगतान करेगी।" उसके हाथ पर हाथ रखने से सौरभ वर्मा का शरीर झनझना उठा। उन्हें लगा कि यह लड़की जाल में फँस सकती है। इससे एक बीमा करा लूँगा तो इससे बराबर मुलाकात होती रहेगी। फिर तो कभी न कभी इसे अपने चंगुल में फँसा लूँगा।

"ठीक है!" वे बोले, "दस हजार रुपये सालाना मैं देने के लिए तैयार हूँ।" "अरे सर!" अनुष्का थोड़ी अदा के साथ बोली," दस हजार रुपये आप जैसे पैसेवाले की शान के खिलाफ है। कम से कम पचीस हजार रुपये सालाना तो दीजिए ही।" "तब फिर तुम्हें कल आना पड़ेगा।" सौरभ वर्मा बोले, "आज मैं अपनी चेकबुक नहीं लाया हूँ। पचीस हजार रुपये मैं नकद नहीं दूँगा। चेक से ही दूँगा।" अनुष्का मुस्करायी, "कोई बात नहीं सर! मैं कल फिर आ जाऊँगी। ऐसी कोई जल्दी नहीं है कि आज ही बीमा हो जाय। मैं कल तीन बजे आ जाऊँ?" अनुष्का उठकर खड़ी हो गयी। सौरभ वर्मा भी उठकर खड़े हो गये," ठीक है! मैं रहूँगा तीन बजे। तुम आ जाना।" उन्होंने अपने दाहिने हाथ से अनुष्का का गाल पकड़कर नोच लिया। वह उनकी ओर शरारत से देखकर मुस्करायी और चली गयी। उन्होंने सोचा, "जो हँसी वो फँसी। चिड़िया जाल में आ जाएगी।'

आखिरकार अनुष्का आ गयी। सौरभ वर्मा उसको यह एहसास नहीं होने देना चाहते थे कि वे उसके इंतज़ार में व्यग्र थे। वे अखबार पलटने लगे। वैसे भी उनका मूड आधा तो खराब ही हो गया। अनुष्का अपने साथ एक आदमी को भी लेकर आयी थी। उसकी उम्र अनुष्का से दस-बारह साल ज्यादा लग रही थी। अनुष्का बोली, "नमस्ते सर! ये हैं मेरे सीनियर विमलेन्दु जी। इन्हें सारी योजनाओं की बारीक से बारीक जानकारी रहती है। दूसरी कम्पनी की योजनाओं से हमारी कम्पनी

की योजनाएँ क्यों और कैसे बेहतर हैं वह सब ये आपको समझाएँगे।'' ''ठीक है-ठीक है! आप लोग बैठिए।'' सौरभ वर्मा ने कहा। वे दोनों भी उसी तख्त पर बैठ गये। विमलेन्दु जी ने देखा कि मुर्गा मोटा है। वे अपनी व्यवहार कुशलता और वाक्‌पटुता से सौरभ वर्मा को धराशायी करने में जुट गये। सौरभ वर्मा मन ही मन गाली देने लगे, 'अबे साले! तुम्हारे जैसे बातों के जादूगर हमने बहुत देखे हैं। अनुष्का के कारण तुझे बर्दाश्त कर रहा हूँ, नहीं तो दो लात जमाकर तुझे बाहर का रास्ता दिखा देता।'

विमलेन्दु जी अपनी व्यवहारकुशलता और वाक्‌पटुता पर स्वयं ही मुग्ध हो रहे थे। बोले, ''तो सर पचास हजार रुपये सालाना वाला कर दूँ?'' सौरभ वर्मा उखड़ गये, ''कल मैंने अनुष्का से पचीस हजार रुपये सालाना देने का वादा किया था। वही करना हो तो करिए नहीं तो फूट लीजिए।'' विमलेन्दु जी आसमान में उड़ रहे थे। जमीन पर आ गये। वर्मा को लग रहा था कि एक तो साला कबाब में हड्डी बनकर आ गया है, ऊपर से अपने को बहुत बुद्धिमान बन रहा है। अनुष्का ने बात को सम्हाला ''सर क्या कभी मेरा कोई व्यक्तिगत काम पड़े तो मैं आपको फोन कर सकती हूँ?'' ''हाँ-हाँ क्यों नहीं?'' सौरभ वर्मा ने तपाक से कहा। ''तो सर आप अपना नम्बर मुझे दे दीजिए। प्लीज!'' अनुष्का मुस्करायी। उन्होंने अपना परिचय-कार्ड निकालकर उसे दे दिया। वहाँ विमलेन्दु जी भी बैठे हुए थे। अतः सौरभ वर्मा संकोच में अनुष्का से उसका नम्बर नहीं माँग पाये। विमलेन्दु जी ने सोचा कि कहीं यह पचीस हजार वाला भी हाथ से न निकल जाय इसलिए वे अपने बैग से फॉर्म निकालकर जल्दी-जल्दी फॉर्म भरने लगे।

अचानक विमलेन्दु जी के मोबाइल फोन की घंटी बजने लगी। वे मोबाइल पर बात करते हुए कमरे के बाहर निकल गये। अनुष्का को अकेला देखकर सौरभ वर्मा ने उसका गाल नोच लिया। अनुष्का मुस्करायी। सौरभ वर्मा ने उसका दूसरा गाल भी नोच लिया। वह फिर मुस्करायी। वर्मा ने उसकी नाक पकड़कर हिला दी। वह मुस्कराती रही। सौरभ वर्मा ने कहा, ''किसी दिन अकेले आना।'' ''ठीक है सर! आऊँगी।'' अनुष्का मुस्कराते हुए बोली। तब तक विमलेन्दु जी अन्दर आ गये। दोनों शान्त होकर बैठ गये।

एक दिन विमलेन्दु जी फिर प्रकट हो गये। उनका थोबड़ा देखते ही सौरभ वर्मा का मूड ऑफ हो गया। वे तो अनुष्का की प्रतीक्षा कर रहे थे। विमलेन्दु जी बोले, ''सर आपने उस दिन जो बीमा कराया था, उसी की रसीद लेकर आया हूँ।'' ''ठीक है दे दीजिए।'' वर्मा ने रूखे स्वर में कहा। विमलेन्दु जी ने अपने बैग से

रसीद निकालकर दे दी। कुछ देर खड़े-खड़े ही वे प्रतीक्षा करते रहे। शायद सौरभ वर्मा बैठने या चाय पीने के लिए कहें। ऐसा कुछ नहीं हुआ। ''तो सर मैं चलूँ?'' विमलेन्दु जी ने पूछा। ''हाँ-हाँ, क्यों नहीं!'' उन्होंने उसी तरह रूखे स्वर में जवाब दिया। विमलेन्दु जी चले गये।

उस दिन सौरभ वर्मा अपने कमरे में बैठे बहीखाता पलट रहे थे। दोपहर के बारह बज रहे थे। अचानक उनका मोबाइल फोन बज उठा। वे अपना मोबाइल उठाकर हेलो-हेलो करने लगे। उधर से अनुष्का की आवाज़ थी, ''सर, मैं अनुष्का बोल रही हूँ।'' सौरभ वर्मा का दिल बल्लियों उछल पड़ा, ''हाँ-हाँ अनुष्का बोलो! क्या बात है?'' ''अरे सर, आपने मुझे पहचान लिया? मैं तो सोच रही थी कि आप मुझे भूल गये होंगे।'' अनुष्का की आवाज़ आयी। ''अरे वाह! तुम कोई भूलने वाली चीज हो जो मैं तुम्हें भूल जाऊँगा? कहो कैसे याद किया?'' सौरभ वर्मा चहकते हुए बोले। अनुष्का की आवाज़ आयी, ''सर मैं अपने कुछ व्यक्तिगत काम से आपसे मिलना चाहती हूँ।'' ''तो आ जाओ न!''

''सर कब आऊँ?''

''अरे अभी आ जाओ! तुरंत!''

''अभी?''

''और क्या! शुभ काम में देर कैसी।''

''ठीक है सर! मैं आ रही हूँ।''

थोड़ी देर बाद अनुष्का आ गयी। अनुष्का का चेहरा देखकर सौरभ वर्मा प्रफुल्लित हो उठे। उन्होंने तुरंत चाय मँगवायी। चाय के साथ कुछ वाय भी। कुछ देर तक यूँ ही औपचारिक बातचीत होती रही। वर्मा ने अनुष्का का गाल नोच लिया। अनुष्का मुस्कराते हुए बोली, ''सर, मैं इलाहाबाद विश्वविद्यालय से राजनीति विज्ञान में एम. ए. करना चाहती हूँ। आप बहुत पहुँचवाले आदमी हैं। आप मेरा एम. ए. में एडमीशन करवा दीजिए।'' सौरभ वर्मा सोच में पड़ गये, ''विश्वविद्यालय में तो प्रवेश के लिए प्रवेश परीक्षा होती है। प्रवेश परीक्षा की मेरिट के आधार पर एडमीशन होता है। उसमें मैं क्या कर पाऊँगा?'' ''सर, मैं यह जानती हूँ कि यदि आप मन से चाह लेंगे तो मेरा प्रवेश हो जाएगा। जैसे भी हो, आप मेरा प्रवेश कराइए। मैं प्रवेश परीक्षा दूँगी। यदि मेरिट में मैं आ गयी तो ठीक। नहीं तो मेरा प्रवेश आपको कराना पड़ेगा।'' अनुष्का ने अदा दिखाते हुए कहा। सौरभ वर्मा बड़े धर्मसंकट में फँस गये, ''देखो! मैं अपनी तरफ से पूरा प्रयास करूँगा।'' अनुष्का नखरा दिखाते हुए बोली, ''प्रयास नहीं! मेरा प्रवेश हर हालत में होना चाहिए।'' अचानक सौरभ

वर्मा ने उसे अपनी ओर खींच लिया और उसके होठों पर अपने होठ रखने की कोशिश की। उसने अपने होठों पर अपना हाथ रख लिया। सौरभ वर्मा उसे चूम नहीं पाये। उनका मन थोड़ा सा खिन्न हो गया। अनुष्का ने उनके मन की खिन्नता को भाँप लिया। वह अदा दिखाते हुए बोली, ''आप मेरा काम करा दीजिए फिर यहाँ पर एक बार मैं आपको सिर्फ पप्पी देने के लिए आऊँगी।'' वर्मा की खिन्नता कुछ कम हुई। वे बोले, ''कभी-कभी मुझे ऐसे भी फोन कर लिया करो।'' ''अरे सर, मैं तो संकोचवश आपको फोन नहीं करती। मुझे लगता है कि आप ठहरे एक व्यस्त आदमी। मेरे फोन करने से कहीं आप परेशानी न महसूस करें। मैं तो फुरसत में ही रहती हूँ। मुझे फोन करने में क्या समस्या है!'' उसने जवाब दिया। वर्मा जी ने उससे उसका मोबाइल नम्बर माँगा। वह बोली, ''सर मेरे पास मोबाइल फोन नहीं है। घर में लगा हुआ फोन है। उसका नम्बर मैं आपको दे रही हूँ लेकिन मेरे घर में मम्मी-पापा, भाई-बहन सब हैं। जरा सम्हाल कर बात करिएगा। कोई न कोई फोन के आस-पास रहता ही है, इसलिए सोच-समझकर बोलना पड़ता है।'' ''क्या तुम भी!'' वर्मा बोले, ''मैं अपनी तरफ से एक मोबाइल फोन तुम्हें भेंट में दे देता हूँ। उसमें पैसे न डलवा पाना तो मुझे बताना। वह भी मैं कर दिया करूँगा।'' ''नहीं सर!'' अनुष्का घबराकर बोली, ''पिताजी को पता चलेगा तो वे बहुत मारेंगे। आगे-पीछे मैं खुद ही मोबाइल फोन खरीद लूँगी।''

सौरभ वर्मा अगले ही दिन विश्वविद्यालय के राजनीति विज्ञान विभाग में पहुँच गये। उन्होंने पता लगाया कि विभाग का सबसे वरिष्ठ लिपिक कौन है। अपने अनुभवों से उन्हें पता था कि कोई गलत काम करवाने में किसी विभाग का बाबू जितना मददगार सिद्ध होता है, उतना और कोई नहीं। वे उस बाबू के पास पहुँचे और नमस्कार-प्रणाम करके उसके पास बैठ गये। उन्होंने बाबू को अपना परिचय दिया। बाबू ने तपाक से उनसे हाथ मिलाया, ''अच्छा-अच्छा! तो चौक में जो वर्मा वस्त्रालय है, आप उसके मालिक हैं। कहिए, किसलिए कष्ट किया?'' वे बिना कोई भूमिका बाँधे अपनी बात पर आ गये, ''ऐसा है, मुझे अपने एक मित्र की लड़की का एम. ए. में एडमीशन करवाना है।'' बाबू बोला, ''सर आप तो जानते ही हैं कि प्रवेश परीक्षा के माध्यम से एडमीशन होता है। उसमें आपकी कोई कुछ मदद नहीं कर सकता।'' ''मुझे पता है!'' सौरभ वर्मा ने कहा, ''तभी तो मैं आपके पास आया हूँ। मैं अच्छी तरह जानता हूँ कि और कोई मेरी कुछ मदद कर पाये या न कर पाये, लेकिन अगर आप चाह लेंगे तो मेरा काम हो जाएगा।'' बाबू ने असमर्थता प्रकट की, ''सर, इसके लिए तो आप प्रवेश परीक्षा के निदेशक से मिलिए।

हो सकता है, वे आपकी कुछ मदद कर पायें। इस मामले में मैं कुछ नहीं कर पाऊँगा।'' सौरभ वर्मा ने जेब से दस हजार रुपये निकाले और जबर्दस्ती बाबू के हाथ में पकड़ा दिये, ''ये दस हजार रुपये एडवांस रखिए। आप मेरा काम करवा देंगे तो आप जो कहेंगे वो मैं आपको और दे दूँगा। मैं कुछ नहीं जानता। बस मेरा काम होना चाहिए।'' ''अरे सर! आप तो जबर्दस्ती कर रहे हैं।'' बाबू खुश होता हुआ बोला, ''मैं अपनी तरफ से पूरा प्रयास करूँगा कि आपका काम हो जाय।'' ''प्रयास नहीं! मेरा काम किसी भी तरह होना चाहिए।'' वर्मा ने कहा। ''ठीक है भाई!'' बाबू बोला, ''समझ लीजिए कि आप का काम हो गया। आप लड़की को पहले प्रवेश परीक्षा दिलवाइए। जैसे ही प्रवेश परीक्षा हो जाय, आप तुरंत मुझसे मिलिएगा। लड़की के प्रवेश-पत्र की एक फोटो कॉपी मुझे दे दीजिएगा। अंततः प्रवेश तो मुझे ही करना है। प्रवेश परीक्षा में लड़की जितना नम्बर पायेगी, मैं अंत में उतने नम्बर तक मेरिट गिरा दूँगा।'' ''तो ठीक है! अब मैं निश्चिन्त हो जाऊँ?'' सौरभ वर्मा ने पूछा। ''हाँ! आप निश्चिन्त हो जाइए।'' बाबू ने जवाब दिया।

''सौरभ वर्मा राजनीति विज्ञान विभाग से निकलकर टहलते हुए अंग्रेजी विभाग की तरफ आ गये। उन्होंने अपने मोबाइल से अनुष्का के फोन नम्बर को मिलाया। उधर से फोन अनुष्का ने ही उठाया। सौरभ वर्मा उसकी आवाज़ पहचान गये, ''हाँ अनुष्का! क्या हालचाल है?'' ''मैं ठीक हूँ सर! आप अपनी बताइए।''

''मैं भी ठीक हूँ। इस समय मैं विश्वविद्यालय में खड़ा हूँ। समझ लो तुम्हारा प्रवेश हो गया।''

''बहुत-बहुत धन्यवाद सर! मैं जान रही थी कि अगर आप चाह लेंगे तो मेरा प्रवेश अवश्य हो जाएगा।'' ''अच्छा तुमने अभी तक एम.ए. नहीं किया था? मैं तो सोच रहा था कि तुम एम.ए. कर चुकी होगी।''

''मैं एक विषय से एम.ए. कर चुकी हूँ। इलाहाबाद विश्वविद्यालय से बी.ए. करने के तुरंत बाद मैंने उत्तर प्रदेश राजर्षि टण्डन मुक्त विश्वविद्यालय, इलाहाबाद से दर्शनशास्त्र में एम.ए. कर लिया था लेकिन मैं बी.एड. करना चाह रही हूँ। सोच रही हूँ प्राइमरी स्कूल में अध्यापिका हो जाऊँ। बी.एड. करने के लिहाज से दर्शनशास्त्र उपयुक्त विषय नहीं है। इसलिए राजनीति से एम.ए. करना चाह रही हूँ।'' ''अच्छा तो तुम नौकरी करने के चक्कर में हो? मैं भी तुम्हारे लिए नौकरी खोजूँ क्या?''

''खोज दीजिए तो बड़ी अच्छी बात होगी लेकिन मैं सरकारी नौकरी करना चाह रही हूँ। मैं प्राइवेट नौकरी नहीं करूँगी। प्राइवेट नौकरी में बड़ा लफड़ा रहता है। सरकारी नौकरी में बहुत आराम रहता है।'' ''ठीक है! अगर मैं तुम्हारे लिए एक

अदद सरकारी नौकरी खोज सका तो मेरा सौभाग्य होगा।...वैसे मैं तुम्हें एक बात बताऊँ...कहते हुए बड़ा संकोच हो रहा है...मैं तुम्हें बहुत प्यार करता हूँ।'' ''इसमें कहने की क्या बात है? यह बात तो मैं पहले से ही जानती हूँ। आखिर कोई किसी के लिए इतना क्यों करता है? कोई पुरुष किसी लड़की के लिए इतना कर रहा है तो इसका मतलब ही यही होता है।'' ''चलो तुम मेरे दिल की बात जानती तो हो। वैसे तुम्हें चाहने वाले तो बहुत होंगे?

''मेरी बिरादरी के करीब पन्द्रह लड़के यह इन्तज़ार करते हुए बैठे हैं कि मैं कब शादी के लिए उन्हें हाँ कहती हूँ लेकिन शादी को लेकर मेरे मन में कोई उत्सुकता नहीं हैं। मैं पहले अपना कैरियर बनाना चाहती हूँ। अपने पैरों पर खड़ी रहूँगी तो किसी से दबकर नहीं रहना पड़ेगा। मैं किसी पुरुष की दासी बनकर अपना जीवन नहीं गुजारना चाहती।...फिर मेरे पास आप जैसा चाहनेवाला है। किसी लड़की को ऐसा चाहनेवाला बहुत भाग्य से मिलता है।''

''अच्छा सुनो! राजनीति विज्ञान विभाग के बड़े बाबू ने कहा है कि प्रवेश परीक्षा समाप्त होने के तुरंत बाद उन्हें तुम्हारे प्रवेश-पत्र की फोटो-कॉपी चाहिए इसलिए तुम्हें जब प्रवेश-पत्र मिल जाय तो उसकी एक फोटो-कॉपी दे देना। अब फोन रख रहा हूँ। दुकान पर जाना है।'' ''ठीक है! मुझे जैसे ही प्रवेश-पत्र मिलेगा मैं उसकी एक फोटो-कॉपी आपको दे जाऊँगी।''

सौरभ वर्मा ने फोन काट दिया। उनका दिमाग चकरा गया। अनुष्का तो कह रही थी कि फोन पर इधर-उधर की कोई बात न करिएगा। हमेशा फोन के आस-पास कोई न कोई रहता है लेकिन वह फोन पर सब कुछ बक रही थी। वे कुछ देर तक इसके बारे में सोचते रहे। उनको कुछ समझ में नहीं आ रहा था। अन्ततः उन्होंने सिर झटका और चल दिये।

सौरभ वर्मा अनुष्का के एडमीशन को लेकर परेशान थे। दुकान छोड़कर वे अक्सर विश्वविद्यालय का चक्कर काट रहे थे। अनुष्का ने उनसे वादा किया था कि अगर उसका प्रवेश हो गया तो वह उन्हें पप्पी देगी। वे सोच रहे थे कि किसी तरह अनुष्का का प्रवेश हो जाय। उसके बाद तो वह मिलने आयेगी ही। फिर तो मैं उसको खूब लिपटाऊँगा-चिपटाऊँगा। खूब चूमूँगा-चाटूँगा। उस दिन के बारे में सोच-सोचकर वे अधीर हो रहे थे लेकिन अनुष्का का तौर-तरीका देखकर उन्हें कभी-कभी शंका भी होती थी। बहुत चालाक लड़की है। अपना काम निकालकर कहीं गोली न दे जाय। उनके दिमाग में एक विचार और आ रहा था। अच्छा वेतन देकर उसे अपने दुकान पर नौकर क्यों न रख लिया जाय। थोड़े से पैसों के लिए

बीमा का एजेन्ट बनकर मारी-मारी फिरती है। इस काम में उन्हें डर लग रहा था। अगर बात पत्नी तक पहुँच गयी तो घर में महाभारत मच जाएगा। अनुष्का का प्रवेश सुनिश्चित करने के लिए वे अक्सर बड़े बाबू को हजार-पाँच सौ दे दे रहे थे। वे जितना पैसा देते, उतना ही और आश्वस्त होते कि अब तो उसका प्रवेश हो जाएगा। बड़े बाबू बहुत प्रसन्न थे। ऐसे विचित्र जीव से उनकी पहली बात मुलाकात हुई थी जो एक प्रवेश के लिए इतना पैसा लुटा रहा था। प्रवेश के लिए उन पैसों से कोई सेटिंग करने बजाय बड़े बाबू सारा पैसा अपने पास रख ले रहे थे। उन्हें पता था कि कोई सुनिश्चित सेटिंग हो पानी संभव नहीं है। उन्हें उम्मीद की एक बहुत बड़ी किरण यह नज़र आ रही थी कि शायद प्रवेश परीक्षा में लड़की पास हो जाय और उसका नाम मेरिट में आ जाय। ऐसी स्थिति में उसका प्रवेश स्वतः हो जाय। अगर उसका प्रवेश स्वतः हो गया तो यह आदमी संकोच के कारण अपना पैसा वापस माँगने से रहा। अगर अपने से प्रवेश नहीं हो पाया तो मैं अपनी पूरी ताकत झोंक दूँगा। मेरिट को गिराते-गिराते वहाँ तक ले जाने की कोशिश करूँगा, जितना लड़की को अंक मिला रहेगा। इसमें भी सफलता न मिली तो प्रवेश की अंतिम तिथि को कुछ गुणा-भाग करके एक फर्जी एडमीशन करूँगा। अगर इसमें भी सफलता न मिली तो इस आदमी की किस्मत! अगर प्रवेश न हो पाया तो पहले तो संकोचवश यह आदमी पैसा वापस माँगेगा नहीं। और अगर इसने पैसा वापस माँग ही लिया तो मैं दूँगा नहीं। यह आदमी कहीं शिकायत करने तो जाएगा नहीं कि इसने रिश्वत दी है, क्योंकि शिकायत करने पर उल्टा यही फँसेगा।

प्रवेश परीक्षा का परिणाम घोषित हो गया। अनुष्का ने बहुत लापरवाही से परीक्षा दी थी। उसे पूरा विश्वास था कि सौरभ वर्मा किसी न किसी तरीके से उसका प्रवेश करा देंगे। अनुष्का को बहुत कम अंक मिले। प्रवेश शुरू हो गया। अनुष्का ने अपने सभी अंक-पत्र और प्रमाण-पत्र सौरभ वर्मा को दे दिये। इसके साथ-साथ उसने वे सब कागज-पत्तर भी उन्हें दे दिये जो प्रवेश के लिए आवश्यक थे। अनुष्का आराम से अपने घर बैठी। सौरभ वर्मा रोज प्रवेश के लिए दौड़ने लगे। बड़े बाबू उन्हें लगातार आश्वासन दे रहे थे। मेरिट थोड़ा और गिरने दीजिए-मेरिट थोड़ा और गिरने दीजिए। अन्ततः विभाग में जितनी सीटें थीं, सब भर गयीं। अनुष्का का प्रवेश नहीं हो पाया। बड़े बाबू ने उनके कुछ कहने के पहले ही बहुत ज्यादा अफसोस और दुःख प्रकट किया। अपना सिर पकड़-पकड़ कर बहुत नाटक किया। वे कुछ कह ही नहीं पाये। सिर झुकाकर वापस लौट आये। जिन्दगी में अपने या अपने घर के किसी सदस्य का प्रवेश कहीं कराने के लिए उन्हें इतना परेशान नहीं होना पड़ा था।

उस दिन अनुष्का अपने अंकपत्र और प्रमाणपत्र वगैरह वापस लेने उनकी दुकान पर आयी। उसका मूड एकदम से उखड़ा हुआ था। उसको देखते ही सौरभ वर्मा ने अपना सिर झुका लिया। जैसे उन्होंने कोई बहुत बड़ा अपराध किया हो। अनुष्का तख्त पर एक किनारे चुपचाप बैठ गयी। कुछ देर तक वह कुछ नहीं बोली। सौरभ वर्मा की भी कुछ बोलने की हिम्मत नहीं पड़ रही थी। यह वही लड़की थी जो पहली बार उनसे मिलने आयी थी तो हजार तरह की चापलूसी कर रही थी और वे उसे भाव नहीं दे रहे थे। कुछ देर बाद वह बोली, ''मेरे सारे कागज वापस कर दीजिए।'' ''क्या बताऊँ...मैंने अपनी तरफ से पूरा प्रयास किया...किस्मत ने साथ नहीं दिया।'' सौरभ वर्मा बड़ी दयनीय आवाज़ में बोले। उसने आँखें तरेरकर कहा, ''पूरा प्रयास किया होता तो यह दशा नहीं होती। आप इतने गये-बीते नहीं हैं कि एक प्रवेश न करा सकें। खैर, मेरा बी.एड. में ऐसे भी प्रवेश हो सकता है। मैंने बी.एड. की प्रवेश परीक्षा का फॉर्म भर दिया है लेकिन बी.एड. में प्रवेश के लिए मैं आपसे कुछ नहीं कहूँगी। मैं पास होने के लिए खुद जमकर मेहनत करूँगी। आपका पुरुषार्थ मैंने देख लिया है।''

''इतना नाराज़ मत होओ। बताओ बी.एड. में प्रवेश के लिए क्या करना है? मैं सब कुछ करूँगा।''

''आप तो रहने ही दीजिए। वहाँ भी आप हाथ लगा देंगे तो वहाँ भी मेरी वही दशा होगी। मुझे अपने हाल पर छोड़ दीजिए। प्रदेश भर में बी.एड. की बहुत सारी सीटें हैं। मैं बी.एड. की परीक्षा अपने बूते निकाल लूँगी।''

''अब तुमसे कैसे बताऊँ! मैंने अपनी तरफ से कितना प्रयास किया है, यह मैं ही जानता हूँ...।''

''आपने क्या प्रयास किया और क्या नहीं प्रयास किया, क्या पता? मेरा प्रवेश तो नहीं हुआ न! क्या आपकी इतनी ही औकात है कि पूरा प्रयास करने के बावजूद एक प्रवेश नहीं करा सकते? ऊपर से मेरे लिए नौकरी खोजने की बात कर रहे थे? वह भी सरकारी?''

''मेरा विश्वस करो! मैं तुम्हारे लिए सरकारी नौकरी खोज रहा हूँ। अगर रिश्वत देनी पड़ी तो वह भी दूँगा।''

''बातें बनाने को रहने दीजिए। एक छोटा सा काम तो करवा नहीं सके, सरकारी नौकरी खोज देंगे। बड़े-बड़ों को सरकारी नौकरी खोजने में पसीना आ जाता है। आपके बस का नहीं है...किसी तरीके से मेरा बी.एड. हो जाय। उसके बाद मुझे सरकारी नौकरी मिल जाएगी...किसी तरह से कमाने लगूँ...आज के जमाने में पैसा सब कुछ होता है...पैसे से सब कुछ खरीदा जा सकता है।''

"ऐसा मत कहो अनुष्का। पैसा ही सब कुछ नहीं होता। पैसे से सब कुछ नहीं खरीदा जा सकता।"

"इस दुनिया में हर चीज बिकाऊ है। पैसे से हर चीज खरीदी जा सकती है।"

"ऐसा नहीं है अनुष्का! क्या अगर मैं चाहूँ तो पैसे से तुम्हें खरीद सकता हूँ?" बहुत भोला बनकर सौरभ वर्मा ने यह बात कही थी, लेकिन उन्होंने बहुत शातिर चाल चली थी। उन्होंने सोचा कि अनुष्का पैसे पर बिकने का हल्का सा भी संकेत दे तो फिर क्या बात है! धीरे-धीरे फुसलाकर मैं उसे मना लूँगा। फिर पैसे दे-देकर मैं उसे लम्बे समय के लिए अपनी बना लूँगा। बहुत मस्त माल है। बहुत मज़ा देगी।"

अनुष्का भड़क गयी, "मैं आदमी को खरीदने की बात नहीं कर रही हूँ। पैसे से आदमी को नहीं खरीदा जा सकता।" उसने उनकी बात का मतलब भाँप लिया था। सौरभ वर्मा ने मन मसोसकर उसके सारे कागज उसे वापस कर दिये। अपने सारे कागज समेटकर वह उठने लगी। सौरभ वर्मा ने उसका गाल पकड़ने की कोशिश की। वह हट गयी। वे उसे नहीं छू पाये। अपने कागज-पत्तर लेकर अनुष्का चलती बनी।

अनुष्का से मिले कई महीने बीत गये। सौरभ वर्मा को बहुत बेचैनी हो रही थी। अनुष्का ने कभी फोन भी नहीं किया। उनका मन कई बार किया कि वे खुद उसे फोन करें, लेकिन उनकी हिम्मत नहीं पड़ी। वे सोच रहे थे कि अनुष्का बहुत नाराज़ है। पता नहीं वह फोन उठायेगी भी या नहीं। फोन पर आयी भी तो पता नहीं क्या अंटशंट जवाब दे। उसने जो बीमा करवाया था, उसका एक साल पूरा होने वाला था। दूसरी किस्त का समय नजदीक आ रहा था। उन्हें उम्मीद थी कि दूसरी किस्त का चेक लेने वह आयेगी। उन्होंने अपनी चेकबुक लाकर दुकान पर ही रख ली थी। पता नहीं किस दिन वह चेक लेने आ जाय। उसे खुश करने का एक और उपाय उनके दिमाग में आ रहा था। उसे एक लाख रुपये का सोने का एक जेवर उपहार में दे दिया जाय लेकिन इसमें समस्या यह थी कि पता नहीं वह उपहार लेगी भी या नहीं। उपहार लेने का मतलब हुआ, चंगुल में फँस जाना। सौरभ वर्मा अपने दिल का हाल तो जानते थे। वे उसे किसी भी कीमत पर पाना चाहते थे लेकिन अनुष्का के दिल में उनके लिए क्या था, यह वह नहीं समझ पा रहे थे। उसकी बातों का मतलब न तो हाँ था और न ना।

एक दिन उनकी दुकान में अचानक विमलेन्दु जी प्रकट हो गये। "कहिए, कैसे आना हुआ?" सौरभ वर्मा ने पूछा। विमलेन्दु जी दाँत दिखाते हुए बोले, "सर, आपने जो बीमा कराया है, उसी की अगली किस्त लेनी है।" सौरभ वर्मा

के दिल के किसी कोने में जो एक आशंका थी, वह सच हो गयी। अनुष्का के बजाय विमलेन्दु चेक लेने आये। उन्होंने बुझे मन से पूछा, ''अनुष्का नहीं आयी?'' ''जी, वह अपने किसी रिश्तेदार के घर गयी है। कुछ दिन बाद वापस आयेगी।'' विमलेन्दु जी ने जवाब दिया। सौरभ वर्मा कुछ नहीं बोले। उन्होंने अपनी लोहे की आलमारी से चेकबुक निकाली और चेक काटकर विमलेन्दु जी को दे दिया। वे सूनी आँखों से विमलेन्दु जी को जाता हुआ देखते रहे।

अनुष्का ने राजनीति विज्ञान की जो प्रवेश परीक्षा दी थी, उसके प्रवेश पत्र की एक छाया प्रति उसने सौरभ वर्मा को लाकर दी थी। सौरभ वर्मा ने उस छाया प्रति से एक और छाया प्रति करवाकर उसे अपने पास आलमारी में सम्हालकर रख लिया था। उन्होंने आलमारी खोलकर उसे निकाला। उसमें अनुष्का का पूरा पता लिखा हुआ था। उन्हें इतना तो याद था कि अनुष्का का घर शिवकुटी मुहल्ले में है, लेकिन उसका पूरा पता उन्हें याद नहीं था। उन्होंने अनुष्का से एक-दो बार अपने घर ले चलने का अनुरोध किया था, लेकिन उसने टरका दिया था। उसने कहा कि मेरे पिता जी पुराने विचारों के आदमी हैं। उन्हें यह पसन्द नहीं है कि मेरा कोई परिचित पुरुष घर पर आये। वे मेरे ऊपर बहुत गुस्सा होते हैं इसलिए अपने परिचित पुरुषों से मैं ऑफिस में ही मिलती हूँ। उससे मिलने के चक्कर में सौरभ वर्मा एक दिन उसके ऑफिस भी हो आये थे। वहाँ पता चला कि अनुष्का रोज ऑफिस नहीं आती। वह कम्पनी की कोई कर्मचारी नहीं है। सिर्फ एक एजेन्ट है। इसलिए कभी-कभार ही ऑफिस आती है। सौरभ वर्मा मायूस होकर लौट आये थे।

सौरभ वर्मा ने अनुष्का के प्रवेश पत्र की छाया प्रति अपनी जेब में रख ली। दिन डूबने के बाद वे मोटरसाइकिल से उसका घर खोजने चल दिये। उन्हें उसके घर नहीं जाना था। वे केवल उसका घर देखना चाहते थे। अनुष्का के प्रति उनके दिल की बेचैनी यह सब करवा रही थी। अपनी पढ़ाई के दिनों में भी उन्होंने किसी लड़की के घर का चक्कर नहीं लगाया था। इस उमर में आकर वे यह सब कर रहे थे। उनके दिल के किसी कोने में उम्मीद की एक किरण थी। घर में घुसते या घर से निकलते शायद अनुष्का का चेहरा दिख जाय।

इसके पहले वे कभी शिवकुटी मुहल्ले में नहीं गये थे। कुछ देर तक तो वे इधर से उधर ऐसे ही घूमते रहे। मन के चोर के कारण मन सहमा-सहमा सा था। कुछ-कुछ रात हो गयी थी। चारों तरफ लाइटें जल रही थीं। वे लोगों से अनुष्का का मकान नम्बर बताकर उसके घर का पता पूछने लगे। लोग अगर पूछ लेते कि किसका घर है, तो वे अनुष्का के पिता का नाम बता देते थे—ज्ञान प्रकाश का।

लेकिन अगर कोई पूछ लेता कि उसके आसपास की कोई महत्वपूर्ण चीज? वे लाचार हो जाते थे। शिवकुटी मुहल्ले के बारे में उन्हें कुछ खास नहीं पता था। वे एक गली से दूसरी गली और दूसरी गली से तीसरी गली में चक्कर लगाते घूम रहे थे। ऐसे ही पूछते-पूछते उन्होंने एक सज्जन से अनुष्का के मकान का नम्बर बताकर पता पूछा। उस सज्जन ने पलटकर पूछ लिया, ''किसका घर खोज रहे हैं?''

''जी, ज्ञान प्रकाश जी का!''

''ज्ञान प्रकाश के घर में किससे काम है?''

''ज्ञान प्रकाश जी से ही कुछ जरूरी काम था।''

''तो ठीक है! बताइए ज्ञान प्रकाश से आपको क्या काम है?''

''यह तो उन्हीं को बताऊँगा।''

''मैं ही ज्ञान प्रकाश हूँ। बताइए आप को मुझसे क्या काम है?''

सौरभ वर्मा एकदम से हड़बड़ा गये। उनकी समझ में नहीं आया कि वे क्या जवाब दें। उन्होंने अपने को संयत किया, ''दरअसल काम मुझे आप की बेटी अनुष्का से है। मैंने उससे एक बीमा करवाया था। मुझे उसकी रसीद चाहिए। आयकर के सिलसिले में मुझे उस रसीद की आवश्यकता है?'' ''अच्छा, तो आपको मेरी बेटी से काम है लेकिन वह तो अपनी मौसी के यहाँ गयी है। जल्दी ही लौटकर आने वाली है। वह लौटकर आ जाएगी तो मैं उसे बता दूँगा। आपका परिचय?''

सौरभ वर्मा ने अपना परिचय उन्हें बता दिया। उन्होंने न तो यह बताया कि मेरा घर किधर है और न ही सौरभ वर्मा से अपने घर चलने को कहा। सौरभ वर्मा ने अपनी मोटरसाइकिल स्टार्ट की और वहाँ से भाग खड़े हुए। उन्हें लगा कि जैसे वे पुलिस के हत्थे चढ़ गये थे।

अगले दिन जब वे अपनी दुकान में बैठे थे, एक बजे के लगभग अनुष्का का फोन आया। अनुष्का की आवाज़ उन्हें तपती रेत में बरसात जैसी लगी। उसने पूछा, ''कल रात में आप मेरा घर खोज रहे थे क्या?'' ''हाँ!'' उन्होंने जवाब दिया, ''तुम अपनी मौसी के घर से कब आओगी?'' वह हँसने लगी, ''मैं कहीं नहीं गयी हूँ। अपने घर से बोल रही हूँ। मैंने कहा था न कि मेरे पिता जी थोड़ा सा टेढ़े स्वभाव के हैं। मुझे रात में ही उन्होंने आप से मुलाकात की बात बतायी थी। जब से रिटायर हुए हैं, तब से थोड़ा और अजीब हो गये हैं। इस समय वे घर पर नहीं हैं। अभी आपकी रसीद मिली नहीं है। मिल जाएगी तो विमलेन्दु जी आपकी दुकान पर पहुँचा देंगे। आपको मुझे फोन कर लेना चाहिए था।'' ''मैं तो बहुत दिनों से तुम्हें फोन करना चाह रहा था।'' सौरभ वर्मा बोले, ''लेकिन डर के

मारे मेरी हिम्मत ही नहीं पड़ रही थी। मैं सोच रही था कि तुम मुझसे बहुत नाराज़ हो, इसलिए फोन पर मुझसे बात ही नहीं करोगी। मैं तो तुम्हारी आवाज़ सुनने के लिए तरस गया था। जब मुझसे नहीं रहा गया तो कल मैं तुम्हारा घर ही खोजने निकल पड़ा।'' वह खिलखिलाकर हँस पड़ी, ''अच्छा ठीक है! आप अपनी दुकान पर बैठे रहिए। दुकान पर न हों तो दुकान पर आ जाइए। मैं आपकी दुकान पर आ रही हूँ।'' ''मेरा सौभाग्य! मेरा सौभाग्य।'' सौरभ वर्मा मारे खुशी के पागल हो गये, ''तुम आओ तो सही। मैं अपनी दुकान पर ही हूँ।''

करीब एक घंटे बाद अनुष्का आ गयी। सौरभ वर्मा ने तुरंत नौकर को बुलाकर मिठाई और चाय-समोसा लाने को कहा। वे इतने प्रसन्न हो रहे थे, जैसे भगवान आ गये हों। ''मैं तो सोच रहा था, शायद अब तुम्हें कभी नहीं देख पाऊँगा।'' वे बोले। अनुष्का मुस्करायी, ''क्यों?'' ''अरे मैं तुम्हारा एडमीशन नहीं करवा पाया था। तुम मुझसे नाराज़ हो गयी थी।'' उन्होंने कहा। अनुष्का उसी तरह मुस्कराती रही, ''नहीं, मैं आपसे नाराज़ नहीं हूँ...वैसे मैं एक काम से आयी हूँ...आपको मुझसे एक और बीमा करवाना पड़ेगा...उसकी सालाना किस्त आपको पचास हजार देनी होगी।'' ''बिलकुल बीमा करो! तुमसे बीमा करवाकर मैं मर भी गया तो कोई गम नहीं लेकिन मैं एक शर्त पर तुमसे बीमा करवाऊँगा!'' सौरभ वर्मा बोले। अनुष्का असमंजस में पड़ गयी, ''आपकी क्या शर्त है?'' वे बोले, ''मेरी शर्त यह है कि हर बार किस्त लेने और रसीद देने तुमको ही आना पड़ेगा और वह भी अकेले।'' अनुष्का ने राहत की साँस ली, ''ठीक है! मुझे मंजूर है लेकिन तब हर साल एक लाख रुपये किस्त देनी होगी।'' ''मुझे कोई फर्क नहीं पड़ता। बस तुम आती रहो।'' सौरभ वर्मा की बाँछें खिल गयीं। ''नहीं-नहीं! मैं आपसे दो लाख रुपये सालाना किस्त लूँगी।'' अनुष्का ने थोड़ा सा नखरा दिखाया। सौरभ वर्मा उसका नखरा देखकर गद्गद हो रहे थे, ''अरे भाई, एक लाख रुपये अभी लो। एक लाख रुपये एकाध महीने बाद लेना। इसी बहाने तुम मुझसे मिलने तो आती रहोगी।'' ''चलिए! मैं आपकी बात मान लेती हूँ। एक लाख रुपये अभी और एक लाख रुपये एक महीने बाद।'' वह थोड़ी सी अदा दिखाते हुए बोली। तब तक नौकर मिठाई-पानी और चाय-समोसा लेकर आ गया। दोनों चुप हो गये।

नौकर के हटते ही सौरभ वर्मा ने कहा, ''दो लाख रुपये में तुम्हें कितना कमीशन मिल जाता होगा? क्या होता होगा थोड़े-थोड़े कमीशन से? दो लाख रुपये सीधे मैं तुम्हीं को दे देता हूँ। दो लाख रुपये अपने पास रखो। उसको जैसे जी में आये वैसे खर्च करो!''

"आप मुझे अपनी प्रेमिका बनाना चाहते हैं न?"

"चाहता नहीं हूँ। मैं तुम्हें अपनी प्रेमिका मानता हूँ।"

"पैसे लेकर जो लड़की प्रेमिका बनती है, उसे क्या कहते हैं?...कॉलगर्ल! मैं कॉलगर्ल नहीं हूँ।"

"तो बिना पैसे लिए मेरी प्रेमिका बन जाओ न!"

"इतने बड़े सेठ की मैं मुफ्त में थोड़े न प्रेमिका बन जाऊँगी।" वह खिलखिलाकर हँसने लगी।

"तुम...तुम न...बहुत बदमाश हो!"

अगले दिन अनुष्का फिर विमलेन्दु जी के साथ आ गयी। सौरभ वर्मा का बीमा कराने। विमलेन्दु जी को देखकर सौरभ वर्मा का मूड ऑफ हो गया। अनुष्का ने ताड़ लिया। वह सफाई देने लगी, "ऐसा है सर कि बीमा के बारे में मुझे बहुत गहराई तक जानकारी नहीं है इसीलिए जब किसी का फॉर्म वगैरह भरवाना होता है, मैं विमलेन्दु सर को साथ लेकर जाती हूँ। जिससे कोई गड़बड़ी न होने पाये। विमलेन्दु सर बहुत जानकार आदमी हैं।" विमलेन्दु जी हें-हें करके हँसने लगे। अनुष्का के नाते सौरभ वर्मा ने चाय-पानी मँगवा लिया।

उस दिन सौरभ वर्मा अकेले बैठे थे। दोपहर के बारह बज रहे थे। उन्होंने अनुष्का के घर फोन मिलाया। फोन अनुष्का ने ही उठाया। उन्होंने पूछा, "इस समय क्या कर रही हो अनुष्का?" "कुछ नहीं सर! खाली बैठी हुई हूँ।" उसने जवाब दिया। उन्होंने बड़ी प्यार भरी आवाज़ में अनुरोध किया, "मेरे साथ चलकर एक-दो घंटे कम्पनी बाग में बैठ सकती हो? प्लीज!" "नहीं सर! मैं इस तरह किसी से मिलने कहीं नहीं जाती।" उसने साफ मना कर दिया। "प्लीज अनुष्का! मेरी खातिर!" उन्होंने बहुत कातर होकर कहा। वह कुछ देर तक कुछ नहीं बोली। अंततः वह तैयार हो गयी, "ठीक है...मैं आ रही हूँ...आप मुझे कहाँ मिलेंगे?" वे खुशी से उछल पड़े, "मैं गेट पर ही खड़ा रहूँगा, तुम्हारा इंतज़ार करते हुए।"

वे कम्पनी बाग के गेट पर खड़े होकर अनुष्का का इंतज़ार कर रहे थे। एक-एक पल भारी हो रहा था। वे अंदर से बहुत रोमांचित थे। अनुष्का उनसे मिलने, उनके साथ समय बिताने आ रही है। अंततः वह आ गयी। उनका चेहरा प्रसन्नता से खिल गया। उनके कंधे पर बैग टँगा देखकर उसने पूछा, "बैग किसलिए लिये हुए हैं?" वे मुस्कराकर बोले, "इसमें मिठाइयाँ हैं, खाने-पीने की कुछ और भी चीजें हैं।" "अच्छा! तो आप पूरी तैयारी से आये हैं।" वह भी मुस्करा पड़ी। "चलो उस मैदान में बैठते हैं, जिसमें परिवारों के साथ लोग बैठे हैं। इससे लोग हम पर शक

नहीं करेंगे।'' उन्होंने प्रस्ताव रखा। वह मुस्कराकर बोली, ''मेरे और आपके बीच उम्र का इतना अंतर है कि लोग हमें बाप-बेटी ही समझेंगे। कहीं भी बैठ लीजिए। हम पर कोई शक नहीं करेगा।'' अनुष्का का बाप-बेटी का सम्बन्ध बनाना सौरभ वर्मा को अच्छा नहीं लगा लेकिन उन्होंने अपने चेहरे पर किसी तरह का भाव नहीं आने दिया। दोनों एक जगह जाकर बैठ गये। सौरभ वर्मा ने अपने कंधे पर से बैग उतारा और उसमें से खाने-पीने के सामान निकालने लगे।

''सर, मुझे बड़ा अज़ीब लग रहा है। ज़िन्दगी में पहली बार किसी पुरुष से मिलने मैं इस प्रकार आयी हूँ। दिल में घबराहट भी हो रही है और गुदगुदी भी हो रही है।'' अनुष्का बोली। उसका गुदगुदी शब्द सौरभ वर्मा को अंदर तक गुदगुदा गया, ''यह मेरा सौभाग्य है अनुष्का कि तुम्हारे जैसी कमसिन और सुंदर लड़की ज़िन्दगी में पहली बार मेरे साथ डेटिंग पर आयी है। तुम्हारे ऊपर मैं अपनी जान भी निछावर कर सकता हूँ।'' अनुष्का बड़े रहस्य भरे अंदाज़ में बोली, ''मेरे ऊपर जान निछावर करनेवाले आप पहले व्यक्ति नहीं हैं। जिसके पास बीमा के लिए जाती हूँ, वही मेरे ऊपर जान निछावर करने लगता है। लोग तरह-तरह का प्रस्ताव मेरे सामने रखने लगते हैं। चूमने-चाटने के चक्कर में हर कोई पड़ जाता है। कुछ लड़कियाँ इस तरह से अपना काम कराती होंगी। तभी लोगों को लगता है कि यह भी उसी तरह की लड़की होगी।'' उसकी बात से सौरभ वर्मा को काफी चोट पहुँची, ''मुझे नहीं पता था कि मुझसे पहले भी तुम्हारी ज़िन्दगी में कुछ लोग आने का प्रयास कर चुके हैं। क्या तुम्हारे मन में मेरी छवि इसी तरह के घटिया आदमी की है? तुम नहीं जानती कि मेरे दिल में तुम्हारा क्या स्थान है? इस धरती पर मैं जितना तुम्हें प्यार करता हूँ, उतना और किसी भी व्यक्ति को नहीं।'' वह सफाई देने लगी, ''नहीं सर! मैं आपकी बात नहीं कर रही हूँ। मैं आपको बहुत सारे दूसरे लोगों के बारे में बता रही हूँ। मेरे मन में आपके बारे में क्या धारणा है, आप भी इसे नहीं जान सकते। मैं आपको भगवान मानती हूँ। अगर ऐसा न होता तो आज आप से मिलने यहाँ न आती। और किसी के साथ तो मैं आज तक कभी कहीं नहीं गयी। आप को समझना चाहिए। आप मेरे लिए बहुत विशेष हैं।''

सौरभ वर्मा को तसल्ली हुई। उन्होंने काजू की बर्फी अनुष्का की तरफ बढ़ायी। अनुष्का लेकर खाने लगी। वे भी एक बर्फी उठाकर खाने लगे। कुछ देर बाद वे धीमी आवाज़ में बोले, ''अनुष्का, आज का दिन मेरे लिए विशेष है। तुम्हारे लिए भी मैं समझता हूँ विशेष है। आज के अपने इस मिलन को यादगार बनाने के लिए क्या मैं तुम्हें कोई उपहार दे सकता हूँ?''

“क्या देंगे?”

“यहाँ से तनिष्क की दुकान दूर नहीं है। चलो वहाँ पर मैं तुम्हें हीरे की एक कीमती अँगूठी दिलाता हूँ।”

“नहीं सर! मैं हीरे की अँगूठी नहीं लूँगी। घर में कोई पूछेगा कि कहाँ मिली, तो मैं क्या जवाब दूँगी?”

“घर में किसी को दिखाने की क्या जरूरत है? तुम उसे कहीं छुपाकर रखना। किसी को दिखाना मत।”

“नहीं सर! मैं कहाँ छुपाकर रखूँगी! छुपाकर रखने में कहीं इधर-उधर हो गयी तो? इतनी महँगी चीज कहीं खो गयी तो बहुत पश्चाताप होगा। आप कोई उपहार देने के लिए क्यों परेशान हैं? आपको क्या लगता है? कि बिना उपहार लिए मैं नहीं खुश होऊँगी? बिना उपहार के मैं आपसे बात नहीं करूँगी?”

“नहीं, ऐसा नहीं है! अपने दिल की तसल्ली के लिए मैं तुम्हें उपहार देना चाहता हूँ। मैं अगर अपनी प्रेमिका को एक उपहार तक न दे सका तो मेरे पैसों का क्या फायदा? आखिर किसलिए मैं इतने पैसे कमा रहा हूँ? अगर तुम मेरा उपहार स्वीकार कर लोगी तो मुझे लगेगा कि तुम्हारे ऊपर मेरा कुछ अधिकार है।”

“नहीं सर! मैं आप से कोई उपहार नहीं लूँगी। अभी मैं पूरे आत्मविश्वास के साथ आपसे बात कर पाती हूँ। कोई महँगा उपहार लेकर मैं आपकी दबैल बन जाऊँगी। तब आपसे बात करने में हमेशा मेरे ऊपर आपके मँहगे उपहार का दबाव होगा। अभी मैं बेझिझक होकर आपसे सब कुछ कह-सुन लेती हूँ। तब ऐसा नहीं रह जाएगा। आप मेरी भावनाओं-मेरे दृष्टिकोण को समझने का प्रयास करिए।”

“तुम मेरी भावनाओं को समझने का प्रयास क्यों नहीं करती हो?...यहाँ चारों तरफ इतने सारे लोग बैठे हैं। नहीं तो अपने इस मिलन के उपलक्ष्य में मैं तुम्हारे होठों को चूम लेता।”

“आप आ गये न अपनी मतलब की बात पर! मेरी समझ में नहीं आता। मर्दों को औरत में उसके शरीर के अलावा और कुछ क्यों नहीं दिखायी देता? आपको मेरे मन की सुंदरता नज़र नहीं आती?”

“तुम्हारे मन की सुन्दरता का ही तो मैं दीवाना हूँ। मन की इतनी सुंदर लड़की आजकल कहाँ दिखती है?”

“पता नहीं! मेरा शरीर अगर सुंदर न होता तो आपको मेरे मन की सुंदरता दिखायी भी पड़ती या नहीं? तब पता नहीं आप मुझे भाव देते भी या नहीं?”

अनुष्का के इस सवाल से सौरव वर्मा बगले झाँकने लगे। उन्हें कोई उत्तर नहीं सूझा। उसका ध्यान बँटाने के लिए वे जल्दी-जल्दी खाने का सामान फैलाने लगे।

उस दिन सौरव वर्मा दुकान में अपने कमरे में बैठे चाय पी रहे थे। तभी अनुष्का आ गयी। उसे देखकर सौरभ वर्मा का चेहरा खिल उठा, ''इस तरह अचानक? तुमने तो मुझे सुखद आश्चर्य में डाल दिया।'' ''आपने कहा था न! कि रसीद देने तुम्हीं आओगी, किस्त का पैसा लेने तुम्हीं आओगी। पिछले महीने आपने जो बीमा कराया था, उसी की रसीद लेकर आयी हूँ। इस महीने में आपने फिर बीमा कराने के लिए कहा था। इस महीने फिर आपने एक लाख रुपये देने के लिए कहा था। किस दिन आ जाऊँ?'' उसने कहा। सौरव वर्मा शरारत से बोले, ''मेरा दिल तो तुम्हारे पास ही रहता है। उसी से पूछ लो किस दिन आना है।'' वह मुस्कराने लगी, ''उसी से पूछ रही हूँ कि किस दिन आ जाऊँ?'' सौरव वर्मा हँसने लगे, ''मैं तो रोज दुकान पर ही रहता हूँ। मेरी चेकबुक भी यहीं रखी हुई है। निवास प्रमाण पत्र ओर पैन कार्ड भी रखा हुआ है। चाहे जिस दिन आ जाओ।'' वह बोली, ''फिर ठीक है! मैं परसों आऊँगीं। मेरे साथ विमलेन्दु जी भी रहेंगे। विमलेन्दु जी को देखकर मुँह मत बनाइएगा। उनको देखते ही आपका मुँह बन जाता है।'' ''नहीं बनाऊँगा भाई! लेकिन उन्हें फालतू में मत लेकर आया करो। आ जाते हैं कबाब में हड्डी की तरह।'' सौरभ वर्मा ने कहा। अनुष्का बड़े व्यंग्यपूर्ण तरीके से मुस्करायी। बोली कुछ नहीं। कुछ देर तक चुप्पी छायी रही। अनुष्का फिर बोली, ''चाय वगैरह मत मँगवाइएगा। मुझे आप से एक और काम है।'' ''आदेश करो, आदेश करो! तुम्हारे आदेश का पालन मैं सिर के बल दौड़ कर करूँगा।'' उन्होंने कहा। अनुष्का बोली, ''आपकी ऐसी कोई परिचित दुकान है, जहाँ किराये पर नकली गहने मिलते हों? मेरी एक बहुत ही घनिष्ठ सहेली की शादी होने वाली है। जयमाल के समय दुल्हन को सजाने के लिए नकली गहनों के सेट चाहिए।'' ''हाँ-हाँ क्यों नहीं!'' वे बोले, ''कुछ दूर पर मेरे एक पक्के दोस्त की दुकान है। उसके यहाँ किराये पर नकली गहने मिलते हैं। तुम्हें जितने गहने चाहिए ले लो। मैं उससे कहकर तुम्हें मुफ्त में दिलवा दूँगा।'' ''तो चलिए उसकी दुकान पर।'' उसने कहा। ''चलो!'' कहकर वे उठ खड़े हुए। वे उसके गालों को नोचने लगे। वह कुछ नहीं बोली। अचानक उन्होंने झुककर उसे चूमने का प्रयास किया। उसने अपने होठों को अपने हाथ से ढक लिया। वे फिर छटपटाकर रह गये।

सौरभ वर्मा ने उसको अपनी मोटरसाइकिल पर बैठा लिया और चल दिये। वह पहली बार उनकी मोटरसाइकिल पर बैठी थी। सौरभ वर्मा कभी झटका दे रहे थे,

अभी अचानक ब्रेक लगा दे रहे थे, जिससे वह उनके शरीर पर गिर पड़े। वह बहुत सावधानी से बैठी हुई थी। उनकी मंशा पूरी नहीं हो पा रही थी। दुकान बहुत ज्यादा दूर नहीं थी। दोनों जल्दी ही वहाँ पहुँच गये।

''क्यों अनिल क्या हाल-चाल है?'' सौरभ वर्मा ने दुकानदार से पूछा।

''अच्छा तो तू है! बहुत दिन बाद इधर दिखायी पड़ा। मुझे तो तू भूल ही गया है।'' अनिल ने कहा। ''ऐसा है यार! ये हैं मैडम अनुष्का।'' सौरभ वर्मा ने अनिल से अनुष्का का परिचय कराया, ''ये मेरी परिचित हैं। इनकी सहेली की शादी है। इन्हें तेरी दुकान से कुछ गहने किराये पर चाहिए। इन्हें जो भी चाहिए तू इन्हें दे दे।'' ''राजू ओ राजू! ले जा मैडम को सामान दिखा।'' अनिल ने एक आदमी को बुलाया, ''...और हाँ! तू आ मेरे साथ। मैं तुझे चाय पिलाता हूँ।'' आदमी अनुष्का को लिवा जाकर गहने दिखाने लगा। अनिल सौरभ वर्मा को ले जाकर एक तरफ बैठ गया। उसने सौरभ वर्मा को आँख मारी, ''बड़ा जोरदार माल पटाया है यार! कहाँ से मिली?'' ''बहुत कोशिश कर रहा हूँ यार!'' सौरभ वर्मा ने कहा, ''पट ही नहीं पा रही है।'' ''मुझे बनाने की कोशिश मत करो। डर रहे हो कि हिस्सा न माँग लूँ?'' अनिल धीरे से बोला। ''मैं सच कह रहा हूँ यार। भगवान की कसम खाकर कह रहा हूँ। बहुत सर पटक चुका हूँ। कितना भी पैसा खर्च करने को तैयार हूँ, लेकिन किसी तरह से काबू में ही नहीं आ रही है।'' सौरभ वर्मा ने कहा। अनिल ने उनका हाथ दबाया, ''अगर पट जाय तो बताना। बहुत जोरदार चीज है। मैं भी हाथ सेंकूँगा।'' सौरभ वर्मा बोले, ''यार, ये चाहे जितने गहने ले जाय। इससे पैसे मत लेना। सारा पैसा मैं दे दूँगा। तुम इससे यही कहना कि आप सौरभ वर्मा की परिचित हैं। मैं आपसे पैसे नहीं लूँगा।'' ''चिन्ता मत कर यार! मैं सचमुच में पैसे नहीं लूँगा। तेरे माल की बात है। मैं दोस्ती नहीं निभाऊँगा तो कौन निभाएगा? हाँ, इतना ध्यान रखना कि पट जाय तो मुझे भूल मत जाना। नहीं तो मुझसे बुरा कोई नहीं होगा।'' अनिल ने कहा। उसने अपने एक आदमी को बुलाया और दो कप चाय एवं दो समोसा लाने भेज दिया।

सौरभ वर्मा को अनिल से अपना काम निकालना था, इसलिए वे उसकी बातें सुन ले रहे थे। वैसे अनिल की बातें उन्हें अच्छी नहीं लग रही थीं। वे अनुष्का पर केवल अपना हक समझते थे। किसी भी तरह उसे वे केवल अपने लिए पटाना चाहते थे। उन्हें यह कतई मंजूर नहीं था कि अनुष्का किसी और की भी बाँहों में जाए। वे अनुष्का को सार्वजनिक सम्पत्ति बनाने के लिए उस पर पैसे फूँकने के लिए तैयार नहीं थे। वे सोच रहे थे कि मेरा काम हो जाय, फिर मैं अनिल की

दुकान की तरफ पलटकर देखूँगा भी नहीं। कुछ देर बाद अनुष्का आ गयी। वह अनिल से कहने लगी, ''ऐसा है भइया, मैंने कुछ गहने पसंद कर लिए हैं। किसी दिन मैं अपनी सहेली को लिवाकर आऊँगी। कुछ वह भी पसंद कर लेगी। फिर जो भी उचित लगेगा, हम लोग ले जाएँगे।'' अनिल बड़ी विनम्रता से बोला, ''ऐसा है मैडम, यह आपकी ही दुकान है। जब इच्छा हो तब आइए। जब जो जी में आये, वो ले जाइए। मैं और सौरभ दो नहीं हैं। किसी तरह का कोई संकोच मत करिएगा।'' अनुष्का हाथ जोड़कर मुस्करायी, ''ठीक है भइया!''

सौरभ वर्मा ने अनुष्का को मोटरसाइकिल पर बैठाया और चल दिये। उन्होंने कहा, ''चलो, मैं तुम्हें वहाँ तक छोड़ देता हूँ, जहाँ से अपने घर जाने के लिए तुम्हें ऑटो मिलेगा।'' अनुष्का कुछ नहीं बोली। वे मोटरसाइकिल को झटका देते और अचानक ब्रेक मारते हुए चल दिए।

दो दिन बाद विमलेन्दु जी के साथ अनुष्का फिर आ गयी। आज वह सौरभ वर्मा का एक और बीमा करने आयी थी। सालाना किस्त देनी थी, एक लाख रुपये। चूँकि उसने सौरभ वर्मा को पहले ही बता दिया था, अतः वे मानसिक रूप से तैयार थे। उन्होंने पूछा, ''अनिल के यहाँ से गहने ले गयी?'' ''अभी नहीं! एक-दो दिन में ले जाऊँगी।'' अनुष्का ने जवाब दिया। विमलेन्दु जी ने कहा, ''सर, फॉर्म पर मैंने जहाँ-जहाँ निशान बना रखा है, वहाँ-वहाँ हस्ताक्षर कर दीजिए। बाकी आपका पूरा विवरण मेरे पास है ही। मैं फॉर्म भर लूँगा।'' सौरभ वर्मा ने सब जगह हस्ताक्षर कर दिये। उन्होंने अपनी आलमारी से चेकबुक निकालकर चेक भी काट दी। विमलेन्दु बोले, ''सर, आप अपना निवास प्रमाणपत्र और पैन कार्ड दे दीजिए। मैं कहीं से उसकी फोटोकॉपी कराकर आपको आपकी मूल प्रति वापस कर देता हूँ।'' सौरभ वर्मा कुछ नहीं बोले। उन्होंने अपनी आलमारी से दोनों चीजें निकालकर विमलेन्दु जी को दे दीं। विमलेन्दु जी चले गये। अनुष्का वहीं बैठी हुई थी। सौरभ वर्मा ने अनुष्का के लिए चाय और समोसा मँगवाया।

सौरभ वर्मा अनुष्का से बोले, ''अनुष्का, मैं तुमसे एक बात कहना चाहता हूँ। तुम नाराज़ तो नहीं होगी?''

''बिना बात सुने मैं कैसे बता सकती हूँ कि मैं नाराज़ होऊँगी या नहीं?''

''जाने दो! तब मैं नहीं कहूँगा।''

''ठीक है! मैं नहीं नाराज़ होऊँगी। कहिए, क्या कहना चाहते हैं?''

''ऐसा है...ऐसा है...कैसे कहूँ...मैं तुम्हारे सामने एक प्रस्ताव रख रहा हूँ। मैं तुम्हें एक लाख रुपये दूँगा। तुम कपड़े उतारकर अपना शरीर एक बार मुझे दिखा दो। बिना किसी कपड़े में एकदम निर्वस्त्र।''

अनुष्का सौरभ वर्मा का मुँह देखने लगी। वह कुछ भी नहीं बोल पा रही थी।

"अनुष्का, मैं तुमसे वादा करता हूँ कि मैं तुम्हारे निर्वस्त्र शरीर को सिर्फ देखूँगा। छुऊँगा बिलकुल नहीं। मान जाओ प्लीज!" सौरभ वर्मा रिरियाने लगे।

"अकेले में मुझे निर्वस्त्र पाकर आप कुछ और तो नहीं करने लगेंगे? मुझे विश्वास नहीं हो रहा है।"

"ऐसा कुछ भी नहीं होगा। मेरा विश्वास करो। अगर मैंने तुम्हें छूने की कोशिश की तो तुम चिल्ला देना।"

"जहाँ भी यह सब होगा, वहाँ एकान्त रहेगा। कोई नहीं रहेगा। जब मैं अपनी मर्जी से कपड़े उतारकर खड़ी रहूँगी तो मेरे चिल्लाने का क्या मतलब होगा?"

"मैं वादा कर रहा हूँ अनुष्का। मैं तुम्हें बिलकुल भी नहीं छुऊँगा।"

"और अगर मैं कहूँ कि मैं भी आपको निर्वस्त्र देखना चाहती हूँ तो?"

"मैं मुफ्त में तुम्हें अपना निर्वस्त्र शरीर दिखा दूँगा लेकिन मैं तुम्हारे पैसे दे दूँगा।"

"मैं भी निर्वस्त्र रहूँगी और आप भी निर्वस्त्र रहेंगे। ऐसे में अगर मैं ही अपने ऊपर नियंत्रण न रख पायी तो क्या होगा?"

"तुम जैसा चाहोगी अनुष्का! तुम्हारा जैसा आदेश होगा, मैं वैसा करूँगा। लेकिन तुम्हारी इच्छा के विरुद्ध मैं कुछ नहीं करूँगा। मैं अपनी तरफ़ से कोई शरारत नहीं करूँगा।"

"ठीक है! मुझे कुछ दिन सोचने का मौका दीजिए। मैं सोचकर खुद आपको फोन करूँगी। मैं सोचने में चाहे जितना समय लगाऊँ। आप अपनी तरफ से मत फोन करिएगा।"

"मुझे तुम्हारी बात मंजूर है। मैं तुम्हारे फोन की प्रतीक्षा करूँगा।"

कुछ देर तक चुप्पी छायी रही। विमलेन्दु जी आ गये। उन्होंने सौरभ वर्मा के कागज वापस कर दिये और अनुष्का को लिवाकर चले गये।

सौरभ वर्मा बड़ी बेसब्री से अनुष्का के फोन का इंतज़ार कर रहे थे। दुकान पर आते ही उनकी उम्मीदें जवाँ हो जातीं लेकिन दुकान बन्द होते-होते वे मन मसोसकर रह जाते थे। अपनी तरफ़ से वे फोन कर नहीं सकते थे। अनुष्का उस दिन जिस तरह उनसे बात कर रही थी, उन्हें पूरी उम्मीद थी कि वह 'हाँ' कर देगी। उन्हें तो उसी दिन लग रहा था कि जाने के पहले वह 'हाँ' कर देगी, लेकिन वह दुविधा में पड़ी रह गयी।

एक दिन विमलेन्दु जी आ गये। ''क्या हुआ विमलेन्दु जी?'' उन्होंने पूछा। ''सर, उस दिन आपने जो बीमा कराया था, उसी की रसीद देने आया हूँ।'' विमलेन्दु जी ने जवाब दिया। सौरभ वर्मा आशंकित हो उठे, ''अनुष्का कहाँ गयी?'' विमलेन्दु जी हें-हें करने लगे, ''सर, वह प्राइमरी स्कूल में अध्यापिका हो गयी। उसकी मौसी आगरा में रहती हैं इसलिए उसने आगरा को ही प्राथमिकता दी थी। उसकी नियुक्ति आगरा में ही हो गयी। उसने बी.एड. कर लिया था न! वह आगरा चली गयी।'' ''हे भगवान!'' सौरभ वर्मा ने अपना सिर पकड़ लिया, ''मैंने जितने बीमा करा रखे हैं, उनका क्या होगा?'' सौरभ वर्मा को दर्द कहीं और हुआ लेकिन विमलेन्दु जी के संकोच में उन्होंने अंग कोई और पकड़ा। ''मैं हूँ न सर!'' विमलेन्दु जी ने उन्हें आश्वस्त किया, ''मैं नियमित रूप से आपकी किस्तें जमा करता रहूँगा। रसीदें आपको देता रहूँगा। आपको अनुष्का की कमी महसूस नहीं होने पायेगी।''

टाइम पास लफंगई

“कहाँ फालतू मैं आकर फँस गया!” पुलकित होटल के कमरे में लेटे-लेटे अपने से ही बड़बड़ा रहा था।

पुलकित और मृदुल मुंबई में रिलायंस कम्पनी में साथ-साथ नौकरी करते थे। दोनों का पद समकक्ष था। दोनों की पारिवारिक पृष्ठभूमि भी लगभग एक जैसी थी। दोनों मस्तमौला स्वभाव के थे। लिहाजा दोनों में बड़ी अच्छी दोस्ती हो गयी थी। दोनों मुंबई में साथ-साथ रहते थे।

पुलकित और मृदुल दोनों कुँवारे थे। एक का कुँवारापन खत्म होनेवाला था। मृदुल की शादी तय हो गयी। मृदुल अपन माँ-बाप की इकलौती संतान था। उसने पुलकित से कहा, “यार तुम भी एक हफ्ते की छुट्टी लेकर मेरे साथ घर चलो। शादी में कुल सप्ताह भर कोई न कोई कार्यक्रम होना है। वहाँ तुम्हें बहुत मज़ा आयेगा। तुम साथ रहोगे तो मुझे भी सहूलियत हो जाएगी। मैं तो दूल्हा ही रहूँगा। पिता जी को शादी की व्यवस्था अकेले ही सँभालनी पड़ेगी। तुम व्यवस्था देखने में उनकी मदद करना। वैसे भी शादी-ब्याह में अकेले मज़ा नहीं आता। तुम साथ रहोगे तो मज़ा दुगुना हो जाएगा।” पुलकित तैयार हो गया, “ठीक है! मैं चलने के लिए तैयार हूँ। लेकिन मेरी एक शर्त है। मुझे मेहमान मत बना देना। पता चला तुम मेरी ही खातिरदारी में लगे हो। मुझे छुट्टा छोड़ देना। काम-धाम में मैं तुम्हारे पिता जी की सहायता करूँगा और उसके बाद मेरे जो जी में आयेगा, करूँगा।” मृदुल ने पुलकित की शर्त स्वीकार कर ली।

पुलकित बिहार का रहनेवाला था। मृदुल का घर उत्तर प्रदेश में, फैजाबाद में था। पुलकित ने बिहार में तो बहुत शादियाँ देखी थीं। उत्तर प्रदेश में उसने कभी कोई शादी नहीं देखी थी। उसने सोचा, चलकर देखा जाय उत्तर प्रदेश में किस तरह शादी होती है। फैजाबाद में अयोध्या भी है। भगवान राम की जन्मभूमि। अयोध्या के धार्मिक स्थलों के दर्शन भी कर लूँगा।

दोनों रविवार की शाम फैजाबाद पहुँच गये। मृदुल का घर अमानीगंज में था। मृदुल ने पुलकित को अपने माता-पिता से मिलवाया। मृदुल के माँ-बाप पुलकित से मिलकर बहुत खुश हुए। मृदुल ने अपने पिता जी से कहा, ''पापा, कोई भी काम पड़े, आप निःसंकोच पुलकित की मदद लीजिएगा। पुलकित को मैं इसीलिए यहाँ लाया हूँ। आप मुझमें और पुलकित में कोई फर्क मत समझिएगा।'' ''कैसी बात करते हो बेटा?'' मृदुल के पिता अभयराज ने कहा, ''पुलकित तो हमारा मेहमान है। मेहमानों से कोई काम कराया जाता है भला? मैं अकेले ही सब कुछ सम्हाल लूँगा। फिर तुम्हारे दोनों मामा हैं न मेरे साथ! आजकल शादी-ब्याह में करना ही क्या होता है? हर जगह पैसा फेंकते जाओ, फटाफट काम होता जाता है।'' ''देखिए चाचा जी!'' पुलकित बोला, ''अगर आप ने मुझे मेहमान कहा या मेहमान समझा तो मैं तुरंत मुंबई लौट जाऊँगा। मैं यहाँ मेहमानी खाने नहीं आया हूँ। आपकी मदद करने आया हूँ।'' अभयराज हँसने लगे, ''ठीक है! मैं मेहमान नहीं बनाऊँगा। घर के बच्चे की तरह रहो और शादी में मौजमौस्ती करो। मुझे जो भी मदद की जरूरत पड़ेगी, मैं तुम्हें जरूर बताऊँगा।...ऐसा है मृदुल! मंगलवार को होटल कृष्णा पैलेस में सगाई होगी। होटल कृष्णा पैलेस में मैंने मेहमानों के लिए दस कमरे बुक करवा दिये हैं वहीं ले जाकर पुलकित को एक कमरे में ठहरा दो।'' मृदुल ने कार निकाली और पुलकित को लेकर होटल कृष्णा पैलेस चल दिया।

होटल में देखकर पुलकित ने एक अच्छा सा कमरा पसन्द कर लिया और अपना सारा सामान उसमें रख दिया। पुलकित को होटल पहुँचाकर मृदुल घर चला गया। पुलकित थका हुआ था। उसने थोड़ा-बहुत नाश्ता मँगाया और नाश्ता करके सो गया।

अगले दिन सवेरे ही पुलकित नहा धो लिया और अयोध्या के लिए निकल पड़ा। पूछते-पाछते वह रामलला के दर्शन करने पहुँच गया। वहाँ की व्यवस्था देखकर वह चकित रह गया। ऐसा लग रहा था जैसे वह शत्रु देश की किसी सैनिक छावनी में आ गया हो। जाँच पर जाँच, चक्कर पर चक्कर। चक्कर लगाते-लगाते वह काफी देर में रामलला तक पहुँच पाया। एक बहुत छोटे से रामलला। जैसे दुश्मनों की कैद में बंद हों। वहाँ से निकलने के बाद उसने लोगों से पूछा तो पता चला कि यहाँ पर हनुमानगढ़ी जिसे हनुमान मन्दिर बहुत प्रसिद्ध है। वह हनुमानगढ़ी चल पड़ा। वहाँ पर उसने इतने बन्दर देखे कि घबरा गया, ''बाप रे! रामचन्द्र जी की पूरी वानर-सेना यही आकर रहने लगी है क्या?'' प्रसाद चढ़ाने के लिए लड्डू खरीदकर वह हनुमान जी का दर्शन करने के लिए सीढ़ियों से ऊपर चढ़ने लगा। अपनी लड्डू की पिटारी को वह बहुत मुस्तैदी से बन्दरों से बचाते हुए ले जा रहा था।

हनुमान जी का दर्शन करके वह अपनी लड्डू की पिटारी को बन्दरों से बचाते हुए सही सलामत नीचे तक आ गया। उसे लगा जैसे उसने कोई मैदान मार लिया हो। उसने जिस दुकान से लड्डू खरीदा था, वहीं पर अपनी चप्पलें उतारी थीं। चप्पलें पहनते हुए उसने दुकानदार से पूछा, ''यहाँ आसपास कोई और धार्मिक स्थान है?'' दुकानदार ने पलटकर पूछा, ''आप दर्शन करने कनक भवन गये?'' पुलकित ने उत्तर दिया, ''नहीं!'' दुकानदार ने कहा, ''वहाँ अवश्य जाइए। वहाँ पर भगवान राम माता जानकी के साथ विराजमान हैं। महारानी कैकेयी ने कनक भवन सीताजी को मुँह-दिखायी में दिया था।''

पुलकित वहाँ से कनक भवन चल दिया। कनक भवन पहुँचकर उसने देखा कि वहाँ भी बन्दरों की पूरी फौज तैनात थी। बन्दर वैसे पूरी अयोध्या में चारों तरफ इफरात मात्रा में मौजूद थे। वह मन ही मन हँसा, 'भगवान राम के जाने के बाद भी वानर सेना पूरी मुस्तैदी से भगवान के नगर की रखवाली में लगी हुई है।' कनक भवन के अन्दर जाकर उसने राम-जानकी के दर्शन किये। उसे अपूर्व शान्ति और सन्तोष की अनुभूति हुई। कुछ देर के लिए वह राम-जानकी की मूर्ति के सामने बैठ गया।

वहाँ से उठकर वह बाहर जाने लगा। अचानक एक बन्दर ने काफी ऊपर से ही छलाँग लगायी और बड़ी सफाई से उसके हाथ से लड्डू की पिटारी छीनकर छलाँग लगाते हुए काफी ऊपर पहुँच गया। जब तक वह सँभलता, तब तक लड्डू बहुत ऊपर पहुँच गया था। कई बन्दर इकट्ठा हो गये और वे पिटारी खोलकर लड्डू खाने लगे। पुलकित ने हाथ हिलाया, ''खाइए भाई साहब लोग खाइए। मुझसे गलती हो गयी थी जो हनुमान जी का प्रसाद आप लोगों को नहीं खिलाया। कहिए तो और खरीदकर ले आऊँ?''

दोपहर बारह बजे तक पुलकित होटल वापस लौट आया। खाना-पीना खाकर वह होटल में ही इधर-उधर चहलकदमी करने लगा। मृदुल के रिश्तेदार लोग आना शुरू हो चुके थे चूँकि वह किसी को पहचानता नहीं था, अतः उसने किसी से बोलना उचित नहीं समझा।

रात के नौ बज चुके थे। पुलकित की एक भी बार न तो मृदुल से मुलाकात हुई और न उसके पिता जी से। मृदुल के पिता जी का ड्राइवर मेहमानों को लेकर होटल में आता था और उन्हें होटल छोड़कर वापस चला जाता था। बस एक बार मृदुल ने उसे फोन किया था। उसने मृदुल को अपने अयोध्या भ्रमण का पूरा किस्सा सुना दिया था। मृदुल ने उससे पूछा था, ''अकेले बोर तो नहीं हो रहे हो? दरअसल मैं

यहाँ कुछ काम-धाम में व्यस्त हूँ।'' उसने भी औपचारिकता निभा दी थी, ''नहीं, मैं बिलकुल मज़े में हूँ। मेरी फिक्र मत करो। मेरे लायक कोई सेवा हो तो बताओ!'' ''फिलहाल तो तुम्हारे लायक कोई सेवा नहीं है। कोई काम पड़ेगा तो बिना संकोच के मैं खुद ही बताऊँगा।'' मृदुल ने जवाब दिया था। पुलकित खाना खाकर अपने बिस्तर पर लेटा हुआ था। वह इतनी जल्दी सोने का आदी नहीं था। अयोध्या घूमने में तो उसे बहुत मज़ा आया था, लेकिन उसके बाद वह अकेले होटल में पड़े-पड़े बोर हो रहा था। फैजाबाद शहर के बारे में उसे कुछ मालूम नहीं था, कि कहीं घूमने ही निकल जाता। इस समय अकेले बिस्तर पर पड़े-पड़े वह बड़बड़ा रहा था। उसे लग रहा था कि बेकार में इतने ज्यादा दिनों के लिए यहाँ चला आया। मृदुल अपनी शादी में व्यस्त है। मेरे पास बात करने के लिए भी कोई नहीं है।

अगले दिन सवेरे दस बजे तक मृदुल, उसके माता-पिता, दो तीन गाँव के नाई-कहार आदि होटल पहुँच गये। बाकी रिश्तेदार होटल में ही थे। आज दोपहर बाद एक बजे सगाई का कार्यक्रम था। सगाई होटल में ही होनी थी। मृदुल के आ जाने से पुलकित को राहत मिली। होटल के भूतल के नीचे एक बहुत बड़ा हाल था। पुलकित मृदुल के साथ वहाँ पहुँच गया। वहीं पर सगाई होनी थी। होटल को बहुत सुन्दर ढंग से सजाया जा रहा था। कुछ लोग हाल सजाने में लगे थे, कुछ लोग स्टेज सजाने में लगे थे। पूरी तरह से प्राकृतिक फूलों से इतनी बढ़िया सजावट हो रही थी कि पुलकित की तबीयत खुश हो गयी। हाल में ही एक तरफ नाश्ते और खाने-पीने का इंतज़ाम था। पुलकित मृदुल के साथ जाकर वहीं पर नाश्ता करने लगा। पुलकित के दो मामाओं के साथ पुलकित के पिता जी सारा इंतज़ाम देख रहे थे। पुलकित बोला, ''चाचा जी, आप मुझे कोई काम नहीं बता रहे हैं।'' अभयराज हँसकर बोले, ''कोई काम हो, तब न बताऊँ! सारी व्यवस्था के लिए होटलवालों को पैसे दे दिये गये हैं। होटलवाले व्यवस्था कर रहे हैं।'' अभयराज एक सीमेंट फैक्ट्री में जनरल मैनेजर थे। बहुत पैसेवाले आदमी थे। उनके इकलौते बेटे की शादी थी। अतः वे हर जगह निःसंकोच भाव से पैसा फेंक रहे थे।

पुलकित ने मृदुल से पूछा, ''लड़कीवाले कब तक आयेंगे?''

''लड़कीवाले आ गये। इसी होटल में उन्होंने भी दो कमरा ले लिया है।''

''कितने लोग आये हैं?''

''लड़की है, लड़की के माँ-बाप हैं, लड़की के भाई-भाभी हैं, लड़की की दीदी-जीजाजी हैं, तीन-चार और रिश्तेदार लड़कियाँ हैं।''

''तुमने लड़की को देखा है?''

“नहीं।”

“क्यों?”

“अरे यार, सारी लड़कियाँ एक जैसी होती हैं। उन्हें क्या देखना और क्या न देखना?”

“राम-राम। तुम महा लफंटूस और लद्धड़ आदमी हो। तुम्हारे अंदर सौंदर्यबोध नाम की चीज ही नहीं है। कहीं सारी लड़कियाँ एक जैसी होती हैं? अगर सारी लड़कियाँ एक जैसी होतीं तो फिल्मों में किसी भी लड़की को पकड़कर हीरोइन बना दिया जाता। फिल्म-इंडस्ट्री के लिए क्यों छाँट-छाँट कर सुंदर लड़कियाँ इकट्ठी करनी पड़तीं? टी.वी. सीरियलों में भी केवल सुंदर नहीं, बल्कि बहुत सुंदर लड़कियों को ही काम मिलता है। तुमने तो मारा मेनका, उर्वशी, रंभा को चमेली, सुगनिया, कलुइया के बराबर तौल दिया। मुझे नहीं पता था कि तुम इतने घोंघा बसंत हो।”

तब तक वहाँ पर कुछ लोग ऐसे आ गये, जिन्हें देखने से ही लग रहा था कि वे लड़कीवाले हैं। वे हाल में हो रही तैयारी को देखने आये थे। वे टहल-टहलकर तैयारियों का जायजा लेने लगे। अभयराज भी उनके साथ हो लिये। “ये लोग कौन हैं?” पुलकित ने मृदुल से पूछा। मृदुल आँख के इशारे से ही एक-एक के बारे में बताने लगा, “जो सबसे ज्यादा उम्रदराज हैं, वे लड़की के पापा हैं। उनके दाहिने तरफ उनका बेटा है और बेटे के बगल में बहू है। बायें तरफ बेटी और दामाद हैं।” “लगता है, उनकी बहू को अभी कोई बच्चा नहीं हुआ है।” पुलकित ने कहा। “हाँ! अभी बेटे की शादी हुए दो साल हुए। अभी तक कोई बच्चा नहीं हुआ है।” मृदुल ने उत्तर दिया। पुलकित ने मृदुल के कंधे पर हाथ मारा, “ससुराल से सम्बन्धित सारी जानकारी है तुम्हारे पास!” मृदुल मुस्कराया, “होनेवाली बीवी से मोबाइल पर बात होती रहती है न!” पुलकित ने आँख दिखायी, “जब देखा नहीं है तो बात क्यों करते हो?” मृदुल ने कोई जवाब नहीं दिया बस मुस्कराता रहा।

पुलकित की आँख में चमक आ गयी थी। लड़की की भाभी की उम्र लगभग चौबीस-पचीस साल थी। वे बहुत सुन्दर थीं। पुलकित ने तय कर लिया। अब एक सप्ताह तक इनसे लगातार मुलाकात होती रहेगी। मुझे भी एक सप्ताह तक यहाँ रहना है। यहाँ मेरा कोई परिचित नहीं है। मैं इन भाभी जी को एक सप्ताह तक लाइन मारता रहूँगा। मेरा समय आसानी से बीत जाएगा। बस, इतनी सावधानी बरतनी पड़ेगी कि मार न पड़े।

वे सारे लड़कीवाले नाश्ता करने लगे। सब लोग एक-एक प्लेट में थोड़ा-थोड़ा खाद्य लेकर टहल-टहलकर खाने लगे। पुलकित मृदुल के पास से खिसक लिया।

एक प्लेट में थोड़ा सा सामान लेकर वह फिर से नाश्ता करने लगा। खिसकते-खिसकते वह भाभी जी के पास पहुँच गया। उसने खँखारा। भाभी जी उसकी तरफ देखने लगीं। वह बोला, ''भाभी जी, आज कोई भी औरत या लड़की कितना भी सजधज कर आये। आप महफिल लूट ले जाएँगी।'' वे गुस्से से एकदम तमतमा उठीं, ''महा बदतमीज़ हो तुम। न कोई जान न पहचान! बोल ऐसी ढिठाई से रहे हो जैसे मुझे बहुत दिनों से जानते हो। यह कौन सा तरीका है बात करने का? कौन हो तुम?''

''भाभी जी मैं दूल्हे के मामा का लड़का हूँ। अब तो आप रिश्ते में मेरी भाभी हो गयी हैं।''

''खबरदार जो मुझे भाभी कहा। अपनी औकात में रहो। मैं हर ऐरे-गैरे की भाभी नहीं बनती। शुक्र मनाओ कि तुम लड़के के रिश्तेदार हो। शादी-ब्याह में मैं कोई बखेड़ा नहीं खड़ा करना चाहती, नहीं तो उतारकर चप्पल चार चप्पल मारती। तुम्हारी सारी ढिठाई हवा हो जाती।''

''प्लीज! मारिएगा मत! बद अच्छा बदनाम बुरा। आदमी अगर एक बार बदनाम हो जाय तो फिर वह चाहे जिन्दगी भर नेक काम करता रहे, लोग उस पर विश्वास नहीं करते। आप एक चप्पल मार देंगी तो मैं हमेशा के लिए बदनाम हो जाऊँगा। कोई भी शरीफ़ आदमी मुझे अपने घर में नहीं बैठने देगा। मेरी अभी तक शादी नहीं हुई है। कोई भी इज़्ज़तदार आदमी अपनी बेटी की शादी मुझसे नहीं करेगा। सोचिए! मेरे माँ-बाप पर क्या गुज़रेगी?''

''अरे! तुम बदतमीज़ और ढीठ दोनों हो। यहाँ से जा रहे हो कि लड़के के पापा को बुलाऊँ?''

''मैं जा रहा हूँ। आप नाराज़ मत होइए। मैं उतना बुरा नहीं हूँ, जितना आप मुझे समझ रही हैं। वैसे एक बात है भाभी जी! ज़िन्दगी में इत्तफाक से इतनी सुंदर भौजाई से पहली बार मुठभेड़ हुई है। नज़र न लगे। अच्छा, मैं जा रहा हूँ।''

पुलकित मृदुल के पास भाग गया। भाभी जी का मूड बुरी तरह ऑफ हो गया। उन्होंने जल्दी से प्लेट फेंक-फाँक कर हाथ धोया और दनदनाते हुए वहाँ से चली गयीं।

पुलकित मृदुल से बोला, ''लड़कीवालों की तरफ से कोई मेरे बारे में पूछे तो बता देना कि यह मेरे मामा का लड़का है।'' ''क्यों?'' मृदुल ने पूछा। पुलकित ने बताया, ''दरअसल लड़की की भाभी को मैंने अपना यही परिचय बताया है।'' मृदुल चारों तरफ देखने लगा, ''वे कहाँ हैं? कहीं दिखायी नहीं पड़ रही हैं।'' ''वे यहाँ से नाराज़ होकर अपने कमरे में चली गयीं। वे मुझसे बहुत खफा हो गयी हैं।

क्या है न, मैं यहाँ अकेले बोर हो रहा हूँ। भाभी जी को देखा तो सोचा, क्यों न उन्हें लाइन मारी जाय। सो मैं उन्हें लाइन मारने लगा। इस पर भाभी जी मुझसे नाराज़ हो गयीं। वे पैर पटकती हुई यहाँ से चली गयीं।'' पुलकित बड़ी गम्भीरता से बताने लगा। मृदुल मुस्कराया, ''तुम महा पापी हो। तुम जहाँ रहो, वहाँ कुछ न कुछ खुराफ़ात न करो, यह सम्भव ही नहीं है। बहरहाल जरा सम्हलकर लाइन मारो। भाभी जी के पति आई.पी.एस. अधिकारी हैं। वह भी एनकाउन्टर विशेषज्ञ। भाभी जी को ज्यादा गुस्सा आ गया और उन्होंने अपने पति से तुम्हारी शिकायत कर दी तो समझ लो वे तुमको कहीं ले जाकर ठोंक देंगे।'' ''चलो-चलो!'' पुलकित बोला, ''अपने ससुराल की बहुत भौकाल मत बनाओ। शादी के बाद अपनी ससुराल के बारे में सब ऐसे ही लम्बी-लम्बी हाँकते हैं। तुम्हारे साले साहब आई.पी.एस. होंगे भी तो मेरा क्या कर लेंगे? एक हफ्ते बाद न तो फिर कभी तुम्हारे साले साहब से मुलाकात होगी और न कभी उनकी बीवी से।'' ''मैंने तुम्हें सावधान कर दिया, अब आगे तुम्हारी मर्जी।'' मृदुल ने मुस्कराते हुए कहा, ''बाद में मत कहना कि मैंने तुम्हें बताया नहीं। अगर कहीं फँसे तो मैं तुम्हें बचाने एकदम नहीं आऊँगा।'' ''मैं सब समझता हूँ!'' पुलकित ने मृदुल को हड़काते हुए कहा, ''तुम्हारी सरहज बहुत सुंदर हैं। मैं उन्हें लाइन मार रहा हूँ तो तुम्हें जलन हो रही है। तुम उन पर केवल अपना कब्जा चाहते हो। ऊपर से कह रहे थे कि सारी लड़कियाँ एक जैसी होती हैं। ढोंगी कहीं के।''

एक बजे लड़की और लड़के के परिवारवाले आकर मंच पर बैठ गये। बाकी के लोग नीचे लगी हुई कुर्सियों पर बैठे। मंच पर लड़के के माता-पिता और लड़का पश्चिम की तरफ बैठे। पूरब की तरफ लड़कीवालों की ओर से आये हुए सारे लोग बैठ गये। लड़के के पीछे पुलकित भी बैठ गया। लड़कीवालों की तरफ से कोई पंडित नहीं आया था। लड़केवालों का पंडित ही सारा कर्मकांड करा रहा था। लड़के की वरीक्षा शुरू हुई। उत्तर की ओर मुँह करके पंडित दक्षिण की ओर बैठा। लड़के के पिता को बैठाकर वह पूजा कराने लगा। पुलकित को थोड़ा-बहुत कर्मकाण्ड आता था। उसने देखा कि पण्डित महामूर्ख है। उसने देखा कि जो पूजा लड़के को बैठाकर होनी चाहिए, वह पूजा वह लड़के के बाप को बैठाकर करा रहा है। वह चुप ही रहा। घंटों इसी तरह पूजा होती रही। जब पंडित लड़के के बजाय लड़के के बाप की वरीक्षा कराने लगा तो पुलकित का धैर्य जवाब दे गया। उसने पंडित को डाँटा, ''पंडित जी, आप लड़के की वरीक्षा करवा रहे हैं या लड़के के पिता की? आप जो गलत-सलत पूजा करवा रहे हैं, मैं सब देख रहा हूँ।''

अभयराज भी कुछ-कुछ महसूस कर रहे थे कि कहीं कुछ गलत हो रहा है। वे भी पंडित के ऊपर भड़क गये, "पंडित जी, जब आपको कुछ नहीं आता तो क्यों पूजा करवाने चले आये? आपके पिता जी बीमार थे तो उन्हें कह देना चाहिए था कि कोई दूसरा पंडित बुला लीजिए। आपको कुछ आता-जाता नहीं लेकिन दक्षिणा के लालच में आपको भेज दिया।"

पंडित सिटपिटा गया। लड़के के बाप को हटाकर उसने लड़के को बैठाया और लड़के की वरीक्षा कराने लगा। लड़की की भाभी ने पुलकित की ओर देखा। पुलकित ने सबकी निगाह बचाते हुए उनकी ओर देखा और मुस्कराकर उन्हें आँख मार दी। वे गुस्से से फनाफना उठीं। मंच से उठकर वे नीचे चली गयीं। एक कुर्सी खींचकर वे नीचे ही बैठ गयीं। पुलकित मंच पर ऐसे कोण पर बैठ गया कि भाभी जी का चेहरा ठीक उसके सामने हो गया। वह सबकी निगाह बचाकर उन्हें बार-बार देखने लगा। भाभी जी चेहरा तो नहीं उठा रही थीं, लेकिन खूब अच्छी तरह समझ रही थीं कि वह लड़का बार-बार मुझे देख रहा है। गुस्से से उनका खून खौल रहा था, लेकिन मज़बूरी यह थी कि वे वहाँ से उठकर जा नहीं सकती थीं। उन्होंने गुस्से में एक बार पुलकित को आँखें तरेरीं। पुलकित पर कोई असर नहीं हुआ। वह निगाह बचा-बचाकर बार-बार उन्हें देख रहा था। भाभी जी ने तीन-चार बार आँखें तरेरीं। पुलकित चिकना घड़ा बना हुआ था। वह उन्हें वैसे ही देखे जा रहा था।

लड़की पक्ष की एक बीस-बाइस साल की लड़की ने देखा कि भाभी जी नीचे अकेली बैठी हैं। वह भी मंच से उतरकर उनके बगल की कुर्सी पर जाकर बैठ गयी। भाभी जी उससे बातें करने में मशगूल हो गयीं। वे उससे ऐसा प्रदर्शित कर रही थीं जैसे पुलकित की ओर उनका ध्यान ही नहीं है। कुछ ही दर में वह लड़की समझ गयी कि पुलकित बार-बार भाभी जी की ओर देख रहा है। उसने भाभी जी को कुछ नहीं बताया। उसे लगा, भाभी जी को कुछ पता नहीं है। उसे पुलकित की हरकत बहुत अच्छी लग रही थी। वह भी प्यार भरी नज़रों से पुलकित की ओर देखने लगी। लड़की देखने में ठीक-ठाक नहीं थी। बार-बार उसकी प्यार भरी नज़रों को देखकर पुलकित का सिर भन्ना गया। उसने लड़की को देखकर बुरा सा मुँह बनाया। भाभी जी समझ गयीं कि वह लड़की प्यार भरी नज़रों से पुलकित की ओर देख रही है। उन्होंने पुलकित को देखा। पुलकित बुरा सा मुँह बनाकर दूसरी ओर देखने लगा था। उन्हें मन ही मन बड़ा मज़ा आया। उन्हें लगा कि अब मिला सेर को सवा सेर।

वरीक्षा सम्पन्न हो गयी तो लड़की को बुलाया गया। मंच पर सिंहासननुमा दो कुर्सियाँ रख दी गयीं। एक पर लड़का बैठ गया और एक पर लड़की। दोनों ने एक दूसरे को अँगूठियाँ पहनाईं। कुछ देर में लोग दोनों के पीछे खड़े होकर फोटो खिंचवाने लगे। पुलकित ने भी कई फोटो खिंचवायी। एक बार फोटो खिंचवाने के लिए वर-कन्या के पीछे लड़की के केवल भाई और भाभी आकर खड़े हुए। लड़की का भाई आई.पी.एस. था। वह भगवान-भगवान टाइप चेहरा बनाये हुए ठस्स और निर्विकार भाव से खड़ा था। पुलकित दौड़कर गया और भाभी जी के बगल में खड़ा हो गया। भाभी जी को बड़ी तेज गुस्सा आया। उनके पति को भी पुलकित का इस तरह आकर खड़े हो जाना अच्छा नहीं लगा। एक फोटो वे सिर्फ अपनी पत्नी के साथ खिंचवाना चाह रहे थे। पुलकित ने उसमें अपना थोबड़ा घुसा दिया। उन्होंने पुलकित से कहा, ''प्लीज, आप हट जाइए। एक फोटो भाई-भाभी के साथ हो जाय।'' पुलक़ित बोला, ''मैं भी तो आपका छोटा भाई हूँ। मैं आपका नहीं हूँ क्या? जब तक लक्ष्मण की भी फोटो साथ में न रहे, राम-सीता की फोटो अच्छी लगती है क्या?'' लड़की के भाई निरुत्तर हो गये। मृदुल मन ही मन मुस्करा रहा था। वह पुलकित की सारी खुराफात समझ रहा था, लेकिन वह बीच में नहीं पड़ना चाहता था। उसे पता था कि पुलकित सारे मामले से अपने तरीके से खुद ही निबट लेगा। अन्ततः फोटो पुलकित के साथ ही खिंची। मंच से उतरते-उतरते भाभी जी ने पलटकर पुलकित को बड़ी घृणा भरी नज़रों से देखा। उनकी घृणा भरी नज़रों को देखकर पुलकित मन ही मन मुस्कराया और दूसरी तरफ से मंच से उतर गया।

सब लोग खाना खाने लगे। पुलकित भी एक प्लेट में खाना लेकर खिसकते-खिसकते भाभी जी के पास पहुँच गया। भाभी जी ने कहा, ''क्यों लक्ष्मण जी? लक्ष्मण का नाम लेते हुए तुम्हें शर्म नहीं आयी? लक्ष्मण जी तुम्हारी ही तरह नीच थे क्या? औरतों का पीछा किया करते थे?''

''वह तो मैंने भाई साहब को खुश करने के लिए कह दिया।'' पुलकित ने जवाब दिया, ''मुझे पता है, वे आई.पी.एस. अधिकारी हैं। दरअसल मैं लक्ष्मण जैसा देवर नहीं हूँ। मैं तो विभीषण और सुग्रीव जैसा देवर हूँ। यह बात अगर मैं भाई साहब के सामने कह देता तो वे मेरी खाल उतरवा लेते।'' ''खाल तो वे अभी भी तुम्हारी उतरवा लेंगे। अगर मैं उन्हें तुम्हारी सारी नीचता बता दूँ।'' भाभी जी बोलीं। पुलकित बड़ी बेबाकी से कहने लगा, ''भाभी जी, आप चाहें मेरी खाल उतरवा लें, चाहे मुझे गोली मरवा दें। इन सब बातों से यह तथ्य समाप्त नहीं हो जाएगा

कि आप सुंदर हैं। आप ही बताइए! क्या आप सुंदर नहीं हैं? यहाँ कोई औरत या लड़की आपके सामने टिक पा रही है? आप महफिल लूट ले रही हैं या नहीं?''

तब तक वह लड़की अपनी प्लेट लेकर वहाँ आ गयी जो भाभी जी के बगल में नीचे कुर्सी पर बैठी थी। उसने पुलकित से बड़े प्यार से पूछा, ''आपका नाम क्या है?'' पुलकित हड़बड़ा गया, ''मेरा नाम महेश है!'' उसने झूठ बोल दिया। ''हाँ रीता!'' भाभी जी मुस्कराते हुए बोलीं, ''इनकी शादी नहीं हुई है। तुम्हारे लिए बहुत योग्य वर हैं।'' रीता नाम की वह लड़की शर्म से लाल हो गयी। वह मारे शर्म के हाथ-पैर ऐंठ रही थी और पुलकित का मन कर रहा था कि वह अपना सिर पीट ले। रीता ने शर्माते हुए पूछा, ''आप क्या करते हैं?'' ''फिलहाल तो मैं झख मारता हूँ।'' पुलकित ने बड़े धैर्य से जवाब दिया, ''मैंने बी.ए. करके पढ़ाई छोड़ दी। कुछ दिनों तक नौकरी खोजता रहा। नौकरी नहीं मिली तो मैं झख मारने लगा। कुछ दिनों तक झख मारते-मारते मुझे झख मारना अच्छा लगने लगा। अब तो मुझे लगता है कि मैं झख मारने के अलावा और कोई काम न करूँ।'' रीता मुस्कराते हुए बोली, ''आप बहुत मज़ाक करते हैं। वैसे ये झख होता क्या है?'' पुलकित ने आश्चर्य व्यक्त करते हुए कहा, ''आप झख ही नहीं जानतीं। अरे संस्कृत में मछली को झख कहते हैं।'' भाभी जी मुँह बनाती हुई बोलीं, ''हो बी.ए. पास और आत्मविश्वास इतना है जैसे टॉपर हो। पढ़ने में जीरो और जबान गज भर की...हुँह...।''

भाभी जी वहाँ से चली गयीं। रीता पुलकित को घेर कर खड़ी हो गयी, ''आपके पिता जी क्या करते हैं?'' पुलकित वहाँ से भाग जाना चाह रहा था, ''जी, मेरे पिता जी शहर में रिक्शा चलाते हैं।'' ''आप रिक्शा चलानेवाले के लड़के तो नहीं लगते।'' रीता बोली। पुलकित ने ऐसा चेहरा बनाया जैसे वह भयानक गुस्से में आ गया हो, ''क्या रिक्शा चलाना पाप है? रिक्शा चलानेवाला आदमी नहीं होता क्या? आप अमीर लोगों को हम गरीब लोग गंधाते हैं। अरे शादी-ब्याह के मौके पर अच्छा कपड़ा पहन लिया है तो आप लोगों को बर्दाश्त नहीं हो रहा है। अरे, हम भले रिक्शा चलाकर पेट भरते हैं, लेकिन किसी से भीख नहीं माँगते। अपने मेहनत की कमाई खाते हैं। जाइए यहाँ से। जाइए अपने अमीर लोगों के बीच। मुझ गरीब से बात करके आपकी नाक कट जाएगी।'' रीता वहाँ से भाग खड़ी हुई। पुलकित बड़बड़ाया, ''कबाब में हड्डी कहीं की। भाग गयी। अब नहीं आयेगी मेरे पास।''

रीता ने भाभी जी के पास जाकर बड़े संकोच से पूछा, ''भाभी, वो महेश रिक्शा चलानेवाला का लड़का है क्या?'' उन्होंने कहा, ''मैं उसके बारे में कुछ

नहीं जानती। वैसे वह है बड़ा मायावी। वह क्या है, क्या नहीं है; इसके बारे में वही जाने।'' रीता ने बताया, ''मैंने उससे पूछा कि तुम्हारे पिता जी क्या करते हैं तो उसने कहा कि मेरे पिताजी रिक्शा चलाते हैं। फिर मुझे भाषण देने लगा कि रिक्शा चलानेवाला आदमी नहीं होता क्या?'' ''मैं नहीं जानती उसके बारे में कुछ भी। मुझसे उसके बारे में मत पूछो।'' भाभी जी ने कहा। रीता बोली, ''ठीक है! परसों इसको बारात में बनारस आने दो। इसे खूब गाली गाया जाएगा।'' आइडिया भाभी जी को भी पसंद आया, ''तुमने यह बात बड़ी पते की कही। इससे वहीं निबटा जाएगा।''

अगले दिन कोई काम नहीं था पुलकित के पास। बारात एक दिन बाद जानी थी। मृदुल थोड़ी देर के लिए पुलकित के पास आया। उसने पुलकित से पूछा, ''बोर तो नहीं हो रहे हो? यहाँ बोरियत हो रही हो तो घर चलो। वहाँ पर औरतों का गाना-बजाना हो रहा है। तमाम तरह के और भी कर्मठ हो रहे हैं।'' ''वहाँ औरतों के बीच में जाकर क्या करूँगा?'' पुलकित बोला, ''वैसे भी मुझे कोई जानता तो है नहीं। वहाँ बेवकूफ की तरह बैठा रहूँगा। उससे अच्छा तो यहीं है। मैं आज बोर नहीं हो रहा हूँ। आज मैं भाभी जी के बारे में सोच रहा हूँ। कल मैंने उन्हें खूब परेशान किया। रीता नाम की एक लड़की पता नहीं कहाँ से दाल-भात में मूसलचन्द की तरह घुस आयी थी। उन्हीं की तरफ की थी। आधा मजा तो उसने किरकिरा कर दिया।...भाभी जी अगर खुद आई.पी.एस. अधिकारी रही होतीं तो पक्का मुझे गोली मार देतीं।'' ''हाँ बच्चू! मैं सब देख रहा था।'' मृदुल ने कहा, ''भाभी जी को खूब लाइन मार रहे थे। अगर पिटे तो अपने साथ-साथ मेरी भी नाक कटाओगे।'' पुलकित हँसने लगा, ''मैं पिटूँगा ही नहीं। अगर पिटने की नौबत आयी तो मैं सबसे कह दूँगा कि तुमने मुझे भाभी जी को परेशान करने के लिए कहा था। फिर जो भी होता, तुम समझना।'' ''तुम बहुत हरामी जीव हो यार!'' मृदुल बोला, ''मेरी होनेवाली पत्नी की भाभी को तुम मेरी शादी में ही लाइन मार रहे हो। ऊपर से कह दोगे कि मेरे कहने पर तुम ऐसा कर रहे हो। बाकी लोग जो सोचेंगे, सोचेंगे। मेरी होनेवाली बीवी मेरे बारे में क्या सोचेगी? मेरे वैवाहिक जीवन की शुरुआत ही तुम लड़ाई-झगड़े से करवाओगे? शुक्र है, तुमने अपने को मेरे मामा का लड़का बताया है। अगर तुमने यह बताया होता कि तुम मेरे दोस्त हो तो क्या होता? भाभी जी सोचतीं कि जैसा एक दोस्त है, वैसा ही दूसरा दोस्त भी होगा।'' पुलकित मुस्कराया, ''ज्यादा भाषण मत झाड़ो। मैं सब समझ रहा हूँ। भाभी जी बहुत सुंदर है।

मैं उन्हें लाइन मार रहा हूँ तो तुम्हें जलन हो रही है। शादी के बाद भाभी जी से मेरी फिर कभी मुलाकात तो होगी नहीं। आगे उनकी तुमसे ही मुलाकात होनी है। इतनी सुंदर सरहज मिली है। तुम आगे-पीछे उन्हें लाइन जरूर मारोगे। मैं रेल की पूरी लाइन ही उखाड़ दे रहा हूँ। भविष्य में अगर तुमने उन्हें लाइन मारी तो झापड़ खाने के अलावा तुम कुछ नहीं कर पाओगे। तुम्हारे साले साहब पेंदे पर तुम्हें दो लात जमायेंगे सो अलग।'' मृदुल थोड़ा सा खिसिया गया, ''मेरी शादी में तुम खूब बदमाशी कर लो। तुम्हारी शादी अभी नहीं हुई है। मैं भी तुम्हारी शादी में चलूँगा तो यही सब करूँगा।'' ''तुम मेरी शादी में कुछ नहीं कर पाओगे।'' पुलकित ने कहा, ''तुमने मुझे सावधान कर दिया है। मैं इस तरह चुपचाप शादी कर लूँगा कि तुम्हें भनक तक नहीं लगेगी। अगर भनक लग भी गयी और तुम मेरी शादी में गये तो भी तुमसे कुछ नहीं होगा। लफंगई करने की मेरे अंदर जो जन्मजात प्राकृतिक प्रतिभा है, वह तुम्हारे अन्दर नहीं है। इसके अलावा अपनी शादी में अपने किसी रिश्तेदार लड़के को मैं सिर्फ एकसूत्री कार्यक्रम पर तैनात कर दूँगा। वह घूम-घूमकर सारे घरातियों और बरातियों को तुम्हारे बारे में बताता रहेगा कि उस लड़के का नाम मृदुल है। वह घनघोर लफंगा आदमी है। सब लोग अपनी बहू-बेटियों को उससे बचाकर रखिए, अन्यथा हमारी कोई जिम्मेदारी नहीं होगी। बड़े बाप का बेटा है, इसलिए मजबूरी में हमें उसे शादी में बुलाना पड़ा है। मृदुल हँसते हुए खड़ा हो गया, ''मैं यहाँ से जा रहा हूँ, नहीं तो तुम मुझे इसी तरह झेलाते रहोगे।''

अगले दिन दो बजे फैजाबाद से बनारस के लिए बारात चल दी। एक लम्बी लक्जरी बस थी। बस के साथ नौ-दस कारें। एक कार ऐसी थी, जिसमें मृदुल के केवल एक मामा बैठे थे। पुलकित उसी कार में जाकर बैठ गया। उसने सोचा कि मृदुल के मामा के बारे में ठीक से जानकारी ले ली जाय। वह अपने को मृदुल के मामा का लड़का बता चुका था। कहीं फँसने पर मामा के बारे में पूरी जानकारी रहने पर परिस्थितियों से ठीक ढंग से निबटा जा सकता था। वह अपना परिचय बताकर रास्ते भर मामा से बात करता हुआ जा रहा था। वह मामा से उनके बारे में एक-एक जानकारी उगलवा ले रहा था।

बारात शाम को ठीक समय से बनारस पहुँच गयी। बारात को सूर्या होटल में टिकाया गया। एक-एक कमरे में दो-दो लोगों ने कब्जा किया। लोग फैलकर आराम करने लगे। थोड़ी देर में नाश्ता भी आ गया। लड़की के पिता आकर एक-एक कमरे की व्यवस्था देखने लगे। सब जगह ठीक-ठाक है या नहीं। कहीं किसी को कोई समस्या तो नहीं है। इधर से अभयराज और मृदुल के दोनों मामा सारे कमरों

में जाकर बारातियों का हाल-चाल पूछ रहे थे। पुलकित ने एक कमरे में अकेले कब्जा कर लिया था। उसने और किसी को अपना कमरा साझा नहीं करने दिया।

रात दस बजे के लगभग बारात सूर्या होटल से चली। बारात को होटल डी. पेरिस तक जाना था। लड़कीवाले सब होटल डी. पेरिस में रुके थे। होटल डी. पेरिस में बहुत बड़ा मैदान था। शादी की सारी व्यवस्था उसी मैदान में की गयी थी। मैदान को बहुत ही भव्य तरीके से सजाया गया था। नाचते-गाते धीरे-धीरे बारात चल रही थी। बारात के चलने से सड़क के आगे-पीछे ट्रैफिक जाम हो गया। चूँकि लड़की का भाई आई.पी.एस. था, इसलिए ट्रैफिक को सम्हालने में पुलिसवाले भी लगे थे। दोनों तरफ इतनी बुरी तरह जाम लग गया था कि पुलिसवाले भी सिर्फ असहाय होकर देख रहे थे। अंत में भीड़ के एक किनारे से पुलिस एक सँकरा रास्ता बनाया। उसी रास्ते से धीरे-धीरे बहुत मुश्किल से पुलिस ने बारात को निकाला।

बारात होटल डी. पेरिस पहुँच गयी। लड़कीवाले बारातियों को माला पहनाकर उनका स्वागत करने लगे। पुलकित घूम-घूमकर भाभी जी को खोजने लगा। औरतों की भीड़ में भाभी जी दिख गयीं। दो औरतें किनारे-किनारे मिट्टी का सजा हुआ कलश लिये खड़ी थीं। उन कलशों पर मिट्टी के बड़े-बड़े दीपक जल रहे थे। पीछे खड़ी होकर औरतें मंगल-गीत गा रही थीं। भाभी जी औरतों में किनारे ही थीं। पुलकित उनके पास पहुँच गया और बड़ी गर्मजोशी से बोला, “भाभी जी नमस्ते!” भाभी जी औरतों की भीड़ से निकलकर एक तरफ आ गयीं। उन्होंने दाँत पीसते हुए कहा, “आखिर तुम चाहते क्या हो? तुम्हें दो-चार चप्पल जमा ही दूँ? तुम जानबूझकर शादी में तमाशा खड़ा करने पर तुले हुए हो क्या? तुम्हारी लड़के या लड़के के पिता से कोई दुश्मनी है क्या? मुझे लगता है कि शादी में अगर कुछ भरभण्ड हो जाएगा तो तुम्हारे कलेजे को बड़ी ठंडक मिलेगी। तुम शुरू से इसी फ़िराक में लगे हुए हो।”

पुलकित ने बहुत ही मासूम चेहरा बना लिया, “भाभी जी, कहा जाता है कि औरतों का दिल बहुत कोमल होता है। लेकिन आप तो बहुत कठ-करेजी हैं। मैं शुरू से ही कितने प्यार से आपको भाभी जी-भाभी जी कह रहा हूँ, लेकिन आपको तो मेरे नमस्ते का जवाब देना भी भारी लग रहा है। कल दिनभर आपसे मुलाकात नहीं हुई। मैं दिनभर बहुत बेचैन रहा। सोच रहा था, जल्दी से जल्दी बारात बनारस पहुँचे और मैं आँख भरकर आप को देखूँ। जब से मैं बनारस पहुँचा हूँ, मैं आपको ही खोज रहा हूँ। ऐसे चाहनेवाले बड़ी किस्मत से मिलते हैं। कोई और भाभी होती तो ऐसा देवर पाकर निहाल हो गयी होती। आप तो इस धरती की अनोखी ही भाभी हैं। मैं खोजते-खोजते किसी तरह आप तक पहुँचा और आप लगीं डाँटने।”

पुलकित इतनी मासूमियत से कह रहा था कि भाभी जी को मन ही मन हँसी आ गयी, लेकिन वे ऊपर से नहीं हँसीं। उन्होंने अपनी कठोर भाव-भंगिमा बनाये रखी। उन्होंने सोचा कि अगर मैंने एक बार हँस दिया तो यह और मनबढ़ हो जाएगा और इसकी ढिठाई तथा बदतमीजी बढ़ जाएगी। भाभी जी को चुप देखकर पुलकित ने पूछा, "भाभी जी, अभी तक मैं आपका नाम नहीं जान पाया। आपका नाम क्या है?" उन्होंने आँखें तरेरीं, "मेरा नाम जानकर क्या करोगे? अपने काम से काम रखो।" पुलकित बोला, "हम दोनों इतने अच्छे परिचित हो गये हैं। मान लीजिए कभी फिर मिलना हो गया तो मुझे आपका नाम तो पता रहना चाहिए। मैं तो अपना नाम बता चुका हूँ। मेरा नाम महेश है।" भाभी जी के तन-बदन में आग लग गयी, "ऐ मिस्टर! फिर मिलने का सपना तो देखो मत। मेरी ननद की शादी है, इसलिए मैं बहुत बचा रही हूँ। तुम मेरे कोई परिचित नहीं हो। शादी के बाद कहीं मिल गये और इस तरह की बदतमीजी की तो शर्तिया लात खाओगे।...हुँह! मान न मान मैं तेरा मेहमान।" पुलकित मुस्कराया, "वैसे एक बात तो तय है भाभी जी! अभी मुझको आप चाहे एक लाख गाली दे लें। शादी बीत जाएगी तो आप मुझको ज़िन्दगी भर याद करेंगी। अब से लेकर बुढ़ाई तक, आप मेरी चर्चा सबसे करती रहेंगी। आप जब भी चार सहेलियों के साथ बैठेंगी, मेरी ही चर्चा करेंगी कि मेरी ननद की शादी में मुझसे कम उम्र का एक खूबसूरत लड़का मेरे पीछे एकदम दीवाना हो गया था। तुम लोगों के पीछे कोई उस तरह क्या दीवाना हुआ होगा। मैं कितना भी जान छुड़ा रही थी, वह मेरा पीछा ही नहीं छोड़ रहा था। मेरे पीछे एकदम पागल हो गया था। उसने ऐसा किया, उसने वैसा किया। खूब नमक-मिर्च लगा-लगाकर मेरा किस्सा लोगों को सुनायेंगी।...आप जरा सोचिए। अपनी सहेलियों पर रौब गालिब करने के लिए इसके पहले आपके पास ऐसी धाँसू कहानी कोई थी?" भाभी जी अपना सिर पकड़कर बोलीं, "अरे कम उम्र के खूबसूरत लड़के। एक बार शीशे में जाकर अपना मुँह तो देख लेते। एक बात तो मैं मानती हूँ। जीवन में ऐसे जीव से मेरा कभी पाला नहीं पड़ा था। तुम मेरी मज़बूरी का फायदा उठाकर सारी शरारत कर रहे हो। मेरी ननद की शादी न होती और तुम लड़के के मामा के बेटे न होते तो मैं तुम्हें एक मिनट में ठीक कर देती। किसी सिपाही से कह देती, वह तुम्हारी अक्ल ठिकाने लगा देता। मेरे हाथ उठा देने पर तो तुम जिन्दा ही न बचते।" "एक पुलिसवाले की पत्नी बन जाने के कारण आपको मारने-पीटने के अलावा कुछ सूझता ही नहीं। अब समझ में आया कि आपका दिल इतना कठोर

कैसे हो गया है? सब पुलिसवालों की सोहबत का नतीजा है, अन्यथा औरतें तो बहुत कोमल और भावुक दिल की होती हैं।''

तब तक रीता नाम की वह लड़की भी वहाँ आ गयी। उसने भाभी जी से पूछा, ''भाभी, लड़केवाले एकदम फटीचर ही हैं क्या?'' ''क्यों?'' वे कुछ समझ नहीं पायीं। रीता बहुत व्यंग्यपूर्वक बोली, ''जब लड़के की तरफ से रिक्शा चलानेवाले इतना सज-धजकर आये हैं तो समझ लीजिए लड़केवालों का स्तर क्या होगा! बाराती के रूप में इन लोगों को रिक्शा चलानेवाले ही मिले थे?'' भाभी जी ने पुलकित से पूछा, ''उन दोनों मामाओं में तुम्हारे पिताजी कौन हैं? जाकर जरा पूछूँ कि वे कहाँ रिक्शा चलाते हैं?'' रीता ने पूछा, ''ये लड़के के मामा के बेटे हैं क्या?'' ''हाँ!'' भाभी जी ने उत्तर दिया। ''एक मामा इंजीनियर हैं और एक मामा ठेकेदार हैं फिर रिक्शा कौन चलाता है?'' ''...अरे ये झूठ बोल रहे हैं। मामा का बेटा बनकर अपनी नाक ऊँची करना चाह रहे हैं। हैं ये किसी रिक्शेवाले के लड़के ही। तुम्हारे बाप भी अपना रिक्शा लेकर बारात में आये होंगे। है न!'' रीता ने मजाक-मजाक में ही अपनी दोनों चप्पलें उतार लीं और हँसते हुए पुलकित को दौड़ा लिया। पुलकित वहाँ से भाग खड़ा हुआ।

पुलकित लौटकर बारात में गया तो देखा उसकी कम्पनी के बॉस भी आये हुए हैं। वह दौड़कर उनके पास गया। नमस्कार करके पूछा, ''अरे सर! आप कब आये? आपके आने की कोई सूचना नहीं थी।'' वे बोले, ''मृदुल ने मुझे शादी का कार्ड दिया था और बहुत अनुरोध किया था कि सर आइएगा जरूर। इतनी व्यस्तता थी कि मैं कुछ तय नहीं कर पा रहा था। आज अचानक प्लान बना और दोपहर में मुंबई से फ्लाइट पकड़कर मैं बनारस आ गया। मैं होटल रोजीडियन में रुका हूँ। अभी तैयार हुआ और बारात में चला आया। शादी का कार्ड मेरे पास था, इसलिए खोजने में परेशानी नहीं हुई।'' ''आप मृदुल से मिले?'' पुलकित ने पूछा। ''अभी तो नहीं।'' बॉस ने जवाब दिया। ''चलिए सर! मैं आप को उससे मिलवाता हूँ।'' पुलकित ने कहा और उन्हें लेकर दूल्हे की कार की ओर चल दिया। मृदुल ने बॉस को देखा तो दोनों हाथ जोड़कर प्रणाम किया। वह थोड़ा नर्वस भी हो गया। बॉस खड़े थे और वह कार में बैठा हुआ था। बॉस ने ताड़ लिया, ''रिलैक्स... रिलैक्स...तुम आज एक दिन की बादशाहत को इन्ज्वाय कर रहे हो। आज सब माफ है। चुपचाप बैठे रहो।'' मृदुल ने पुलकित से कहा, ''तुम सर का पूरा ध्यान रखना।'' ''तुम चिन्ता मत करो!'' पुलकित बोला, ''मैं सर के साथ-साथ ही रहूँगा। सर को कोई असुविधा नहीं होने पाएगी।...आइए सर, आप मेरे साथ आइए।'' पुलकित उन्हें लेकर उस तरफ चला जहाँ जयमाल के लिए मंच सजा हुआ था।

रास्ते में भाभी जी और रीता मिल गये। पुलकित ने दोनों की तरफ देखा तक नहीं। इस समय बॉस के आने से वह भी थोड़ा सा नर्वस महसूस कर रहा था। रीता बोली, "ऐ रिक्शेवाले! सवारी लेकर जा रहे हो क्या?" बॉस ने पुलकित की तरफ देखा। पुलकित बॉस को लेकर तेजी से आगे निकल गया, "ऐसा है सर, ये सब मृदुल की सालियाँ हैं। मुझे रिक्शावाला-रिक्शावाला कह कर चिढ़ा रही हैं।" बॉस मुस्कराये, "तो तुम भी यहाँ खूब इन्ज्वाय कर रहे हो।" जहाँ जयमाल होना था, वह मंच काफी ऊँचा था। उसके सामने दो पंक्तियों में बहुत शानदार सोफे रखे हुए थे। पुलकित ने बॉस को सोफे पर बैठा दिया और खुद भी उनके बगल बैठ गया।

द्वारचार हो गया। पुलकित दौड़-दौड़कर बॉस को नाश्ता-पानी कराने में लगा था। जयमाल भी होने लगा। पुलकित सब कुछ छोड़-छाड़कर केवल बॉस की आवभगत में लग गया। भाभी जी और रीता ने देखा कि पुलकित उन दोनों की ओर एकदम ध्यान ही नहीं दे रहा था। भाभी जी को थोड़ा सा ताव आ रहा था कि ऐसा कौन अत्यन्त महत्त्वपूर्ण आदमी है, जिसके इतना आगे-पीछे महेश लगा हुआ है। उन के हिसाब से वहाँ पर सबसे महत्त्वपूर्ण वे थीं और उनके पति थे। उन्होंने रीता से पूछा, "वह कौन बड़ा भारी लाट साहब है, जिसके आगे-पीछे महेश टहल रहा है?" उनकी हालत वही हो रही थी कि काना को देखे मूँड़ पिराय, काना बिना रहा न जाय। रीता बोली, "पता नहीं कौन है। होगा कोई! हमें क्या करना है?"

जयमाल भी हो गया। लोग मंच पर दूल्हे-दुल्हन के पीछे खड़े होकर फोटो खिंचवाने लगे। कुछ देर में पुलकित बॉस को भी लिवाकर मंच पर गया। मृदुल ने उनका पैर छुआ। अपनी पत्नी से भी मृदुल ने बॉस का परिचय कराया। उसकी पत्नी ने भी बॉस का पैर छुआ। भाभी जी बड़े असमंजस में पड़ीं। ऐसा कौन बड़ा भारी आदमी है, जिसका दूल्हा पैर छू रहा है। उसने और किसी का तो पैर नहीं छुआ। उम्र भी बहुत ज्यादा नहीं है।

दूल्हे और दुल्हन के खाना खाने के लिए एक बड़ा मेज लगाया गया। दूल्हे-दुल्हन तो साथ-साथ बैठे ही थे। दूल्हे के बगल में बॉस बैठ गये। उनके बगल पुलकित भी बैठ गया। मेज के दूसरी तरफ लड़के की बहन, भाभी वगैरह बैठ गयीं। इस समय पुलकित भाभी जी को रत्ती भर भी लिफ्ट नहीं दे रहा था। वह अपने बॉस को खुश करने में ही लगा हुआ था।

सब खाना खा चुके तो खाना परोसने वालों ने लड़के-लड़की को मधुमक्खी की तरह घेर लिया। बख्शीश के लालच में। मृदुल उन्हें एक हजार का नोट निकालकर देने लगा। उन लोगों ने लेने से इनकार कर दिया। लड़की की भाभी ने भी एक हजार रुपये निकालकर कहा, "अच्छा, इतना और ले लो।" उनमें से एक बोला,

"हम लोग पाँच हजार से कम नहीं लेंगे। आप लोग देखिए कि हम लोग कितने लोग हैं?" अचानक बॉस ने उससे पूछा, "तुम लोग कुल कितने लोग हो?" "जी पचीस!" उसने कहा। बॉस ने हजार-हजार से पचीस नोट निकालते हुए कहा, "लो पकड़ो और भाग जाओ यहाँ से!" वे सब नोट झपटकर भाग खड़े हुए। थोड़ी देर में एक कप कॉफी लेकर दो कॉफी वाले आ गये, "साहब हम लोग कॉफी वाले हैं।" बॉस ने उन्हें भी दो हजार पकड़ाते हुए कहा, "अपनी कॉफी ले जाओ। मुझे कॉफी नहीं पीनी है।" एक तश्तरी में पान सजाकर दो पानवाले आ गये। उन्होंने बॉस के आगे तश्तरी बढ़ाते हुए कहा, "साहब, हम दो पानवाले भी हैं। बॉस ने उन्हें भी दो हजार पकड़ाया, "मैं पान नहीं खाता। पान भी ले जाओ।" तब तक छः आदमी और आ गये, "साहब हम लोग चाटवाले हैं। हम लोगों को कुछ नहीं मिला।" बॉस बोले, "मैंने तो चाट खाया ही नहीं।" सब हाथ जोड़कर खड़े हो गये, "चलिए साहब अब खा लीजिए।" छः हजार पकड़ाते हुए बॉस बोले, "लो, भाग जाओ। मुझे नहीं खाना है चाट।" पुलकित बोला, "सर, अब आप यहाँ से उठ चलिए। बनारस ठगों का शहर है। सारे बनारसी ठग मिलकर आपको लूट लेंगे।" पुलकित उन्हें वहाँ से उठाकर लेकर चल दिया। भाभी जी ने दूल्हे से पूछा, "ये आदमी कौन है?" मृदुल बोला, "ये हमारे कम्पनी के बॉस हैं। दोपहर की फ्लाइट से मुंबई से बनारस आये हैं।" "तुम्हारे मामा का लड़का उनके साथ-साथ क्यों लगा है?" भाभी जी ने फिर पूछा। मृदुल ने बात को सँभालते हुए कहा, "मैं तो दूल्हा बनकर बैठा हूँ। बॉस यहाँ किसी को पहचानते नहीं इसीलिए मैंने उसको सहेज रखा है कि तुम बॉस का ठीक तरह से ध्यान रखो।"

बॉस ने पुलकित से कहा, "मैं अब थक गया हूँ। जा रहा हूँ होटल, सोने। कल सुबह की फ्लाइट से मैं मुंबई चला जाऊँगा। तुम लोग मेरे लिए परेशान मत होना।" "ठीक है सर! आप जैसा उचित समझें।" पुलकित ने कहा, "लेकिन सर आपने फालतू में इतना पैसा बाँट दिया।" बॉस बोले, "चिन्ता मत करो! वह सब मैंने मृदुल की इज़्ज़त बढ़ाने के लिए किया।" पुलकित ने बॉस को कार तक जाकर छोड़ा। वहाँ से वे अपने होटल चले गये।

रात के लगभग तीन बज रहे थे। अभयराज, मृदुल, पुलकित और दोनों मामा वहाँ पर पहुँच गये, जहाँ शादी के लिए मण्डप बना हुआ था। वहाँ एक तरफ कुछ सोफे रखे हुए थे। पाँचों लोग सोफों पर बैठ गये। दोनों तरफ के पण्डित जी लोग नीचे लग्न-मंडप में शादी की तैयारियाँ कराने लगे। एक तरफ लड़की पक्ष की दर्जनों औरतें बैठी थीं। उन औरतों में भाभी जी और रीता भी बैठी हुई थीं। पुलकित ने मुस्कराकर भाभी जी की ओर देखा। भाभी जी ने रीता को कुहनी मारी।

रीता ने राग अलापना शुरू किया। एक लड़की ढोलक बजा रही थी। रीता लगी गालियाँ गाने और औरतें उसमें धुन मिलाने लगीं। एक-एक कर महेश की माँ-बहन को तारा जाने लगा। मृदुल और पुलकित एक दूसरे की ओर देखकर मुस्कराये। अभयराज ने पूछा, "महेश कौन है?" मृदुल ने कहा, "इन लोगों को बेवकूफ बनाने के लिए पुलकित ने अपना नाम महेश बता दिया है।" अभयराज और दोनों मामा हँसने लगे। अभयराज ने कहा, "अब पोल खुलनी नहीं चाहिए। इन लोगों को हवा में गालियाँ गाने दो।" खूब ढोल चटक रही थी। गालियाँ पर गालियाँ। सिर्फ महेश को।

कुछ देर के लिए औरतों ने विराम लिया। पुलकित चिल्लाया, "आप लोग मुझे बहुत गालियाँ गा रही हैं। मैं भी आप लोगों के लिए गालियाँ गाने लगूँगा तो रोइएगा मत। रीता चिल्लायी, "आप को गाली गानी आती भी है?" पुलकित बोला, "मुझे आता क्या नहीं है? वह तो मैं औरतों के खिलाफ हथियार नहीं उठाता। मुझे अकेला पाकर आप लोग बहुत बहादुर बनी हैं। रीता ने चुनौती दी, "आप को गाली आती है तो आप भी हम लोगों को गाली गाइए। आप की गाली पर हम लोग ढोलक बजा देंगे।" पुलकित बोला, "आप लोग मुझे ज्यादा ताव मत दिलाइए। मैं अपनी पर उतर आया तो आप लोग यहाँ से भाग खड़ी होंगी।" भाभी जी ने भी ताव दिलाया, "तो उतर आओ न अपनी पर! किसी ने रोक रखा है क्या?" "ठीक है! जब आप कह रही हैं तो सुन ही लीजिए।" पुलकित ने कहा, "हाँ भाई! सब लोग चुप हो जाइए। अब मैं गाली गाने जा रहा हूँ।" पुलकित सचमुच गाने लगा—

बादल बिन बिजली क्यों चमके, बादल बिन...
डॉट डॉट डॉट के लाल लाल गाल चमकें
उनकी अँगिया के नीचे अनार चमके
उनके लँहगे के नीचे छिनार चमके
बादल बिन
बादल दिन बिजली क्यों चमके, बादल बिन...
बादल बिन बिजली क्यों चमके, बादल बिन...

अभयराज और दोनों मामा जोर-जोर से तालियाँ पीटकर पुलकित को शाबाशी देने लगे। उधर बैठी हुई औरतें भौंचक्की होकर पुलकित को देख रही थीं। पुलकित ने किसी का नाम नहीं लिया था। उसने सिर्फ डॉट डॉट डॉट कहा था। रीता ने सोचा कि इसने मेरे लिए गाली गायी। वह खुशी और शर्म के मारे जमीन में गड़ी जा रही थी। उधर भाभी जी भी शर्म से लाल हुई जा रही थीं। उन्होंने सोचा कि इसने मेरे लिए गाली गायी।

तब तक कुछ औरतें लड़की को लेकर आ गयीं। लड़की के पिता और भाई भी आ गये। शादी का कार्यक्रम शुरू हो गया। औरतें ढोल बजा-बजाकर और तरह के शादी के गीत गाने लगीं। गाली एकदम बन्द! सब के ऊपर पुलकित का खौफ़ छा गया। बहुत शरारती और हरफनमौला लड़का है। पलटकर वह भी गालियाँ गायेगा। पता नहीं किस-किस को गाली दे। किन-किन अंगों का नाम लेकर गाली दे। शादी होते-होते लगभग सवेरा हो गया। शादी सम्पन्न हो जाने के बाद दूल्हे और दुल्हन को लेकर सारी घराती औरतें होटल से घर चली गयीं। पुलकित ने देखा कि भाभी जी नहीं हैं तो वह अपने होटल में जाकर सो गया।

अचानक अभयराज ने उसे झकझोरकर जगाया, "अरे भाई जल्दी उठो! लड़की की विदाई होनेवाली है।" पुलकित हड़बड़ाकर उठ बैठा। जल्दी-जल्दी नित्यक्रिया से निवृत्त होकर उसने स्नान किया। उसने नाश्ता कमरे में ही मँगा लिया। नाश्ता करके वह होटल डी. पेरिस पहुँचा। वहाँ औरतों का रोना-गाना चल रहा था। लड़की की विदाई हो रही थी। ऐसे माहौल में पुलकित ने भाभी जी के पास जाना उचित नहीं समझा। लड़की के भाई साहब भी जोर-जोर से रो रहे थे, इसलिए वह थोड़ा सा सहम गया।

फैजाबाद पहुँचने पर सारे मेहमानों को कहा गया कि वे होटल कृष्णा पैलेस से होटल स्वयंवर में शिफ्ट हो जायँ। अगले दिन बहू के स्वागत में स्वयंवर में भोज का आयोजन है। पुलकित ने स्वयंवर में भी एक कमरे में अकेले कब्जा जमा लिया। स्वयंवर मूलतः शादी-ब्याह के लिए ही बना था। बहुत लम्बा-चौड़ा लॉन था। बहू-भोज के लिए लॉन को एक दिन पहले से खूब सजाया जा रहा था।

रात में पुलकित खाना खाकर सो गया। देर रात में भीषण रूप से बरसात होने लगी। सारी सजावट तहस-नहस होने लगी। पुलकित को कुछ खबर ही नहीं थी। वह सवेरे आठ बजे के लगभग सोकर उठा। खिड़की का शीशा बन्द था। शीशा बन्द होने के बावजूद उसे ऐसा महसूस हुआ कि पानी बरस रहा है। मौसम भी बहुत ठंडा हो गया था। उसने खिड़की खोली। भयंकर पानी बरस रहा था। चारों तरफ कीचड़ ही कीचड़। वह कमरे का दरवाजा बाहर से बन्द करके नीचे आया। वहाँ उसे मृदुल के पापा मिल गये। सारी सजावट तहस-नहस हो गयी थी। फिलहाल बरसात बन्द होने की कोई उम्मीद नहीं दिख रही थी। पुलकित ने अभयराज से पूछा, "चाचा जी, अब क्या होगा?" वे बोले, "स्वयंवर का हॉल बहुत बड़ा है। यह इस हिसाब से बना ही है कि अगर पानी बरस जाय तो शादी-ब्याह का सारा

कार्यक्रम अन्दर हॉल में हो जाय। मैंने कह दिया है कि हॉल में सारी व्यवस्था करो। सारा कार्यक्रम वहीं होगा।''

शाम पाँच बजे तक पानी बरसना एकदम बन्द हो गया। हॉल में सारी तैयारियाँ भी पूरी हो गयी थीं। तीन कारों में भरकर मृदुल के ससुराल से भी लोग आ गये। उन लोगों ने उसी होटल में तीन कमरा बुक करा लिया। रात भर उन लोगों को वहीं रुकना था। अभयराज और पुलकित ने उन लोगों का स्वागत किया। पुलकित ने भाभी जी की तरफ कई बार देखा, लेकिन उन्होंने उसकी तरफ एकदम नहीं देखा।

रात आठ बजे दूल्हा और दुल्हन मंच पर आकर बैठ गये। लगभग सभी आमंत्रित कोई न कोई उपहार लेकर आये थे। लोग लड़की को ले जाकर उपहार दे रहे थे, कुछ लोग दूल्हा-दुल्हन के साथ फोटो खिंचवा रहे थे, कुछ लोग खाना खाने में जुटे हुए थे। मंच के पास ही लोगों के नाचने के लिए एक बड़ा सा फ्लोर बना हुआ था। उसके पास डी.जे. बज रहा था। बहुत सारी लाइटें भी वहाँ जल रही थीं। लड़के और लड़की की तरफ के करीबी लोग वहाँ नृत्य कर रहे थे। पुलकित भी खूब नृत्य करने में मगन था।

लगभग साढ़े दस बज रहे थे। भाभी जी भी आकर नृत्य करने लगीं। पुलकित ने उनके सिर के ऊपर सौ रुपये का नोट घुमाया और बाजा बजाने वालों को दे दिया। उसके बाद वह भाभी जी के दोनों हाथ पकड़कर नाचने लगा। भाभी जी के शरीर में आग लग गयी। उन्होंने फनफनाते हुए अपना हाथ छुड़ाया और जाकर कुर्सी पर बैठ गयीं।

पुलकित भी वहाँ से चल दिया। गया खाना खाया। ग्यारह बज गये थे। उसने मृदुल के पास जाकर कहा, ''यार मैंने खाना-वाना खा लिया। अब मैं तुम्हारे ड्राइवर को लेकर बस-स्टेशन जा रहा हूँ। बस स्टेशन से मैं इलाहाबाद के लिए बस पकड़ूँगा। सवेरे छः बजे इलाहाबाद से मुंबई के लिए मेरी ट्रेन है।'' थोड़ी देर तक मृदुल से बातचीत करने के बाद वह अपने कमरे में गया और जल्दी-जल्दी अपना सामान पैक करने लगा। सामान पैक करके उसने कमरे का दरवाजा बाहर से बन्द किया और चाभी होटलवाले को दे दी। मृदुल के ड्राइवर के साथ वह कार से बस स्टेशन चल दिया।

सारा कार्यक्रम समाप्त हो गया तो रात लगभग एक बजे दूल्हा, दुल्हन, दुल्हन की बहन और दुल्हन की भाभी खाना खाने लगे। भाभी जी ने मृदुल से पूछा, ''तुम्हारे मामा का लड़का कहाँ गया? दिखायी नहीं दे रहा है।'' मृदुल बोला, ''वह अपने घर चला गया।'' ''अरे...!'' भाभी जी का मुँह खुला का खुला रह गया।

धंधा

समय ईसवी सन् उन्नीस सौ पचहत्तर के आस-पास का था। गाँव में ठीक ढंग से जिस परिवार की रोटी-दाल चलती रहती थी, वह अपने को अमीर मानता था। मुकदमेबाजी कम थी। लोग एक-दूसरे के यहाँ जमकर बैठकबाजी करते थे। खूब हँसी दिल्लगी होती थी।

ऐसे माहौल में भी बब्बू पांडे खुश नहीं था, जबकि उसके परिवार की दाल-रोटी ठीक से चली जा रही थी। गाँव में ही लड़कियों का एक सरकारी जूनियर हाईस्कूल था। उसमें लड़कियों की आठवीं कक्षा तक पढ़ाई होती थी और गाँव में उस स्कूल को 'कन्या पाठशाला' कहा जाता था। बब्बू पांडे की पत्नी सावित्री कन्या पाठशाला में अध्यापिका थीं। कन्या पाठशाला की लड़कियाँ अपने विद्यालय की अध्यापिकाओं को बहनजी कहती थीं। बब्बू पांडे की उम्र पैंतालीस साल थी, जबकि सावित्री बयालीस की थीं। सावित्री के वेतन से घर का खर्च चल जाता था और बब्बू पांडे के लिए समस्या की जड़ यहीं पर थी।

बब्बू को लगताा था कि उसकी मर्दानगी को धिक्कार है। वह अपनी पत्नी के टुकड़ों पर पल रहा है। पीठ पीछे गाँववाले न जाने क्या-क्या कहते होंगे। गाँव में कुछ लोग खेती-बाड़ी करके अपना घर चला रहे हैं। कुछ अपना पुश्तैनी धंधा करके गुजर-बसर कर रहे हैं। बाप का पुश्तैनी धंधा था, पूजा-पाठ कराना। बब्बू पांडे को वह भी नहीं आता था। गाँववाले उसके बारे में क्या सोचते होंगे।

उसकी पत्नी सावित्री बहुत समझदार थीं और वे इन सब बातों को लेकर बब्बू से न तो कभी कुछ कहती थीं और न ही कभी झगड़ा-झंझट करती थीं। सावित्री की इन आदतों से बब्बू की हीनभावना और बढ़ जाती थी। वह सोचता था कि मेरी पत्नी मुझे इस लायक समझती ही नहीं कि मुझे कुछ कहे।

बब्बू के मन में बहुत उधेड़बुन चल रही थी। वह मन ही मन सोच रहा था कि कोई ऐसा धंधा किया जाय, जिसमें उसे खूब आमदनी हो। पत्नी के वेतन से ज्यादा आमदनी। वह तरह-तरह की योजनाएँ बना रहा था, लेकिन किसी एक

योजना पर उसका चित्त स्थिर नहीं हो पा रहा था। गाँव में जहाँ भी चार लोगों की बैठकबाजी होती रहती, वहाँ बब्बू पांडे पहुँच जाता और थोड़ी देर में इस बात पर सलाह-मशविरा शुरू कर देता कि ऐसा कौन सा धंधा शुरू किया जाय, जिसमें खूब आमदनी हो। वह बड़ी होशियारी से बात करता था। किसी के ऊपर यह नहीं प्रकट करता था कि धंधा मैं करना चाहता हूँ। बस, बातचीत का विषय यह बना देता था कि इस गाँव में ऐसा कौन सा धंधा हो सकता है, जिसको करने पर खूब फायदा हो। लोगों के बहस का यही मुद्दा हो जाता और बब्बू पांडे हर धंधे के नफे-नुकसान को मन ही मन तौलता रहता।

एक दिन रास्ता चलते बब्बू पांडे की मुलाकात बया से हो गयी। बया ने बब्बू को पैलगी की। औपचारिकता में बब्बू ने भी बया से पूछ लिया, "कस भाई, किधर चले जा रहे हो? " "अब क्या बताऊँ?" बया ने थोड़ा सा खीझते हुए कहा, "कोंहराने जा रहा हूँ। अभी महीने भर भी नहीं हुआ था हौदा ले आये! आज रात चारा खाते-खाते भैंस ने उसे फोड़ दिया। हौदे में भूसा खतम हो गया होगा तो और भूसा तलाशते-तलाशते भैंस ने दोनों अगले पैर हौदे में डाल दिये। मिट्टी का ही हौदा तो! फूट गया जा रहा हूँ किसी कुम्हार से नया हौदा खरीदने ....अब तुमसे क्या बताऊँ। पिछले साल मैं अपनी ससुराल गया था। वहाँ पर गाँव में कई लोग मिट्टी के बजाय सीमेन्ट का हौदा इस्तेमाल करते हैं। सीमेन्ट का हौदा बड़ा टिकाऊ होता है। उसमें जानवरों को कितना भी चारा-पानी खिलाओ-पिलाओ फूटता नहीं। गाँव में ही एक आदमी मिस्त्रियों से बालू, सीमेन्ट, गिट्टी और सरिया डलवाकर सीमेन्ट के हौदे ढलवाता है और गाँव में अपने जानवरों के लिए लोग उसी से हौदे खरीदकर ले जाते हैं।

बया तो अपने रास्ते चला गया, लेकिन बब्बू पांडे के दिमाग में बिजली कौंध गयी। बब्बू पांडे सोचने लगा कि अगर मैं भी सीमेन्ट का हौदा बनवाकर बेचने लगूँ तो बड़ी कमाई होगी। गाँव में ऐसा शायद ही कोई है जिसके पास दो-चार जानवर नहीं हैं। जो खेतिहर नहीं हैं वे भी दूध के लिए एकाध गाय या भैंस रखे हुए हैं। खेतिहरों के पास तो बैल भी हैं। किसी के पास दो बैल, किसी के पास चार बैल। जानवरों को चारा-पानी देने के लिए लोग कुम्हारों के यहाँ से मिट्टी के हौदे लाते हैं। मिट्टी के हौदे उतने मजबूत नहीं होते। कुछ लोग हौदे को मजबूती देने के लिए उसे भरपूर कच्ची मिट्टी के छोटे चबूतरे में गाड़ देते हैं लेकिन तब भी उसके फूटने की सम्भावना बनी रहती है। मैं एक बार में सीमेन्ट के पचीस हौदे ढलवा लिया करूँगा और उन्हें बेचूँगा। जब सारे हौदे बिक जाएँगे तो दुबारा फिर

पचीस हौदे ढलवाया करूँगा। गाँव में यह धंधा कोई नहीं करता। मेरा धंधा चल निकलेगा। धीरे-धीरे मैं मालामाल हो जाऊँगा।

आज शाम को जब सावित्री कन्या पाठशाला से पढ़ाकर लौटीं तो बब्बू उनकी खूब खुशामद में लग गया। शुरू में हौदे बनवाने के लिए सावित्री से ही पैसे निकलवाने थे। वह सावित्री की खूल लल्लो-चप्पो कर रहा था। सावित्री को आज बब्बू का रवैया बदला-बदला सा लग रहा था, लेकिन वह माजरा कुछ समझ नहीं पा रही थीं। उन्हें इतना संतोष जरूर था कि बब्बू आज खुश दीख रहा था, अन्यथा विद्यालय से लौटने पर वह अक्सर उसका लटका हुआ चेहरा ही देखती थीं।

रात में खाना खाते समय आखिर बब्बू ने बात छेड़ ही दी, ''तुम मदद कर देती तो मैं एक धंधा शुरू करने की सोच रहा था।'' ''कैसा धंधा?'' सावित्री ने बड़े शान्ति और धैर्य से पूछा। बब्बू अपनी योजना बताने लगा, ''गाँव में सब लोग जानवरों को चारा खिलाने और पानी देने के लिए कुम्हारों के यहाँ से लाकर मिट्टी का हौदा प्रयोग करते हैं। अब सीमेन्ट के हौदे भी बनने लगे हैं। मिट्टी का हौदा फूट जाता है। सीमेन्ट का हौदा बड़ा मजबूत और टिकाऊ होता है। टूटता-फूटता नहीं। गाँव में हर आदमी को हौदे की जरूरत पड़ती है। मैं सोच रहा हूँ कि मैं सीमेन्ट के हौदे ढलवाकर बेचूँ। गाँव में बिकने लगेगा तो आसपास के गाँव के लोग भी आने लगेंगे।'' सावित्र ने शांत भाव से कहा, ''सोच लो! तुमसे हो पायेगा?'' ''मैं सब कर लूँगा। बस शुरू में तुम थोड़ा पैसे से मदद कर दो।'' बब्बू अधीर होते हुए बोला। सावित्री ने धीरे कहा, ''ठीक है! मैं पैसा दे दूँगी। तुम्हारा धंधा चल जाय तो बड़ी अच्छी बात होगी।'' बब्बू पांडे खुशी से पागल हो उठा। उसे उम्मीद नहीं थी कि सावित्री इतनी आसानी से मान जाएगी। सावित्री को बहुत भरोसा नहीं हो रहा था। वे अपने पति को अच्छी तरह जानती थीं। बब्बू महा लबार और केवल बात का जबर आदमी था। शारीरिक परिश्रम से वह प्रायः जी ही चुराता था।

बात बब्बू पांडे की थी। अगले दिन पूरे गाँव को खबर हो गयी कि बब्बू पांडे सीमेन्ट के हौदों का धंधा शुरू करने जा रहे हैं। लोगों को पकड़-पकड़कर बब्बू जो लम्बी-चौड़ी छोड़ रहा था कि लोग उसका मुँह ताकते रह जा रहे थे। लोगों को विश्वास नहीं हो रहा था। कोई धंधा-वंधा करना इस गपोड़ी के बस की बात नहीं है।

कुछ ही दिनों के अंदर बब्बू के घर के सामने बालू, सीमेन्ट, गिट्टी वगैरह गिरने लगी। गाँव वालों को बड़ा आश्चर्य हुआ। जब सीमेन्ट के हौदे ढाले जाने लगे तो देखने के लिए पूरा गाँव ही जुट गया। लोगों ने सीमेन्ट के हौदे बनते हुए नहीं देखे थे। कुछ लोग बब्बू पांडे की तारीफ भी कर रहे थे। बब्बू मूँछों पर ताव देते

हुए फड़क रहा था, ''अरे जो चीज बब्बू पांडे ने ठान ली, समझो वह पत्थर की लकीर हो गयी। बब्बू पांडे मर्द है। मर्द की जबान की वकत होती है। सब लोग देखना बब्बू पांडे कैसे शान से सीमेन्ट के हौदों का धंधा करता है। गाँव में ही नहीं बब्बू पांडे के हौदे पूरे जिले में बिकेंगे।

पचीस हौदे ढलकर तैयार हो गये। सबसे पहले गाँव के प्रधान शिवबरन सिंह ने बब्बू पांडे की बोहनी करायी। जिस दिन बब्बू ने हौदे बेचने की शुरुआत की उसी दिन शिवबरन सिंह ने चार हौदे खरीदे। बब्बू ने एक हौदे का दाम दो सौ रुपये रखा था। इस हिसाब से पहले ही दिन उसे आठ सौ रुपये मिले। चार हौदों की इकट्ठा खरीद देखने के लिए पूरा गाँव जुटा। सबने बब्बू को बधाई दी। बया ने कहा, ''बब्बू भाई, तोहार धंधा चल निकला। बहुत अच्छा धंधा शुरू किये। गाँव में इसकी बहुत जरूरत थी।'' बब्बू और सावित्री दोनों गद्‌गद हो गये। बब्बू बोला, ''बया भाई तुमको नहीं याद होगा, लेकिन ये धंधा शुरू करने का विचार मुझको तुम्हीं ने दिया था। याद है... एक बार जब तुम मिट्टी का हौदा खरीदने जा रहे थे तो तुम्हीं ने मुझे बताया था कि तुम्हारी ससुराल में लोग सीमेन्ट का हौदा प्रयोग करते हैं। बस इसी बात को मैंने पकड़ लिया।''

बोहनी तो बड़ी अच्छी हुई थी लेकिन मामला आगे गड़बड़ाने लगा। कुम्हार के मिट्टी के हौदे पाँच रुपये के पड़ते थे। यहाँ सीमेन्ट का हौदा दो सौ रुपए का। यानी सीमेन्ट के एक हौदे में मिट्टी के चालीस हौदे। गाँव के लोग वैसे भी हर चीज में दो पैसा सस्ता खोजते हैं। यहाँ तो बहुत फर्क था। मजबूती और टिकाऊपन बाद की चीज हो गयी। वैसे बब्बू पांडे ने भी जल्दी अमीर बनने के चक्कर में दाम कुछ ज्यादा ही रख दिया था। अगला हौदा दो महीने बाद बिका। बब्बू पांडे मायूस होने लगा। उसका सपना चूर-चूर हो रहा था। उसने सोचा था कि तीन-चार महीने में पचीस हौदे बिक जाएँगे, लेकिन तीन महीने में पाँच हौदे ही बिके। उसमें भी चार तो इकट्ठे ही बिक गये थे। साल भर इंतज़ार करते-करते कुल बीस हौदे ही बिक पाये।

एक दिन बब्बू सावित्री से कहने लगा, ''घाटा तो नहीं हुआ, लेकिन उस हिसाब से फायदा भी नहीं हुआ। साल भर में बीस हौदे बेच पाना भी कोई धंधा है?'' सावित्री बोलीं, ''इसीलिए तो मैंने तुमसे पहले ही कहा था कि खूब सोच-समझ लो। कैसा धंधा है, कैसा नहीं है! तुमसे हो भी पायेगा या नहीं? तुमने कहा कि मैं कर ले जाऊँगा तो मैंने भी सोचा ठीक है, करने दो।''

बब्बू पांडे से एक दिन बया की फिर मुलाकात हो गयी। बब्बू अपना दुखड़ा रोने लगा, ''बया भाई मेरा धंधा सही नहीं चल रहा है। मैं फालतू में इस लफड़े में

फँस गया। सोच रहा हूँ यह धंधा बंद कर दूँ।'' बया ने कहा, ''तुमने दाम ज्यादा रख दिया। वैसे धंधा बंद करने का मन हो तो मुझे बताओ। बाकी बचे हुए हौदे मुझे सौ-सौ रुपये में दे दो। मैं उन्हें धीरे-धीरे बेचता रहूँगा।'' ''दाम कम लगा रहे हो बया।'' बब्बू बोला, ''डेढ़-डेढ़ सौ में लो तो मैं बचे हुए सारे हौदे तुम्हें दे दूँ। वैसे केवल पाँच हौदे ही बचे हैं।'' दोनों में मोलभाव होने लगा। अंत में सवा सौ रुपये में एक हौदे की बात तय हुई। बब्बू ने घर जाकर सावित्री को बताया कि अब मैं हौदे का धंधा बंद कर रहा हूँ। बचे हुए पाँच हौदे का सौदा मैंने बया से कर लिया है। सवा छः सौ में पाँचों को निकाल दे रहा हूँ। सावित्री कुछ नहीं बोलीं। उन्हें शुरू से ही आशंका थी कि इस धंधे का हश्र यही होगा चूँकि कुछ नुकसान नहीं हुआ था बल्कि फायदा ही हो गया था, इसलिए उन्होंने बब्बू से कुछ किचकिच करना उचित नहीं समझा।

एक दिन शाम को बब्बू के यहाँ गयाचरन तिवारी आ गये। गयाचरन की उम्र सत्तर साल की थी। गाँव के ब्राह्मणों में उनका बड़ा सम्मान था। बब्बू और सावित्री ने उनको ससम्मान चारपाई पर बैठाया। थोड़ी देर तक इधर-उधर औपचारिकता की बातें होती रहीं। अचानक गयाचरन बोले, ''बब्बू तुम्हारा बेटा गप्पू आठवीं कक्षा में पहुँच गया है। तुम्हारी इकलौती सन्तान है। उसके बारे में कब सोचोगे?'' सावित्री ने हाथ जोड़कर पूछा, ''कोई बात हो गयी क्या तिवारी जी?'' ''कोई बात क्यों नहीं हुई? अरे लड़का शादी के लायक हो गया है। बारह-तेरह साल का तो होगा ही।'' गयाचरन भूमिका बाँधने लगे। बब्बू बोला, ''तिवारी जी कोई अच्छी लड़की होगी तो बताइएगा। आप लोग ही तो बिरादरी के बड़े बुजुर्ग हैं।'' गयाचरन ने थोड़ा सा रहस्य पैदा किया, ''वैसे एक लड़की के बारे में मुझे जानकारी हुई है। लड़की का बाप तुम्हारे बेटे के लिए बीस हजार दहेज भी देगा।'' बीस हजार दहेज की बात सुनकर बब्बू और सावित्री का मुँह खुला का खुला रहा गया। अपने बेटे के लिए इतने दहेज के बारे में दोनों ने सपने में भी नहीं सोचा था। दोनों की लार टपक पड़ी। बब्बू थोड़ा संकोचपूर्वक बोला, ''हमारे बेटे में ऐसा क्या रहा है जो कोई उसे बीस हजार दहेज देगा?'' ''यह तो तुम सोचते हो न कि तुम्हारे बेटे में कुछ नहीं रखा है।'' गयाचरन ने कहा, ''सामने वाला तुम्हारे बेटे में कुछ देख रहा होगा तभी तो बीस हजार देने को तैयार है।'' सावित्री ने बड़ी उत्सुकता से पूछा, ''कौन हैं तिवारी जी?'' गयाचरन बताने लगे, ''एक उपाध्याय जी हैं। मेरे मित्र हैं। उन्होंने ही मुझसे कोई लड़का बताने को कहा था। मैंने उन्हें तुम्हारे लड़के के बारे में बताया। वे तुरंत शादी के लिए तैयार हो गये। उनकी लड़की दसवीं कक्षा में पढ़ती है।''

बब्बू बड़े असमंजस में पड़ गया, ''ये कैसे हो सकता है तिवारी जी? हम तीन के न सही, तेरह के ब्राह्मण हैं। हम लोग पांडे हैं और पांडे में भी इटार पांडे हैं। इटार पांडे के यहाँ तो तीन के ब्राह्मण भी शादी करते हैं। हम उपाध्याय में कैसे जा सकते हैं? ऊपर से लड़की भी लड़के से कुछ बड़ा है . . .।'' ''अरे उमर में साल-दो साल के कम-बेशी से क्या होता है?'' गयाचरन ने बब्बू की बात काट दी, ''शादी-ब्याह में इतना चलता रहता है। रही बात उपाध्याय की तो क्या उपाध्याय लोगों के लड़के-लड़कियों की शादी नहीं होती क्या? तुम इटार पांडे हो यही देखकर ही तो वे बीस हजार दहेज दे रहे हैं। मेरी मानो तो शादी कर लो। दुबारा कोई इतना दहेज देने नहीं आयेगा। वे उपाध्याय जरूर हैं, लेकिन क्षेत्र के मानिन्द ('मानिन्द' अवधी भाषा का शब्द है, जिसका अर्थ होता है—प्रतिष्ठित और जाने-माने) आदमी हैं। तुम्हारे दरवाजे पर कितने बैल बँधे हैं? केवल एक गाय है और एक भैंस। उनके दरवाजे पर छः बैल बँधे हैं। वे जब लड़का देखने आयेंगे तो तुम भी किसी से माँगकर दो बैल दरवाजे पर एक दिन के लिए बाँध लेना। कम से कम इतना तो लगे कि तुम्हारे पास एक हल की खेती है।'' '' वह सब बात की बात है।'' सावित्री ने कहा, ''पहले हम लोगों को कुछ दिनों का समय तो दीजिए। हम लोग आपस में राय-मशविरा तो कर लें कि हमें यह शादी करनी है या नहीं।'' ''इसमें राय-मशविरा क्या करना?'' गयाचरन थोड़ा सा उखड़ गये, ''इतनी अच्छी शादी मैं लेकर आया हूँ। तुम लोग हाँ कह दो तो मैं लड़कीवालों को भी जाकर यह खुशखबरी दूँ।'' सावित्री दोनों हाथ जोड़कर बोलीं,'' ऐसी जबर्दस्ती मत करिए तिवारी जी। इस तरह बिना सोचे-समझे हम हाँ नहीं कर पायेंगे।'' दोनों पक्षों में समय को लेकर बातचीत होने लगी। अन्ततः तय हुआ कि बब्बू पांडे और सावित्री एक सप्ताह बाद अपना निर्णय बतायेंगे।

सावित्री और बब्बू पांडे बड़े पशोपेश में थे। अपने ऊँचे ब्राह्मण होने का दंभ तो था ही दूसरे लड़की भी लड़के से दो साल बड़ी थी। वैसे होता तो वे शादी से साफ मना कर देते लेकिन दहेज में मिल रहे बीस हजार रुपये ..। बीस हजार बहुत बड़ी रकम थी। वे अनुमान लगा रहे थे कि जो बाप बीस हजार नकद दे रहा है वह अपनी लड़की को और भी तो बहुत कुछ देगा। लड़के को घड़ी, बाज़ा, साइकिल तो देगा ही। अँगूठी वगैरह भी दे सकता है। बब्बू ने सावित्री को समझाया, ''अपने से छोटे ब्राह्मण के यहाँ लड़की नहीं देनी चाहिए। उसके यहाँ से लड़की लाने में कोई बुराई नहीं होती। आखिर सब लड़की वाले अपने से ऊँचा ब्राह्मण खोजते हैं।'' ''लेकिन लड़की तो लड़के से बड़ी है।'' सावित्री ने कहा। बब्बू बोला,

"हाँ! असली समस्या की जड़ यही है... लेकिन साल-दो साल से उतना फर्क नहीं पड़ता। लड़की पाँच-छः साल बड़ी होती तो लोग बात का बतंगड़ बनाते। इसमें तो लोगों को समझ में ही नहीं आयेगा कि लड़की बड़ी है या छोटी। हम किसी से चर्चा ही नहीं करेंगे कि लड़की दो साल बड़ी है।" दोनों इसी प्रकार तरह-तरह से विचार-विमर्श कर रहे थे। एक सप्ताह बीतने के पहले ही दोनों इस निष्कर्ष पर पहुँच गये कि शादी कर लेना ही ठीक रहेगा।

एक सप्ताह बीतते ही गयाचरन बब्बू पांडे के यहाँ आ धमके। मियाँ-बीवी ने गर्मजोशी से उनका स्वागत किया। सावित्री एक कटोरी में गुड़ और एक लोटा पानी ले आयीं। गयाचरन तिवारी माजरा समझ गये। यह स्वीकृति का लक्षण है। उन्होंने ललकार ही दिया, "हाँ पड़ाइन, बोलो तुम दोनों ने क्या फैसला किया?" सावित्री बोलीं, "तिवारी जी आप हम लोगों के बुजुर्ग हैं। आखिर हम आपके आदेश के खिलाफ कैसे जा सकते हैं? मेरे सास-ससुर नहीं ज़िन्दा हैं तो उनकी जगह मेरे लिए आप लोग ही हैं न!" "शाबास पड़ाइन, शाबास! तुमने ऐसी बात कह दी कि दिल खुश हो गया। आखिर पढ़े-लिखे औ गैर पढ़े-लिखे में यही तो अंतर होता है। तुमने मुझे अपना ससुर माना है तो मैं भी तुम्हें अपनी बहू का दर्जा देता हूँ। आज कितना शुभ दिन है। शादी भी तय हो गयी और मुझे पतोहू भी मिल गयी। . ..ठीक है बब्बू! अगले वृहस्पतिवार के दिन तैयारी किये रहना। लड़कीवाले लड़का देखने आयेंगे। कम से कम दस लोग रहेंगे। दस-बारह लोगों के नाश्ते-पानी का इंतजाम किये रहना। एक दिन पहले जाकर मिठाई खरीद लाना। वृहस्पतिवार को सवेरे ही मैं अपने दोनों बैल भिजवाकर तुम्हारे दरवाजे पर बँधवा दूँगा।"

वृहस्पतिवार के दिन लड़कीवाले लड़का देखने आ गये। सचमुच दस लोग थे। लड़की का बाप घोड़े पर बैठ कर आया था। बाकी लोग साइकिल से थे। सावित्री ने सवेरे से ही अपने बेटे मुकुंद को सजा-बजाकर घर पर बैठा रखा था। उन्होंने उसे सम्भावित प्रश्नों के उत्तर भी रटा दिये थे। गयाचरन तिवारी के दोनों बैल सवेरे से ही आकर उनके दरवाजे पर बँध गये थे। गाँव में यह सब करते थे। जिसके घर लड़का देखने के लिए लोग आने वाले होते, वह अगल-बगल से दो-चार बैल और लाकर अपने दरवाजे पर बाँध लेता। गयाचरन तिवारी चूँकि मध्यस्थ थे, इसलिए दोनों तरफ से उनकी विशेष आवाभगत हो रही थी।

लड़की के बाप ने मुकुंद को बुलाया। नाम पूछा। कुछ और भी सवाल किये। मुकुंद ने अच्छे बच्चे की तरह सारे प्रश्नों के ठीक-ठीक जवाब दे दिये। सावित्री उसके जवाब सुन-सुनकर मुदित हो रही थीं। लड़कीवालों ने मुकुंद को चलवाकर भी देखा।

यह रखने के लिए कि लड़के के दोनों पैर सही-सलामत हैं या नहीं। मुकंद दस मीटर तक आया और गया। लड़कीवालों ने देख लिया कि लड़के के सारे अंग ठीक हैं। वह तुतलाता-हकलाता नहीं। देखने में भी वह ठीक-ठाक है। बस! उनको इतना ही चाहिए था। बाकी, शादी तो वे इसलिए कर रहे थे कि लड़का पांडे है और वह भी इटार पांडे। लड़की के बाप ने बब्बू, सावित्री और मुकुंद को एक सौ एक-एक सौ एक रुपये दिये। बब्बू और सावित्री की आँखें फैल गयीं। उन्हें ग्यारह रुपये से ज्यादा मिलने की उम्मीद नहीं थी। गयाचरन तिवारी ने खँखारा, ''अरे भाई मैं लड़के का बाबा हूँ।'' सावित्री ने भी समर्थन किया, ''हाँ भाई! ये मेरे ससुर जी हैं।'' लड़की के बाप ने उन्हें भी एक सौ एक रुपये दिये। गयाचरन तिवारी के मन में लड्डू फूट पड़े। लड़की के बाप ने कहा, ''मुझे शादी मंजूर है। आप अपने पंडित जी को बुलवा लीजिए। उनसे सब कुछ पूछ-पाँछ लीजिए।'' बब्बू बोला, ''मेरे पास तो लड़के की कुंडली है नहीं। पंडित जी से क्या मिलवायेंगे?'' लड़की के बाप ने कहा, ''मेरे पास भी लड़की की कुंडली नहीं है। कौन बच्चों की कुंडली बनवाकर रखता है? अपने पंडित जी से बाकी चीजें पूछ लीजिए कि सब ठीक-ठाक है या नहीं?'' बब्बू बोला, ''बाकी चीजें पंडित से क्या पूछनी हैं? सब ठीक-ठाक है।'' वह डर रहा था कि पंडित जी आकर ऐसा कुछ न बता दें कि मामला गड़बड़ा जाय और दहेज के बीस हजार रुपये चले जायँ। गयाचरन बोले, ''जब दोनों पक्ष राजी हैं, तो किसी पंडित से पूछने की क्या जरूरत? मैं हूँ न पंडित। तीन का ब्राह्मण हूँ। मैं घोषित कर रहा हूँ कि आज यह शादी तय हो गयी।''

एक दिन बब्बू सावित्री से बोला, ''दहेज के बीस हजार रुपये तुम रख लेना। बस उसमें से एक आटा की चक्की खरीदने का पैसा मुझे दे देना।'' सावित्री भौंचक्की रह गयीं, ''आटा की चक्की? कैसी आटा की चक्की?'' बब्बू समझाने लगा, ''दस बजे तुम कन्या पाठशाला चली जाती हो। दस बजे मुकुंद भी अपने स्कूल चला जाता है। अभी तो मैं तुम लोगों के जाने के बाद खाना खाकर घर में ताला बन्द कर देता हूँ और गाँव में निकल जाता हूँ। बहू आ जाएगी तो उसको छोड़कर मैं कैसे गाँव में निकल जाऊँगा? मुझे घर पर ही रहना पड़ेगा। दिनभर घर में बैठे-बैठे मैं करूँगा क्या? एक आटा पीसने की चक्की गाड़ लेता हूँ। दो पैसे की आमदनी भी होती रहेगी और काम में भी व्यस्त रहूँगा।'' सावित्री ने बब्बू की ओर अविश्वास से देखा, ''तुम कर पाओगे यह काम?'' बब्बू हाँकने लगा, ''अरे तुमने अभी बब्बू पांडे की काबिलियत देखी कहाँ है? जिस दिन बब्बू पांडे कुछ करने पर उतर आयेंगे उस दिन दुनिया देखेगी कि बब्बू पांडे आखिर है किस माई के लाल

का नाम। सीमेन्ट के हौदे वाले धंधे में थोड़ा सा समझने में चूक हो गयी, नहीं तो मैं उसी में दिखा देता। मैं पहले आटे की चक्की गाड़ूँगा। चल जान पर तेल पेरने की मशीन भी लगा लूँगा। उसके बाद धान कूटने की मशीन लगाऊँगा फिर रुई धुनने की मशीन लआऊँगा ...'' ''बस-बस!'' सावित्री घबरा गयीं, ''ठीक है! तुम मुझसे आटा पीसने की चक्की गाड़ने का पैसा ले लेना।''

शादी-ब्याह कुशलपूर्वक निबट गया। घर में बहू आ गयी। अब बब्बू रोज सावित्री से आटा पीसने की चक्की के पैसे माँगने लगा। एक दिन सावित्री ने बब्बू को समझाया, ''अभी घर में नयी-नयी बहू आयी है। अभी तुरंत चक्की गाड़ना ठीक नहीं रहेगा। तीन -चार महीने बीत जाने दो। उसके बाद तुम्हारी चक्की गड़ जाएगी।'' बब्बू मान गया।

मुकुंद गाँव के इंटर कॉलेज में आठवीं कक्षा में पढ़ता था। दस बजे खाना-पीना खाकर वह स्कूल चला जाता। सावित्री उसे बहू के कमरे में नहीं जाने देती थीं। उन्हें पता था कि मुकुंद की उम्र अभी कच्ची है। अभी उसके खेलने-खाने की उम्र है। पति-पत्नी सम्बन्धों के बारे में उसे अभी ठीक से पता भी नहीं होगा। दस बजे ही सावित्री भी कन्या पाठशाला चली जाती थीं। उसके बाद बब्बू पांडे फँस जाता था। वह कभी गाय-भैंस को चारा खिलाता। कभी अरहर के सूखे पौधों से बने खरौंचे से घर के सामने झाड़ू लगाता। कभी चारपाई बिछाकर लेटा रहता। सावित्री चार बजे के बाद लौटती थीं। तब तक बब्बू कसमसाता हुआ घर पर ही पड़ा रहता। सावित्री के घर लौटते ही वह घर से भाग खड़ा होता। उसकी आदत थी। जब तक वह गाँव में चार जगह बैठकर गप्पें न मार ले उसका खाना नहीं पचता था।

बहू के आये तीन महीने हो गये। इस बीच वह दो बार मायके आ-जा चुकी थी। उसका नाम था, लल्ली। लल्ली अब बब्बू पांडे से भी बातें करने लगी थी और उनसे काफी खुल चुकी थी।

उस दिन मुकुंद और सावित्री अपने-अपने विद्यालय जा चुके थे। घर पर थे लल्ली और बब्बू पांडे। बब्बू बाहर जानवरों को पानी डाल रहा था। दोपहर लगभग बारह बजे का समय था। अचानक लल्ली अंदर से रोती हुई बाहर आयी। ''बाबू!'' ''क्या हुआ?'' बब्बू बाल्टी जमीन पर रखकर दौड़ पड़ा। ''बाबू पेट में बहुत दर्द हो रहा है।'' लल्ली रोती हुई बोली।'' अच्छा! घर में हींग है?'' बब्बू ने पूछा। ''हाँ है!'' लल्ली बोली। ''जल्दी से लाकर मुझे दे।'' बब्बू ने कहा। लल्ली ने उसे हींग लाकर दिया। ''चल अन्दर! चुपचाप पीठ के बल चारपाई पर लेट जा।'' बब्बू ने लल्ली से कहा। लल्ली अन्दर अपने कमरे में जाकर चारपाई पर पीठ के बल

लेट गयी। बब्बू ने बहुत जरा से पानी में हींग को घोला। उस हींग को वह अपने हाथ से लल्ली की नाभि में लगाने लगा। एक हाथ से उसके पेट को भी सहलाने लगा। पेट क़ी चिकनी-चिकनी जवान् होती त्वचा को छूकर बब्बू का मन खराब होने लगा। वह उठ खड़ा हुआ, "बिना हिले-डुले चुपचाप ऐसे ही लेटी रह। कुछ देर बाद दर्द एकदम से गायब हो जाएगा।" वह बाहर निकल आया और अपने मन पर काबू पाने की कोशिश करने लगा। वह बहुत कोशिश कर रहा था लेकिन अपने ऊपर नियंत्रण नहीं कर पा रहा था। लल्ली का रोना बन्द हो चुका था। वह फिर अन्दर आया, "अब कैसी तबीयत है?" "पेट का दर्द लगभग ठीक हो गया। हल्का-हल्का सीने में दर्द हो रहा है।" बब्बू समझाने लगा, "वह भी अभी ठीक हो जाएगा। थोड़ा सा वायु का प्रकोप हो गया है ...सीने में कहाँ दर्द हो रहा है?" लल्ली ने छूकर दिखाया, "यहाँ।" बब्बू चारपाई पर उसके पास बैठकर उसके सीने को सहलाने लगा। उसने देखा लगभग आधी छातियाँ आ गयी हैं। कुछ देर तक वह ऐसे ही सहलाता रहा। नहीं बर्दाश्त हुआ तो वह स्तनों को धीरे-धीरे मसलने लगा। ब्लाउज के ऊपर से ठीक से मज़ा नहीं आ रहा था। कुछ देर में वह बोला, "ऊपर से सहलाने से दर्द नहीं जाएगा। लाओ तुम्हारा दर्द एकदम से दूर कर दूँ। उसने लल्ली का ब्लाउज उतार दिया। उसे गोरे-गोरे चिकने-चिकने अर्ध विकसित स्तनों को देखकर वह अन्दर तक विचलित हो गया। वह उसके सुन्दर स्तनों को हौले-हौले मसलने लगा। लल्ली उत्तेजित होने लगी। बब्बू उसके स्तनों को चूसने लगा। लल्ली कराह-कराह कर ऐंठने लगी। कुछ देर में उत्तेजना उसके बर्दाश्त के बाहर हो गयी। वह दाँत किटकिटा कर बब्बू से लिपट गयी। बब्बू ने उसके और अपने सारे कपड़े उतार दिये। वह उसके साथ सब कुछ करने लगा। लल्ली को खूब अच्छी तरह पता था कि उसके साथ क्या हो रहा है चूँकि उसे भी बहुत मजा आ रहा था, इसलिए वह चुपचाप लेटी हुई थी। बब्बू को इस समय सही-गलत कुछ नहीं सूझ रहा था। एकदम बतिया चीज पाकर वह सुध-बुध खो बैठा था और लल्ली पर टूट पड़ा था। लल्ली भी आज पहली बार काम-सुख पाकर मदमस्त हो गयी थी।

अगले दिन दस बजे मुकुंद और सावित्री फिर अपने-अपने विद्यालय चले गये। बब्बू गाय और भैंस को चारा-पानी देने लगा। उसे बड़ी आत्मग्लानि हो रही थी। वह सोच रहा था, 'मैंने बड़ा अनर्थ कर डाला। भगवान राम ने बालि से कहा था-अनुज वधू भगिनी सुत नारी, सुनु सठ कन्या सम ये चारी, इन्हहिं कुदृष्टि बिलोकइ जोई, तासु बधे कछु पाप न होई। अर्थात् छोटे भाई की पत्नी, बहन, बेटे की पत्नी और पुत्री ये चारों समान होती हैं। इन्हें जो बुरी नज़र से देखता है, उसे मार डालने से

कोई पाप नहीं होता। मैं भी उसी श्रेणी में आ गया...काम ऐसी चीज ही है जो बड़ों-बड़ों को पागल कर देता है। विश्वामित्र जैसा घोर तपस्वी मेनका अप्सरा के साथ यही कर बैठा। इन्द्र गौतम ऋषि की पत्नी के साथ यही कर बैठे। इसीलिए गौतम ऋषि ने इन्द्र को श्राप दे दिया था कि भविष्य में कोई व्यक्ति किसी औरत या लड़की से व्यभिचार करेगा तो उसका आधा पाप तुम्हें लगेगा। ...इस हिसाब से तो मैंने जो पाप किया, उसमें से आधा पाप इन्द्र को लगा?' अचानक लल्ली अन्दर से निकलकर उनके पास आकर खड़ी हो गयी, "आप जरा सा अन्दर चलिए, कुछ काम है।" "क्या काम है?" बब्बू ने पूछा। "अन्दर चालिए तब बताऊँगी।" लल्ली बोली। "तुम चलो मैं थोड़ी देर में आ रहा हूँ।" बब्बू ने कहा। लल्ली अंदर चली गयी। बब्बू का मन सशंकित होने लगा।

थोड़ी देर में वह अन्दर गया। जैसे ही वह लल्ली के कमरे में घुसा, लल्ली ने दरवाजा अन्दर से बन्द कर लिया। बब्बू घबरा गया, "दरवाजा क्यों बन्द कर रही हो?" लल्ली मुस्कराते हुए बोली, "आपने कल मेरे साथ जो किया था, वही वाला करिए न!" वह बब्बू से लिपट गयी। बब्बू बड़े असमंजस में पड़ गया, 'करूँ या न करूँ?' लल्ली अपने कपड़े उतारने लगी। उसका निर्वस्त्र शरीर देखकर बब्बू अपने ऊपर से नियंत्रण खो बैठा।

मुकुंद और सावित्री के न रहने पर अब बब्बू और लल्ली अक्सर सम्बन्ध बनाने लगे। दोनों में बड़ा अपनत्व और प्रेम भाव पैदा हो गया। बब्बू हमेशा खोज-खोजकर लल्ली के लिए तमाम तरह की जड़ी-बूटियाँ लाता रहता, जिससे वह गर्भवती न होने पाये। लल्ली अब दोहरी ज़िन्दगी जीती थी। सबके सामने वह बब्बू को बाबू-बाबू कहकर बुलाती और एक अच्छी बहू की तरह पेश आती थी। अकेले रहने पर वह उसे ए-ए कहकर बुलाती और प्रेमिका की तरह पेश आती थी।

सावित्री ने बब्बू को आटा की चक्की गाड़ने की अनुमति दे दी। बब्बू घर के अन्दर चक्की नहीं गाड़ना चाह रहा था। घर के सामने ही दस कदम दूरी पर वह एक बड़ा सा कमरा बनवाने लगा। कच्चा कमरा बन रहा था। गीली कच्ची मिट्टी छोप-छोपकर चारों दीवारें बनने लगीं। दीवारें बन गयीं तो ऊपर लकड़ी की एक बड़ी बँड़ेर रखकर ऊपर छप्पर डाला जाने लगा। गाँव भर में हल्ला मच गया। बब्बू पांडे आटा पीसने की चक्की गाड़ने जा रहा है। छप्पर के ऊपर खपरैल डालकर कमरे को छा दिया गया। कमरा तैयार हो गया। कसर रह गयी चक्की गाड़ने की। गाँव में पहले से ही आटे की दो चक्कियाँ थीं। आसपास के गाँवों के लोग भी इसी गाँव में आटा पिसाने आते थे। एक दिन आटे की चक्की के जानकार दो-तीन लोगों को साथ लेकर बब्बू चक्की खरीदने शहर चल दिया।

शहर से चक्की आ गयी। काफी लोग जुट गये चक्की देखने। बब्बू हाँकने लगा, ''अरे, यह तो अभी शुरुआत है। इसके बाद तेल पेरने की मशीन गाड़ूँगा। फिर धान कूटने की मशीन गाड़ूँगा। फिर चारा काटने की मशीन। फिर रुई धुनने की मशीन लगाऊँगा। गाँव के लोगों के रजाई-गद्दे यहीं भरे जाएंगे। बब्बू पांडे कोई काम छूत छुड़ाने के लिए नहीं करता। जो काम करता है विधि-विधान से करता है। जिससे दस गाँव तक के लोगों को पता चले कि बब्बू पांडे कुछ कर रहा है...''

पूजा-पाठ करके चक्की का उद्घाटन हुआ। बब्बू ने घोषणा कर दी कि पहले दिन सबका आटा मुफ्त पिसेगा। गाँव के लोग गेहूँ, जौ, चना वगैरह लेकर बब्बू की चक्की पर टूट पड़े। काफी भीड़ हो गयी। गाँव में केवल चार घंटे बिजली रहती थी। उस दिन बिजली का समय था, रात आठ से बारह बजे। आठ बजे जैसे ही बिजली आयी सबसे पहले बब्बू ने अपना गेहूँ पीसा। उसके बाद धक्का-मुक्की शुरू हो गयी। सब पहले पिसवा लेना चाह रहे थे। बब्बू सब को बारी-बारी से पिसवाने के लिए हड़काने लगा। ज़िन्दगी में उसे कभी गाँववालों को इस ढंग से हड़काने का मौका नहीं मिला था। उसने सबके अनाज एक कतार में रखवा दिये। जिसका अनाज पिस रहा होता, वह बब्बू के पास खड़ा होकर बब्बू की चापलूसी करता रहता। बब्बू को बड़ा मज़ा आ रहा था। इसके पहले गाँववालों ने उसको कभी इतना भाव नहीं दिया था। रात बारह बजे तक लगातार चक्की चल रही थी। आज बब्बू के घरवाले भी उत्सुकता में जाग रहे थे, अन्यथा आठ बजे तक सब खा-पीकर सो जाते थे। ठीक बारह बजे बिजली चली गयी। बब्बू बोला, ''अभी तक जिनका अनाज नहीं पिस पाया है उनका कल पिसेगा लेकिन जिसका अनाज कल पिसेगा उसे पिसाई देनी पड़ेगी। मुफ्त की सुविधा केवल आज तक थी।''

बब्बू पांडे की चक्की चल निकली। अच्छी-खासी भीड़ होने लगी। बब्बू को एक ही चीज खल रही थी। बिजली का समय कभी रात छः से दस रहता, कभी आठ से बारह रहता, कभी दस से दो रहता। कभी बारह से चार रहता। बिजली के हिसाब से अपने सोने के समय में उसे बराबर फेरबदल करना पड़ता था। बिजली जब दिन की रहती तभी उसे अच्छा लगता था। एक दूसरी समस्या भी थी। बिजली कभी दो दिन के लिए गायब हो जाती, कभी चार दिन के लिए गायब हो जाती, कभी हफ्तों उसके दर्शन नहीं होते। ऐसे में बिजली के इंतज़ार में ही उसका समय बीतता। उसे बड़ी कोफ्त होती थी। वह सोचने लगता कि कहाँ मैं इस धंधे में फँस गया।

चक्की खूब चलने लगी थी। अब बब्बू ने बदमाशी शुरू कर दी। आटा पिस जाने के बाद गाँव के सभी चक्कीवाले आटा तौलते समय थोड़ा सा जलन आटे में

से काटते थे। बब्बू आटा तौलते समय होशियारी से कुछ ज्यादा ही जलन काटने लगा। इसके अलावा नाप-तौल में भी कुछ हेरफेर करने लगा। पहले तो लोग नहीं समझ पाये, लेकिन धीरे-धीरे लोगों को शक होने लगा। लोगों में आपस में खुसर-फुसर होने लगी। बात दूसरे चक्कीवालों तक भी पहुँची। वे ग्राहकों से बहुत विनम्रता से पेश आने लगे और नाप-तौल में लोगों को ठीक से संतुष्ट करने लगे।

लोग बब्बू के यहाँ आटा पिसाने से कतराने लगे। बद अच्छा बदनाम बुरा। बब्बू की चक्की बदनाम होने लगी। ग्राहकों की संख्या चौथाई भी नहीं रह गयी। वैसे भी चक्की को चलते साल भर से ज्यादा हो गये। बब्बू अब आटा पीसते-पीसते ऊब गया था।

एक दिन बब्बू सावित्री से बोला, ''मैं सोच रहा हूँ चक्की बेच दूँ।'' ''क्यों?'' सावित्री एकदम से चौंक गयी। बब्बू समझाने लगा, ''अब आटा पिसाने बहुत कम लोग आते हैं। गाँव में सब साले मुझसे जलते हैं न! जब यह देखा कि सबसे अच्छा आटा मेरे यहाँ पिसता है तो सब मेरे यहाँ आने लगे। जब देखा कि अरे इसकी चक्की बहुत चल निकली तो सब सालों के कलेजे पर साँप लोट गया। आखिर मेरी बढ़ती कैसे सबसे देखी जाती। सब इस पर उतारू हो गये कि भले आटा थोड़ा सा खराब पिसे लेकिन दूसरे के यहाँ पिसवायेंगे। इसके यहाँ नहीं पिसवायेंगे। लोगों की इसी जलन का नतीजा है कि चक्की अब लगभग बन्द होने की स्थिति में आ गयी है।'' सावित्री ने उत्साह बढ़ाया, ''अरे मेहनत करके तो देखो! शायद चक्की फिर से चल जाय।'' ''सब कुछ करके तो देख लिया।'' बब्बू झल्लाकर बोला, ''लोगों की जलन के आगे सारी हिकमत, सारी मेहनत बेकार हो गयी।'' सावित्री चुप हो गयीं।

चक्की बिक गयी। बब्बू ने राहत की साँस ली। चक्की से उसका पिण्ड छूटा। अब वह फिर आज़ाद हो गया। अब वह लल्ली को ज्यादा समय देने लगा। जब मुकुंद और सावित्री विद्यालय चले जाते तो वह प्रायः लल्ली के कमरे में लेटा रहता। उंससे बतियाते हुए। लल्ली को भी बब्बू का साथ बहुत अच्छा लगता था। वह भी उसके साथ एक ही चारपाई पर लेटे हुए तमाम तरह के नाज-नखरे दिखाती रहती थी।

एक दिन लल्ली ने बब्बू से कहा, ''आपने बहुत अच्छा किया जो चक्की बेच दी। आपकी चक्की तो मेरी सौत हो गयी थी। आप मुझे ठीक से समय नहीं देते थे। जब चक्की नहीं चलती रहती थी तब भी आपका दिमाग चक्की में ही उलझा रहता था। अब तो आप मेरे हैं, सिर्फ मेरे।'' बब्बू भी झूठ-मूठ में उसके जैसी बात कहने लगा, ''तुम सही कह रही हो। मैं जब चक्की चलाता रहता था, मेरा ध्यान

तुम्हारे ऊपर ही लगा रहता था। इसीलिए मैंने जानबूझकर चक्की बेच दी, नहीं तो चक्की से मुझे कोई घाटा थोड़े न हो रहा था।'' लल्ली ने मुस्कराकर बब्बू की आँखों में देखा और उससे लिपट गयी, ''मेरा मन कुछ करने को कर रहा है।'' बब्बू धीरे से हँसा, ''मेरा भी मन कर रहा है।''

एक दिन रात में करीब एक बजे बब्बू के पेट में दर्द होने लगा। वह लोटे में पानी लेकर खेतों की तरफ फारिग होने निकल गया। काफी दूर निकल गया वह। अरहर पक चुकी थी। अरहर के पौधों को पीट-पीटकर लोग उससे दाना-भूसा निकाल चुके थे और सूखे ठूँठ पौधों (रहठा) को गट्ठर में बाँध-बाँधकर जगह-जगह फैलाये हुए थे। बब्बू जब फारिग होकर लौट रहा था तो उसे कुछ सूझ नहीं रहा था। घुप्प अँधेरी रात थी। एक जगह बहुत ज्यादा अरहर के रहठे के गट्ठर फैले हुए थे। एक जगह एक कुत्ता भौं-भौं करके उस पर भौंका। बब्बू हड़बड़ा कर भागा। वह रहठे में फँस गया। अँधेरे में कुछ समझ में नहीं आ रहा था। उसने छलाँग लगाकर बाहर निकलने की कोशिश की। वह और बुरी तरह फँस गया। शरीर पर केवल धोती थी, बनियान भी नहीं पहन रखी थी। वह जितना निकलने की कोशिश कर रहा था, उतना ही और फँसता जा रहा था। पूरा शरीर खरोंचों से भर गया। बड़ी मुश्किल से वह बाहर निकल पाया। पूरे शरीर में जगह-जगह से खून बह रहा था।

लोटा लेकर वह घर की ओर चल दिया। उसकी समझ में नहीं आ रहा था, घर जाकर वह क्या बतायेगा। अचानक उसके दिमाग में कुछ कौंधा। घर के पास पहुँचते ही वह बहुत जोर-जोर से चिल्लाने लगा, ''उठाकर पटक दिया साले को... लोटे-लोटे मुँह तोड़ डाला...हारकर भाग गया साला...बहुत मार मारा साले को ...।'' अगल-बगल के लोग जाग गये। सब दौड़े। उसके घर में भी सब जाग गये। सावित्री ने आवाज़ पहचान ली। उन्होंने जल्दी से लालटेन जलाया। उसके घर पहुँचते-पहुँचते काफी लोग जुट गये। लालटेन की रोशनी में सावित्री ने बब्बू के शरीर में जगह-जगह से खून निकलते देखा। वे चिल्लाने लगीं। बब्बू और जोर से चिल्लाते हुए बोला, ''घबराने की जरूरत नहीं है....मैं आ रहा था तो एक लकड़बग्घे ने मेरे ऊपर हमला कर दिया...मैं भी उससे भिड़ गया....बड़ी देर तक लड़ाई हुई...अन्त में मैंने उसे उठाकर पटक दिया...उसके मुँह पर बीसों लोटे मारा...बहुत जबर लकड़बग्घा था ...लग रहा था जैसे कोई शेर हो लेकिन मैंने भी उसे ऐसा मज़ा चखाया कि वह भाग खड़ा हुआ।'' रातोंरात गाँव भर में हल्ला मच गया कि बब्बू पांडे पर लकड़बग्घे ने हमला कर दिया। लोग लालटेन ले-लेकर बब्बू के घर की तरफ भागे।

बब्बू घर के बाहर एक चारपाई पर बैठा, लकड़बग्घे से अपनी लड़ाई की वीरतापूर्ण कहानी सुना रहा था। सावित्री उसके शरीर पर गरम हल्दी और तेल लगा रही थीं। वे बब्बू की बहादुरी पर रोमांचित थीं। गाँववाले भी मुग्ध होकर वीर रस के भाव से बब्बू पांडे के मुँह से कहानी सुन रहे थे। बातों का वह उस्ताद था ही। गाँव वाले जमे हुए थे। जाने का नाम नहीं ले रहे थे।

अगले दिन रविवार था। स्कूल की छुट्टी थी। सावित्री घर पर ही थीं। बब्बू ने उनसे कहा, ''कल मैं मौत के मुँह से निकला हूँ। अगर लकड़बग्घे ने मुझे मार डाला होता तो?'' ऐसी अशुभ बात मुँह से मत निकालो।'' सावित्री ने उसे डाँट दिया। ''मुझसे अगर इतना ही प्रेम है तो मेरी एक बात मान लो।'' बब्बू बोला। ''कौन सी बात?'' सावित्री ने पूछा। बब्बू बड़ी समझदारी भरे अंदाज़ में उन्हें समझाने लगा, ''सामने वाला कमरा, जिसमें मैंने चक्की गाड़ी थी, खाली पड़ा हुआ है। आठ महीने से ऐसे ही धूल-मिट्टी खा रहा है। मैं उसमें एक कपड़े की दुकान खोलना चाहता हूँ। तुम पैसे से मदद कर दो तो मेरी दुकान खुल जाय। सावित्री थोड़ा सा भड़क गयीं, ''तुमसे कोई धंधा हो नहीं पाता है, फिर भी रोज एक न एक नया धंधा शुरू करने के चक्कर में पड़े रहते हो। मैं नहीं दूँगी पैसा-वैसा।'' बब्बू बड़ी मासूमियत से बोला, ''हौदे के धंधे और आटे की चक्की के धंधे को तो मैंने पूरे मन से ही किया था। किस्मत ने साथ नहीं दिया तो इसमें मेरी क्या गलती है?'' ''क्या गारंटी है कि इस बार तुम्हारी किस्मत साथ दे ही जाएगी?'' सावित्री ने दूसरी तरफ मुँह फेर लिया। बब्बू बड़ी कातर आवाज़ बनाकर बोला, ''इससे अच्छा तो यही था कि कल लकड़बग्घा मुझे खा ही गया होता।'' ''अच्छा नाटक मत करो, जाओ खोलो अपनी कपड़े की दुकान।'' सावित्री भुनभुनाते हुए अंदर चली गयीं। ''क्या हुआ अम्मा?'' लल्ली ने पूछा। सावित्री बड़बड़ाने लगीं, ''चले हैं अब नया धंधा शुरू करने। कपड़े की दुकान खोलेंगे। देखती हूँ कितने दिन दिन दुकान चलाते हैं?''

बब्बू सामने वाले कमरे का ताला खोलकर साफ-सफाई में जुट गया। सफाई हो जाने के बाद बढ़ई लग गये। लकड़ी के पटरे काट-काटकर अंदर खाने बनाये जाने लगे। इन्हीं खानों में कपड़े रखे जाने थे।

बब्बू पांडे ने शहर में जाकर कपड़े के एक थोक व्यवसायी से बात की। उसने गाँव में आकर बब्बू की दुकान देखी। तय ये हुआ कि थोक व्यवसायी बब्बू को कपड़े देगा। उसका शुरू में कोई पैसा नहीं लगेगा। हर महीने जितने कपड़े बिकेंगे, महीने के अंत में उनका हिसाब बब्बू शहर जाकर कर आयेगा। महीने के अंत में जब हिसाब करने जाएगा तो जरूरत के हिसाब से और कपड़े लेता आयेगा।

एक दिन सत्यनारायण भगवान की कथा बब्बू ने कपड़े की दुकान में सुनी और उसी दिन से दुकान का उद्घाटन हो गया। उद्घाटन तो हो गया, लेकिन दुकान बड़ी ठंडी चल रही थी। कपड़े के मामले में गाँव के लोग बड़े संयमी होते हैं। दो धोती और दो कुर्ते में दस साल काट देते हैं। जाड़े को छोड़कर बच्चे प्रायः जाँघिया और बनियान ही पहनते थे। नाड़े वाली सिली हुई जाँघिया और बनियान। पाँचवीं कक्षा तक तो लड़के जाँघिया और बनियान पहनकर ही विद्यालय भी जाते थे। बब्बू के यहाँ सबसे ज्यादा जाँघिये का कपड़ा और बनियान ही बिकते थे। कभी-कभार औरतें साड़ी खरीदने आ जाती थीं या आदमी कुर्ते का कपड़ा या धोती खरीद लेते थे।

लगन का समय आ गया। शादी-ब्याह होने लगे। बब्बू पांडे के दुकान की रौनक बढ़ गयी। साड़ियाँ, धोती-कुर्ते, पैंट-कमीज के कपड़े; सब बिकने लगे। धड़ाधड़ बिकने लगे। बब्बू के चेहरे की रौनक लौट आयी। रात में जब बब्बू सावित्री को दिनभर का हिसाब-किताब बताता तो उन्हें भी बड़ा सन्तोष मिलता। धंधा पटरी पर आ गया है।

एक दिन सावित्री और मुकुंद विद्यालय विद्यालय चले गये तो लल्ली दुकान पर आयी। बब्बू उस समय अकेले दुकान पर बैठा था। ''क्यों, क्या हुआ?'' बब्बू ने पूछा। ''मैं कुछ दिनों के लिए मायके जाना चाहती हूँ।'' लल्ली ने जवाब दिया। ''अपनी अम्मा से बात की?'' बब्बू ने फिर पूछा। ''हाँ, मैंने अम्मा से बात कर ली है। अम्मा जाने देने के लिए राजी हैं।'' लल्ली ने जवाब दिया। ''तब ठीक है। जिस दिन कहो एक दिन के लिए मैं दुकान बन्द करके तुम्हें मायके पहुँचा आता हूँ।'' बब्बू बोला। ''सो तो ठीक है।'' लल्ली बोली, ''मायके ले जाने के लिए मुझे दुकान से कुछ कपड़े चाहिए।'' ''क्या-क्या चाहिए?'' बब्बू ने पूछा। लल्ली गिनाने लगी, ''माँ और दीदी के लिए दो-दो साड़ियाँ, बाबू के लिए दो धोती और कुर्ते के दो कपड़े, भैया के लिए पैंट और कमीज के दो-दो कपड़े।'' बब्बू के माथे पर शिकन आ गयी। यह तो दुकान का भट्ठा बैठा देगी फिर भी वह सामान्य बना रहा, ''ठीक है। तुम अंदर जाओ। मैं तुम्हारे कपड़े निकालकर अभी अंदर लेकर आ रहा हूँ। चुपचाप अपने बक्से में कपड़े रख लेना। खबरदार! तुम्हारी अम्मा को पता न चले कि मैंने तुम्हें इतने कपड़े दिये हैं।'' ''इतना मैं भी समझती हूँ।'' कहकर लल्ली अंदर चली गयी।

कपड़े की दुकान में एक चीज बब्बू को बहुत अच्छी लगती थी। चाहे कपड़ा खरीदना हो या न खरीदना हो। दो-चार लोग अक्सर बैठे रहते थे। उनके सामने लम्बी-लम्बी छोड़ता, एक हाथ की ककड़ी का नौ हाथ बीज करता वह मस्त रहता था।

गाँव में बिना कहीं और गये, अपने घर में ही बैठकबाजी कर लेता था। कपड़ा बिके चाहे न बिके, महफिल जमी रहे। लोग उसकी सुनते रहें, यह उसके लिए बहुत बड़ा सुख था।

बब्बू पांडे की कपड़े की दुकान डेढ़ साल से चल रही थी। अब इस धंधे से वह बुरी तरह ऊब चुका था। बब्बू पांडे कोई धंधा साल भर कर ले, यही बहुत बड़ी बात थी। एक ही धंधे में डेढ़ साल? वह जान छुड़ाने का बहाना खोजने लगा। एक दिन उसने सावित्री से कह ही दिया, ''सोच रहा हूँ, कपड़े की दुकान बंद कर दूँ।'' सावित्री एकदम से आश्चर्य में पड़ गयीं, ''क्यों?'' बब्बू कान खुजलाने लगा, ''अब ठीक से फायदा नहीं हो रहा है इस धंधे में।'' ''नुकसान भी तो नहीं हो रहा है।'' सावित्री तीखी आवाज़ में बोलीं। ''धंधे का मतलब होता है भरपूर मुनाफा हो न कि केवल नाम के लिए धंधा किया जाता है।'' बब्बू भी झुँझला गया। सावित्री ने निर्णायक आदेश सुनाया, ''मैं सौ बात की एक कह रही हूँ। ध्यान से सुन लो। क़पड़े की दुकान बंद नहीं होगी। बस!'' ''तो ठीक है!'' बब्बू भी उखड़ गया, ''कपड़े की दुकान पर अब मुकुंद को बैठाओ। आखिर वह भी तो कुछ काम-धंधा सीखे। आखिर वह कब सीखेगा?'' सावित्री बिगड़ गयीं, ''उसको कायदे से पढ़ने-लिखने दो। मुझे उसे कपड़े की दुकान पर नहीं बैठाना है।'' ''तो मैं भी अब इस दुकान पर नहीं बैठूँगा। इतने कम मुनाफे के लिए मुझे धंधा नहीं करना है।'' बब्बू पैर पटकता हुआ वहाँ से चला गया। सावित्री समझ गयीं। कपड़े की दुकान अब बंद होकर रहेगी।

कपड़े की दुकान बंद हो ही गयी। बचा हुआ सारा माल बब्बू वापस शहर पहुँचा आया। सबसे ज्यादा मायूसी लल्ली को हुई। जब तक कपड़े की दुकान थी, वह खूब मायके जा रही थी। उसके मायके वाले खूब नये-नये कपड़े पहन रहे थे। एक झटके में सब समाप्त। मायके जाने पर उसकी खूब आवभगत होती थी। वह भी खत्म। छूँछी रे तुझे को पूछी?

बब्बू को ऐसा लग रहा था जैसे वह किसी पिंजरे से आज़ाद हुआ पंछी हो। गाँव में चारों तरफ टहल-टहलकर खूब बैठकबाजी कर रहा था। लल्ली के साथ भी भरपूर मज़े कर रहा था। उसे ऐसा महसूस हो रहा था, जैसे किसी षोडषी कन्या से नया-नया प्यार हुआ हो। मुकुंद और सावित्री के न रहने पर लल्ली को खूब मठारता रहता था।

लगभग साल भर बीत गये। बब्बू फिर से कोई धंधा करने के लिए छटपटाने लगा। वह अच्छी तरह जानता था कि अगर उसने अब सावित्री के सामने किसी

धंधे का नाम लिया या धंधे के लिए पैसा माँगा तो बड़ी बुरी तरह डाँट पड़ेगी। कितना भी नाटक करने पर अब पैसा मिलने से रहा। वह दिमाग लड़ाने लगा कि ऐसा कौन सा धंधा हो सकता है, जिसे बिना पैसे के शुरू किया जा सकता है? अगर पैसा लगे भी बहुत ही मामूली।

एक दिन वह झुनुक्की के यहाँ बैठा था। दोपहर का समय था। झुनुक्की बाहर नीम के पेड़ के नीचे चारपाई बिछाये बैठा था। उसी चारपाई पर बब्बू भी बैठा था। दोनों आपस में गपशप कर रहे थे। बब्बू ने झुनुक्की से पूछा, "झुनुक्की, क्या कोई ऐसा धंधा हो सकता है, जो बिना पैसों के शुरू किया जा सकता हो?" झुनुक्की बोला, "ऐसा तो केवल एक ही धंधा है। मेरा धंधा।" "शराब का धंधा बिना पैसे के शुरू किया जा सकता है?" बब्बू ने आश्चर्य से पूछा। "अरे शुरू में महुआ खरीदने में पैसा खर्च करना पड़ता है। उसके बाद तो जेब नोटों से इतनी भर जाती है कि नोट गिनते नहीं बनता।" "बब्बू को और आश्चर्य हुआ, "मुझे भी शराब बनाना सिखा दो। मैं भी शराब का धंधा शुरू करूँगा। हाँ! एक ही समस्या है। शुरू-शुरू में बीवी घर में शराब नहीं बनाने देगी।" "तो क्या हुआ! तुम मेरे घर में शराब बनाओ। मैं एक भट्ठी और गाड़ दूँगा। बस मेरे हिस्से का कमीशन मुझको देते जाओ।" झुनुक्की ने बब्बू के सामने प्रस्ताव रखा। कुछ देर तक सोचने समझने के बाद बब्बू ने प्रस्ताव स्वीकार कर लिया।

"वैसे शराब बनती कैसे है? बब्बू पूछने लगा। झुनुक्की बोला, "सुनो शराब कैसे बनती है। पहले एक घड़ा लो। ऐसा घड़ा जिसमें बराबर पानी भरा जाता हो, नया घड़ा नहीं। घड़ा सीझा हुआ होना चाहिए। गर्मी चल ही रही है। गर्मी में जमीन में गड्ढा खोदो। ऐसा गड्ढा जिसमें आधे से थोड़ा ज्यादा घड़ा समा जाय। गड्ढे को पानी से भरकर उसमें घड़े को डाल दो। घड़े का मुँह ऊपर रहेगा। घड़े में ढाई सेर (ढाई किलो) महुआ डाल दो। एक बोरा, पानी में खूब भिगो लो और उस बोरे से घड़े को खूब लपेट दो। घड़े का मुँह खुला रहना चाहिए। बोरे को बराबर पानी से तर करते रहना चाहिए। महुआ फड़फड़ाकर घड़े में चुरने लगेगा। उसके अन्दर से आ रही खदबदाहट की आवाज़ बाहर तक सुनायी पड़ने लगेगी। दो दिन तक खदबदाहट की आवाज़ आती रहेगी। जब खदबदाहट बंद हो जाय तो समझ लो महुआ बैठ गया। तब घड़े का मुँह ढक्कन से बंद कर देना चाहिए। ढक्कन इतना कायदे से बन्द होना चाहिए कि उसमें से भाप न उड़ने पाये। तीन दिन तक घड़े को उसी तरह पड़े रहने दो। तीन दिन बाद ढक्कन खोलकर सूँघो तो उसमें से अलग तरह की महक आयेगी। झार भी आएगी। इसका मतलब यह हुआ कि महुआ अब

एकदम तैयार है। महुआ आ गया है। उसके बाद डालडा घी का या किसी चीज का एक टीन लो। उसमें ऊपर से चार अंगुल नापकर एक छेद बनाओ। फिर एक कटोरी को इस तरह बनाओ कि जैसे कछुआ सिर निकाले रहता है, वैसे ही दोनों तरफ, आगे और पीछे निकल आये। आगे की तरफ का सिर टीन के छेद में डाल दो। अब महुआ को टीन में पलट दो। जितना महुआ है, उतना ही पानी उसमें डाल दो। मतलब महुए से एक अंगुल ऊपर तक पानी रहे...।'' अचानक सुखई उधर आ निकला, ''पंचों क्या चर्चा हो रही है?'' ''कुछ नहीं बस ऐसे ही गप-सड़ाका।'' झुनुक्की ने कहा। दोनों का ध्यान भंग हो गया। झुनुक्की बड़ी तन्मयता से शराब बनाने की विधि बता रहा था। उससे ज्यादा तन्मयता से बब्बू पांडे सुन रहा था। जैसे किसी पहुँचे हुए गुरु से शिष्य ब्रह्मज्ञान ग्रहण कर रहा हो। वहाँ पर सुखई भी बैठ गया। बातचीत का विषय बदल गया।

अब बब्बू पांडे शराब बनाने का धंधा करने लगा। झुनुक्की के साथ। अब वह प्रायः झुनुक्की के यहाँ ही रहता था। शराब उतारने में बड़ा समय लगता है। टीन या कनस्तर की पाइप के नीचे बोतल लगाये रात-रात भर बैठे रहना पड़ता था। तब ढाई किलो महुए से ढाई या दो बोतल शराब निकलता थी। उतारी गयी शराब की पहली बोतल बहुत ही तेज होती है। शराब के साधारण शौकीन उसे नहीं पचा सकते। वे दूसरे या तीसरे बोतल की ही शराब पचा सकते हैं। गहरे और भयंकर पियक्कड़ों के लिए होती है पहले बोतल की शराब। या तो शराब उतारनेवाले सारी शराब को मिलाकर एक कर देते है, उसके बाद बेचते हैं।

बब्बू पांडे अब घर में खूब पैसा लाने लगा। इस तरह रात-रात भर गायब रहने और इतना पैसा लाने का रहस्य सावित्री उससे बार-बार पूछतीं। वह बताने से साफ-साफ मना कर देता। एक दिन सावित्री उसके पीछे पड़ गयीं। उसका खाना-पीना बंद कर देने की धमकी दे डाली। अन्ततः उसने अपना सारा रहस्य बता ही दिया। सावित्री बोलीं, ''अब यही कर्म बचा था। ब्राह्मण के कुल में जन्म लेकर शराब बनाते हो? किसी दिन पुलिस पकड़ लेगी तो सारा धंधा निकल आयेगा।'' बब्बू ने जवाब दिया, ''आज तक झुनुक्की को तो कभी पुलिस ने नहीं पकड़ा... तुम्हारे चलते मेरा बहुत नुकसान हो रहा है। मुझे झुनुक्की को कमीशन देना पड़ता है। अपने घर में शराब बनाऊँ तो सारा पैसा मेरे ही पास रहे। जानती हो। शाम को जेब नोटों से भर जाती है। इतना फायदा किसी भी धंधे में नहीं है। सामने कपड़े वाला कमरा खाली ही पड़ा है। तुम कहो तो उसी में भट्ठी गाड़ लूँ। एक भट्ठी पर

मैं शराब उतारूँगा, एक पर लल्ली उतारेगी। सावित्री के मन में लालच समाने लगा, "बहू से शराब उतरवाओगे?" उनका वाक्य स्वीकारात्मकता का भाव लिए हुए था। बब्बू सब समझ गया। अब घर पर ही शराब उतारने में कोई समस्या नहीं है।

सामने वाले कमरे में दो भट्ठियाँ गड़ गयीं। ससुर और बहू साथ-साथ शराब उतारने लगे। कभी-कभी सावित्री और मुकुंद भी वहाँ बैठ जाते। यह देखने के लिए कि शराब कैसे उतरती है। धीरे-धीरे पूरा घर शराब बनाने का विशेषज्ञ हो गया। इतनी आमदनी देखकर सावित्री एकदम गद्‌गद हो गयी थीं।

बब्बू पांडे के मन में और लालच समाने लगा। दो बोतल शराब उतरती तो वह अपनी एक बोतल पेशाब मिलाकर उसे तीन बोतल कर देता। खुद भी पेशाब मिलाता, लल्ली से भी पेशाब करवाकर वह शराब में मिलवाता। गाँव भर के शराबी शराब के साथ पेशाब भी पी रहे थे।

एक दिन पैसे को लेकर बब्बू पांडे का एक शराबी से झगड़ा हो गया। दोनों में खूब कहासुनी होने लगी। अन्ततः गाली-गलौज भी होने लगा। ताव में आकर बब्बू पांडे बकने लगा, "गाँव में ऐसा कौन साला शराबी है, जिसने मेरा पेशाब नहीं पिया है। मैं शराब में अपनी पेशाब मिलाकर बेचता हूँ।" वह आदमी गया और दौड़-दौड़कर सारे शराबियों को यह सब बताने लगा। गाँव के पचासों शराबी लाठी-डंडे से लैस होकर बब्बू के घर की ओर चल दिये।

बब्बू पांडे को पकड़कर वे लाठियों से पीटने लगे साथ में सब चिल्ला भी रहे थे—साला शराब में हम लोगों को पेशाब मिलाकर पिलाता है। बब्बू अधमरा हो गया। उसके बाद सब उसके शराब बनाने वाले कमरे में घुस गये। लाठियों से पीट-पीटकर सारी चीजों को तोड़-फोड़ डाला। सब कुछ तहस-नहस कर डाला। सावित्री मुकुंद और लल्ली को लेकर घर का दरवाजा अंदर से बंद करके डर के मारे घर में घुसी हुई थीं। धीरे-धीरे पूरा गाँव जुट गया। कुछ समझदार लोग बब्बू पांडे को लेकर अस्पताल भागे। बाकी लोग शराबियों को समझा-बुझाकर वापस भेजने की कोशिश करने लगे।

बब्बू पांडे के इस धंधे का हश्र भी वही हुआ।

जब बिगरी तब सूघर बिगरी

रमाकान्त का मन पढ़ाई में नहीं लगता था, फिर भी उसने गाजीपुर पी. जी. कालेज से किसी तरह इतिहास विषय में एम. ए. कर लिया। उसका मन इधर-उधर की फितरत में खूब चलता था। उसने अपनी सारी परीक्षाएँ द्वितीय श्रेणी में उत्तीर्ण की थीं। कोई ढंग की नौकरी मिलने की भी उम्मीद नहीं थी।

दोनों बहनों की शादी हो चुकी थी। बड़े भाई हरियाणा में नौकरी करते थे और वे वहीं स्थायी रूप से बस गये थे। घर पर वे साल में एकाध बार ही आते थे। घर गाँव में था। इस समय घर में सिर्फ तीन लोग रहते थे, रमाकान्त और उसके माता-पिता। गाँव मुहम्मदाबाद तहसील से दस किलोमीटर दूर था। रमाकान्त बहुत महत्वाकांक्षी था। वह चाहता था कि उसके पास खूब पैसे हों, एक बढ़िया घर हो, घर में कार हो। वह मन ही मन हमेशा हवाई किले बनाता रहता था। उसके सपनों के पूरे होने की कोई सूरत नहीं दिखायी देती थी। फिर भी वह सपने देखता था।

फिलहाल तो अपना खर्च चलाने की समस्या थी। एक दिन वह मुहम्मदाबाद में जीवन बीमा निगम के कार्यालय गया। वहाँ वह बीमा का एजेन्ट बन गया। मुहम्मदाबाद कस्बे में और अपने गाँव में वह बीमा का काम करने लगा। इस सिलसिले में वह अक्सर घूमता रहता। अपनी वाक्पटुता से वह कुछ ग्राहक फँसा ही लेता था। गाड़ी आहिस्ता-आहिस्ता पटरी पर चलने लगी। वह सन्तुष्ट नहीं था। वह चाहता था कि जीवन की गाड़ी पटरी पर तूफान एक्सप्रेस की गति से चले। गाड़ी पैसेन्जर ट्रेन की गति से भी नहीं चल रही थी।

उसके माँ-बाप ने उसकी शादी कर दी। वह पचीस साल का था। पत्नी मिली इक्कीस साल की। बी. ए. में पढ़ रही थी। पत्नी असाधारण रूप से सुन्दर थी। उसे संतोष हुआ। चलो ज़िन्दगी में एक चीज तो बहुत अच्छी मिली। शादी के बाद पत्नी ने पढ़ाई छोड़ दी। सुन्द पत्नी तो मिली, लेकिन एक समस्या भी पैदा हो गयी। अब पत्नी का भी खर्च उठाना था। पत्नी का नाम था, रजनी। रजनी शहर की लड़क थी। गाँव में वह अपने को ठीक से समायोजित नहीं कर पा रही थी।

रमाकान्त बहुत कम पैसे में अपना खर्च चला लेता था। शहर की लड़की रजनी के लिए उतने कम पैसों में गुजर-बसर कर पाना सम्भव नहीं था। उसने एक साल कभी ससुराल, कभी मायके रहते हुए काटा।

रमाकान्त की महत्वाकांक्षाएँ बहुत जोर मारने लगीं। उसके दिमाग में कुछ चल रहा था। एक दिन रात में उसने रजनी से कहा, ''यहाँ गाँव में तुम्हें बहुत दिक्कत होती है। मैं सोच रहा हूँ मुहम्मदाबाद कस्बे में एक बड़ा घर बनवा लूँ। हम दोनों चलकर वहीं रहें। एक दिन कार भी खरीद लेंगे। भरपूर पैसा इकट्ठा कर लेंगे, जिससे हम लोग ऐश की जिन्दगी जी सकें।'' रजनी व्यंग्यपूर्वक बोली, ''सपने तो बहुत हसीन देख रहे हो। कहीं से गड़ा धन मिल गया है क्या?'' ''गड़ा धन तो नहीं मिला है लेकिन अगर तुम थोड़ी सी मदद कर दो तो सब कुछ सम्भव हो जाएगा।'' रमाकान्त बोला। रजनी को बड़ा आश्चर्य हुआ, ''मैं ऐसी कौन सी मदद कर सकती हूँ? अगर मेरी मदद से यह सब सम्भव हो सके तो मुझे मदद करने में क्या आपत्ति हो सकती है? आखिर इसमें मेरी भी तो भलाई है। बताओ मेरी क्या मदद चाहते हो? हाँ, मैं एक बात साफ-साफ बता दे रही हूँ। मैं अपने मायके पिता जी से माँगने कुछ नहीं जाऊँगी। इस चक्कर में मत रहना कि तुम यह सब मेरे मायके के बूते कर लोगे।'' रमाकान्त ने बड़ी शान्ति से कहा, ''तुम्हें अपने मायके से एक पैसा लाने की जरूरत नहीं है।'' ''तब मैं कौन सी मदद कर सकती हूँ?'' रजनी ने बड़े कौतूहल से पूछा। रमाकान्त गम्भीर होकर बोला, ''तुम्हें कुछ रईस लोगों के साथ सोना होगा।'' ''क्या?'' रजनी बुरी तरह भड़क गयी, ''तुम्हें शर्म नहीं आयी ऐसी बात सोचते हुए? तुमने ऐसी बात कैसे मुँह से निकाल दी? अपनी बीवी को कालगर्ल बनाओगे? मेरे माँ-बाप ने इसीलिए मेरी शादी तुमसे की है? धिक्कार है तुम्हारी मर्दानगी को! अपने बूते कुछ नहीं कर सकते, पत्नी को बेचकर पैसा कमाओगे। यही करना होता तो फिर मैं शादी ही क्यों करती? शहर में कालगर्ल बनकर ऐश की जिन्दगी न जीती! अपने माँ-बाप के मुँह पर कालिख पोतते हुए।'' रजनी रोने लगी। कमरे में रमाकान्त की चारपाई अलग थी। रजनी की चारपाई अलग थी। रमाकान्त डर गया। वह अपनी चारपाई पर दूसरी तरफ मुँह करके लेट गया।

कुछ देर बाद रमाकान्त सो गया। रजनी को नींद नहीं आ रही थी। रमाकान्त ने उसका मूड खराब कर दिया। उसे यह सोचकर आश्चर्य हो रहा था कि मेरा पति ही मुझे दूसरों के साथ सोने के लिए कह रहा है। वह काफी देर तक गुस्से में रही। दो-तीन घंटे बाद उसका गुस्सा शान्त हुआ। धीरे-धीरे उसका दिमाग उल्टी तरफ

चलने लगा, 'मैं बहुत सुंदर हूँ। सारी जवानी इस एक सड़ियल मर्द के साथ बर्बाद कर देने में भी कोई बुद्धिमानी नहीं है। सुंदरता का लाभ उठाऊँ। ईश्वर की दी हुई अपनी सुंदरता को सार्थक करूँ। तरह-तरह के मर्दों के साथ मज़े करूँ। उनके साथ हमबिस्तर होऊँ। जब मेरा पति ही यही सब चाहता है तो मौके का फायदा उठाने में मैं क्यों पीछे रहूँ? एक से एक प्रभावशाली लोग मेरा साथ पाने के लिए मेरे इशारों पर नाचेंगे। मेरा तलुवा चाटने तक के लिए सब तैयार रहेंगे। अपनी जवानी का मैं भरपूर मज़ा लूँगी। खूब ऐश करूँगी। खूब काम-सुख लूटूँगी। यह पति पीछे-पीछे पैसा बटोरता रहे, मेरी बला से। उस पैसे से ज़िन्दगी भी ठाठ से कटेगी। मुझे जवानी का मजा भी मिलेगा।' अब तो उसकी नींद एकदम से उड़ गयी। उसका दिमाग इसी दिशा में मुड़ गया। वह रात भर जागती रही। उसने मानसिक रूप से अपने को इस बात के लिए तैयार कर लिया कि कुछ नाटक करक वह अपने पति की बात मान लेगी।

अगले दिन रजनी सवेरे से ही इस बात के लिए परेशान थी कि किसी तरह कल वाला प्रसंग फिर छिड़ जाय। ऐसा हो नहीं रहा था। रमाकांत इतना डर गया था कि उस बारे में कुछ बोलना तो दूर, कुछ सोचने तक को तैयार नहीं था। रजनी अपनी तरफ से कुछ शुरुआत नहीं करना चाहती थी। उसे अपनी छवि नहीं खराब करनी थी। वह चाह रही थी कि कुल मिलाकर ऐसा माहौल बने जिसमें यह सिद्ध हो कि वह अपनी इच्छा के विरुद्ध रमाकांत के बहुत दबाव डालने पर यह सब करने के लिए तैयार हुई है। रमाकांत था कि इस सम्बन्ध में किसी तरह का कोई संकेत ही नहीं दे रहा था, जिससे वह बात को आगे बढ़ा सके। रात में उससे नहीं रहा गया। उसने रमाकांत को खोद ही दिया, "बीमा का एजेन्ट बनकर कितना कमा पाओगे? अपना कुछ व्यवसाय क्यों नहीं शुरू करते? इतना पैसा तो होना चाहिए कि ज़िन्दगी ढंग से चल सके।" रमाकांत ने देखा कि पत्नी का मूड ठीक है। वह डर के मारे बात करने की भी हिम्मत नहीं जुटा पा रहा था। उसने कहा, "कोई व्यवसाय शुरू करने के लिए भी तो पैसा चाहिए। पैसा पैसे को खींचता है। पहले एक बार किसी तरह पैसे की व्यवस्था हो जाय। खैर! तुम चिन्ता न करो। मैं कोई न कोई उपाय सोचता हूँ। एक उपाय सोचा था। कल तुमसे कहा तो तुमने मना कर दिया।" रजनी की जान में जान आयी। रमाकांत ने किसी तरह तो वह प्रकरण शुरू किया। वह अदा दिखाती हुई बोली, "क्यों न मना कर दूँ। अभी मैं यह सब करने लगूँ तो सबसे पहले तुम्ही मुझे चरित्रहीन, छिनार, गिरी हुई औरत, वेश्या वगैरह कहोगे। एक कहावत है न- जिसके लिए चोरी करो, वही कहे चोरवा।"

"मेरा विश्वास करो! मैं कभी तुम्हें यह सब नहीं कहूँगा।" रमाकान्त बोला, "मेरे लिए तुम हमेशा मेरी पत्नी रजनी ही रहोगी। अगर दूसरे लोग भी तुम्हारे साथ सोयेंगे तो क्या तुम्हारे अंग घिस जाएँगे क्या जो मुझे कम मज़ा मिलेगा? मुझे तो हमेशा वही मज़ा मिलेगा। तुम इतनी ज्यादा सुंदर हो कि हर आदमी तुम पर लट्टू हो जाएगा। तुम्हें पाने के लिए लोग मुझे कुछ भी देने को तैयार हो जाएँगे। तुम्हारी सुंदरता के बूते हम लोग बहुत ऊपर पहुँच जाएँगे। तुम बदसूरत होती तब मैं यह योजना थोड़े ही न बनाता। तुम बदसूरत होती तो तुम्हें कौन पूछता। कहा है न—

"जब बिगरी तब सूघर बिगरी, का बिगरी कुरूप।
मट्ठा ससुरा का फाटे जब फाटे तब दूध।।"

"आप तो ऐसा मुझ पर दबाव डाल रहे हैं।" रजनी नखरे के साथ बोली, "धीरे-धीरे बात खुल ही जाएगी। तब हमारे जानने वाले हमारे बारे में क्या सोचेंगे?" "जिसको जो सोचना है, सोचने दो!" रमाकान्त ने कहा, "अपने हिसाब से चलना चाहिए, लोगों के हिसाब से नहीं। जो सब को खुश रखने की कोशिश करता है वह फुटबाल बन जाता है। पहले यह देखना चाहिए कि अपना भला किसमें है। संस्कृत की एक कहावत है—त्यजेत् लज्जा सुखी भवेत्। मैं तो इसी कहावत के हिसाब से चलता हूँ।" रजनी ऐसे बोली जैसे उसकी जान निकली जा रही है, "क्या कहूँ? आप तो एकदम पीछे पड़ गये हैं ...ठीक है! मैं आपकी बात मान लेती हूँ लेकिन जब आपके पास सब कुछ हो जाएगा, मैं यह सब बन्द कर दूँगी।" रमाकान्त को तो जैसे अपने कानों विश्वास नहीं हुआ। वह कूदकर रजनी की चारपाई पर लेट गया और उसे चूमने-चाटने लगा। रजनी नखरा दिखाते हुए बोली, "हटो भी! आपकी बात मान ली तो क्या प्यार आ रहा है मेरे ऊपर!"

मुहम्मदाबाद कस्बे में सरिया के सबसे बड़े व्यवसायी थे राय साहब। एक दिन रमाकान्त उनके पास पहुँच गया। राय साहब अपने ऑफिस में बैठे थे। काम-धाम उनके सब आदमी कर रहे थे। राय साहब के पास पहुँचकर उसने नमक-मिर्च लगाते हुए अपना परिचय दिया। राय साहब ने उसको कुर्सी पर बैठने को कहा। पूछा, "कहिए, कैसे आना हुआ?" रमाकान्त बताने लगा, "मैं मुहम्मदाबाद कस्बे में एक बड़ा घर बनवाना चाहता हूँ। कई जमीनें देख रखी हैं। बातचीत चल रही है। जैसे ही जमीन खरीद लूँगा, घर बनवाना शुरू कर दूँगा। आप का बड़ा नाम है। आपके यहाँ सामान सही मिलता है। मैं चाह रहा हूँ कि मेरे घर में जितनी भी सरिया लगे वह आपके यहाँ से ही जाय।" "हाँ-हाँ क्यों नहीं? आप मकान बनवाना

शुरू करिए। मुझे बताते जाइए कि कैसी सरिया की कितनी जरूरत है? आपके यहाँ तड़ातड़ सारा सामान पहुँचता जाएगा।'' राय साहब ने उसके लिए चाय मँगवायी। दोनो चाय पीते हुए बातचीत करने लगे।

वहाँ से उठकर रमाकान्त वर्मा जी के यहाँ गया। वर्मा जी कस्बे में सीमेन्ट के सबसे बड़े थोक व्यापारी थे। वर्मा जी अपने ऑफिस में शान से बैठे थे। उन्हें भी उसने नमक-मिर्च लगाकर अपना परिचय बताया। वर्मा जी को भी उसने बताया कि वह मुहम्मदाबाद कस्बे में एक बड़ा घर बनवाना चाहता है और चाहता है कि सारी सीमेन्ट उन्हीं के यहाँ से जाए। वर्मा जी को भी वह एक बड़ा ग्राहक लगा। उन्होंने भी उसे बैठाकर चाय पिलायी। वहाँ भी बैठकर वह वर्मा जी से गपशप करने लगा। फिलहाल उसे सम्बन्ध बनाना और सम्बन्ध को बढ़ाना था। उनके यहाँ पर्याप्त देर बैठ लेने के बाद वह वहाँ से चल दिया।

वह मोहनलाल के यहाँ पहुँचा। मोहनलाल के कई ईंट-भट्ठे थे। मोहनलाल के पास बैठकर वह उनकी खूब तेल-पानी करने लगा। उनसे भी वह मुहम्मदाबाद में एक बड़ा घर बनवाने के बारे में बात करने लगा। मोहनलाल को भी लगा कि एक बड़े घर में उनकी भरपूर ईंटें खप जाएँगी। वे भी रमाकान्त से सम्बन्ध बनाने को उत्सुक हो उठे। उन्होंने भी उसे चाय-पानी कराया। दोनों में काफी देर तक बातें होती रहीं। मोहनलाल को रमाकान्त ने काफी कुछ अपने वश में कर लिया।

अब रमाकान्त राय साहब, वर्मा जी और मोहनलाल के यहाँ अक्सर आने लगा। रमाकान्त बातों का जादूगर था। तीनों को रमाकान्त के साथ बैठकबाजी करने की लत लग गयी। अब तो वे लोग रमाकान्त का इंतज़ार करते थे कि वह आये तो समय कुछ देर मज़े से कटे। अब वह तीनों का जिगरी दोस्त बन गया था। अपना बीमा का काम फिलहाल उसने स्थगित कर रखा था।

शाम के सात बज रहे थे। अचानक अपनी पत्नी को लेकर रमाकान्त राय साहब के आफिर में पहुँच गया। राय साहिब ने उसकी पत्नी को देखा तो देखते ही रह गये। राय साहब की उम्र पचास साल थी। इतनी कमसिन और सुन्दर लड़की को देखकर उनके दिल में हलचल मच गयी। वे हाथ जोड़कर खड़े हो गये और हें-हें करते हुए उसे बैठाया। रमाकान्त अपनी पत्नी का परिचय कराने लगा, "ये है मेरी पत्नी रजनी। बहुत सझदार और सुशील है। हम दोनों को आज मुहम्मदाबाद में कुछ खरीदारी करनी थी। मैंने सोचा थोड़ी देर राय साहब के यहाँ रुकते हुए तब चलूँ।'' राय साहब ने हें-हें करते हुए फिर रजनी को हाथ जोड़कर नमस्कार किया, "यह तो तुमने बहुत अच्छा किया जो भाभी जी को यहाँ लेकर आये।

भाभी जी के चरण रखने से आज मेरा ऑफिस पवित्र हो गया।'' रमाकान्त रजनी से बोला, ''रजनी ये हैं राय साहब। मुहम्मदाबाद के सबसे रईस आदमी। अकूत पैसेवाले हैं। गाजीपुर जिले में इनके टक्कर का सरिया व्यवसायी कोई नहीं है। बहुत दिलवाले आदमी हैं। अपनों पर खर्च करने में इनका कोई सानी नहीं है।'' रजनी ने भी उन्हें हाथ जोड़कर नमस्कार किया। रमाकान्त ने राय साहब के बारे में कुछ ज्यादा ही बढ़ाचढ़ाकर बता दिया। राय साहब बहुत खुश हुए।

राय साहब ने चाय नाश्ता मँगवाया। वे रमाकान्त की आँख बचाकर बार-बार ललचायी नज़रों से रजनी की ओर देख रहे थे। रमाकान्त सब समझ रहा था। वह खुद चाहता था कि राय साहब रजनी के लिए पागल हो जायँ। चाय-नाश्ता हो गया। बातें होने लगीं। राय साहब बार-बार रजनी की ओर मुखातिब हो जाते थे और उससे बात करने लगते थे। रमाकान्त समझ गया कि अब लोहा एकदम गरम है। उसने बिना किसी लाग-लपेट के राय साहब से कहना शुरू किया, ''राय साहब, मेरा भी घर मुहम्मदाबाद कस्बे में हो जाएगा तो मैं एक ढंग से आपका पड़ोसी हो जाऊँगा। अगर आप मेरी एक शर्त मान लें तो आपकी जब भी इच्छा किया करे, आप मेरे घर आकर मेरी पत्नी के साथ हमबिस्तर हो सकते हैं।'' राय साहब एकदम भौंचक्के रह गये। उन्हें स्वप्न में भी उम्मीद नहीं थी कि रमाकान्त इस तरह की कोई बात कह देगा। उन्होंने रजनी की ओर देखने लगे। वह फिर बोला, ''मैं एकदम सच कह रहा हूँ राय साहब! आप मेरी बात का विश्वास करिए।'' राय साहब ने सिर नीचे झुका लिया। उनसे कुछ बोलते नहीं बन रहा था।

कुछ देर बाद रमाकान्त फिर मुद्दे पर आ गया, ''बोलिए राय साहब! आप कुछ जवाब नहीं दे रहे हैं?'' राय साहब ने सिर उठाया, ''क्या है तुम्हारी शर्त?'' रमाकान्त उन्हें अपनी शर्त बताने लगा, ''मुहम्मदाबाद कस्बे में मेरा जो घर बनने वाला है, उसमें जितना भी सरिया या लोहे का और सामान लगेगा उसे आप मुझे मुफ्त में देंगे। आपके पास जो चीज नहीं रहेगी, उसे आप खरीदकर देंगे।'' राय साहब चुप हो गये। कुछ देर में रमाकान्त ने उन्हें चढ़ाया, ''क्या राय साहब! आप इतने बड़े सेठ हैं। इतना नाम है आपका। जो चीज आपके बाएँ हाथ का खेल है, उसके लिए आप इतना सोच-विचार कर रहे हैं। राय साहत बोले, ''मैं तुम्हें सारा सरिया मुफ्त में दे तो दूँ, लेकिन क्या गारंटी है कि घर बन जाने के बाद तुम अपने वादे पर कायम रहोगे?'' रमाकान्त ने उनकी जाँघ पर हाथ पटका, ''राय साहब अगर मैं किसी को जबान दे दूँ तो चाहे मेरी जान चली जाय, मैं जबान से मुकरता नहीं हूँ। जिसके साथ रहता हूँ तो दिल से रहता हूँ। आठ बज चुका है।

आप दुकान बढ़ा दीजिए और सभी काम करनेवालों को घर भेज दीजिए। आप अभी मेरी पत्नी को लेकर अन्दर जाइए और जो कुछ करना हो कर लीजिए। मेरा घर जब बनता रहेगा, आप जब भी आदेश करेंगे, मैं इसी टाइम पर अपनी पत्नी को लेकर आपकी दुकान पर हाजिर हो जाया करूँगा। आप अपनी इच्छा पूरी कर लिया करिएगा। मेरी पत्नी आज से आपकी है। इसके साथ आपकी जब जो इच्छा हो करिए।'' राय साहब का कामातुर हो उठे, ''ठीक है! मुझे तुम्हारी शर्त मंजूर है। चाहे जितना बड़ा घर बनवाओ। तुम्हारे घर में जितना भी सरिया और लोहा लगेगा, सब मेरी तरफ से।'' ''ये हुई न रईसों वाली बात! मुर्दे का एक बाल उखड़ जाने से मुर्दा हल्का थोड़ी होता है!'' रमाकान्त ने उन्हें और चढ़ाया।

राय साहब ने काम करनेवालों से दुकान बन्द करने को कहा। समय भी हो गया था। दुकान बन्द हो गयी तो राय साहब ने कहा, ''ऑफिस अभी खुला रहने दो। रमाकान्त जी बैठे हैं। मैं इनके साथ गपशप कर रहा हूँ। थोड़ी देर बाद मैं खुद ऑफिस बन्द कर दूँगा और चला जाऊँगा। तुम सभी लोग जा सकते हो।'' सभी काम करने वाले चले गये। राय साहब अधीर हो रहे थे। उन्होंने रमाकान्त से कहा, ''तुम यहीं बैठो। मैं तुम्हारी पत्नी को लेकर अन्दर जा रहा हूँ।'' रमाकान्त ने रजनी को राय साहब के साथ जाने का इशारा किया। रजनी बैठी रही। वह रमाकान्त को यह दिखा रही थी कि मुझसे यह सब नहीं हो पायेगा। मन की मन वह भी अधीर हो रही थी राय साहब के साथ अन्दर जाने के लिए। राय साहब का मन थोड़ा सा बुझ गया। उन्हें लगा शायद रजनी राजी नहीं है। रमाकान्त रजनी को प्यार से पुचकारते हुए बोला, ''राय साहब के साथ जाओ न! अपने ही हैं राय साहब। मुझमें और राय साहब में कोई अन्तर नहीं है।'' रजनी अनिच्छुक भाव से खड़ी हो गयी। राय साहब से बोली, ''चलिए!'' राय साहब उसे अन्दर ले गये। रजनी के हाव-भाव देखकर राय साहब का चेहरा उतर गया था। उनकी उत्तेजना भी शांत हो गयी। अंदर जाकर उन्होंने रजनी को अपनी बाँहों में भर लिया। उन्होंने रजनी से कहा, ''तुम्हारा मन न हो तो बताओ। मैं तुम्हारे साथ कुछ नहीं करूँगा। रमाकान्त को मैं मना कर देता हूँ।'' रजनी ने प्यार भरी नज़रों से उनकी ओर देखा। शर्मीली मुस्कान के साथ उसने नज़रें नीची कर लीं। राय साहब अभी भी धर्मसंकट में थे, ''तुम स्पष्ट रूप से कुछ बताओ भाई! मेरे मन पर यह बोझ न रहे कि मैं किसी लड़की के साथ जबर्दस्ती कर रहा हूँ।'' रजनी उनके सीने पर अपना गाल रगड़ने लगी, ''आप बहुत बुद्धू हैं! आज पहली बार मैं अपने पति के अलावा किसी और मर्द के साथ सोने जा रही हूँ। शर्म नहीं आयेगी क्या?'' राय साहब बात को

अच्छी तरह समझ गये। वे रजनी पर टूट पड़े। अनुभवी व्यक्ति थे। उन्होंने रजनी के शरीर का पोर-पोर हिला दिया। रजनी मस्त हो उठी। आज उसने ठीक से जाना कि कामसुख क्या होता है!

रजनी ने राय साहब से कहा, "आज आपसे पहली बार पता चला कि मर्द का सुख क्या होता है? आज से आप मेरे प्रेमी और मैं आपकी प्रेमिका। मंजूर है?" "तुमने तो मेरे दिल की बात कह दी मेरी रानी? मुझे सौ प्रतिशत मंजूर है।" राय साहब ने रजनी के होठों को चूम लिया। रजनी बोली, "आज अपनी प्रेमिका से आपका पहली बार मिलन हुआ है। इस मौके पर अपनी प्रेमिका को आप क्या देंगे?" "बाहर चलो तो बताता हूँ।" राय साहब ने कहा। दोनों बाहर निकल आये। राय साहब ने रजनी को पचास हजार रुपये दिये और कहा, "मेरी तरफ से पहले मिलन की ये भेंट।" रजनी ने मुस्कराते हुए पैसा लेकर अपने पास रख लिया। "अच्छा अब चला जाय।" रमाकान्त ने कहा। राय साहब बोले, "हाँ ठीक कह रहे हो!" उन्होंने रमाकान्त के सामने ही रजनी को अपनी बाँहों में भर लिया और उसके होठों को चूम लिया।

रमाकान्त ने ठीक यही नाटक मोहनलाल और वर्मा जी के साथ दुहराया। मोहनलाल पैंतालीस साल के थे जबकि वर्मा जी अड़तालीस साल के। मोहनलाल तो बड़ी आसानी से चंगुल में फँस गये। वर्मा जी थोड़ा सा घाघ आदमी थे। उन्होंने मना कर दिया। रमाकान्त उन्हें अपने बातों के चाल में फँसाने की कोशिश कर रहा था, लेकिन वर्मा जी थे कि चंगुल में फंस नहीं रहे थे। वर्मा जी ने कहा, "बात आगे-पीछे खुल ही जाएगी। फिर बड़ी थू-थू होगी। समाज की नज़रों में मैं गिर जाऊँगा।" रमाकान्त बोला, "समाज में रहने वाले कीड़े-मकोड़ों से समाज नहीं बनता। समाज बनता है आप जैसे प्रभावशाली लोगों से। समाज की राय वह मानी जाती है जो आप जैसे लोग कहते हैं। राय साहब ने मेरे काम के लिए मुफ्त में सारी सरिया और लोहा देने का वचन दिया है। मोहन लाल जी ने वचन दिया है कि घर बनवाने में जितनी भी ईंटें लगेंगी वे देंगे। समाज उनका क्या कर लेगा? वे जानते हैं कि वे ही समाज हैं।" वर्मा जी चौंक पड़े, "क्या कहा, राय साहब और मोहन लाल मुफ्त में सब कुछ देने को तैयार हो गये हैं?" "और क्या?" रमाकान्त ने कहा, "आपको विश्वास न हो तो फोन करके उनसे पूछ लीजिए।" वर्मा जी चुप हो गये। वे सोच में पड़ गये। रमाकान्त समझ गया। यही मौका है। उसने उकसाया, "सोच क्या रहे हैं सेठ जी! आदमी को जो सुख अपनी प्रेमिका से मिलता है वह पत्नी से नहीं मिलता। रजनी को बना लीजिए अपनी प्रेमिका। ऐसी प्रेमिका दिन

में चिराग लेकर ढूँढ़ेंगे तो नहीं मिलेगी। वर्मा जी बोले, ''जब राय साहब तैयार हो गये, जब मोहनलाल तैयार हो गये तो मैं ही क्यों पीछे रहूँ? हम तीनों की जोड़ी खूब जमेगी। हम लोग रजनी को लेकर बाहर भी घूमने जाया करेंगे। मैं भी तुम्हारी शर्त मंजूर कर रहा हूँ। तुम्हारा घर बनवाने में जितनी भी सीमेन्ट लगेगी, वह मेरी तरफ से मुफ्त में।'' ''यह हुई न रईसोंवाली बात! जिस रईस की कोई प्रेमिका न हो, वह कैसा रईस? प्रेमिका ही तो रईस की शोभा होती है।'' रमाकान्त ने वर्मा जी को एकदम से चढ़ा दिया।

रमाकान्त ने दुकान बन्द करवा दी। सब चले गये तो वे रजनी को लेकर अन्दर चले गये। रजनी ने पहले खूब अदा, प्यार, दुलार, नाज, नखरे दिखाये फिर वर्मा जी से लिपटकर आँखों से आँसू ढरकाने लगी। वर्मा जी ने बड़े लाड़ से पूछा, ''क्या हुआ मेरी जान? रो क्यों रही हो?'' रजनी बोली, ''मैं आपको पसन्द नहीं आयी तभी आपने मुझे अपनाने से मना कर दिया।'' वर्मा जी रजनी के दोनों गाल अपने हाथों में लेते हुए बोले, ''ऐसा नहीं है मेरी जान! तुम्हारे जैसी मीठी-मीठी प्यारी-प्यारी सुंदरी भला किसे नहीं पसंद आयेगी। मेरे मन में एक हिचक थी। तुम्हारी सुंदरता पर तो मैं एकदम लट्टू हो गया हूँ। मुझे माफ कर दो मेरी जान। तुम देखना राय साहब और मोहनलाल से मैं तुम्हें कई गुना ज्यादा प्यार करूँगा।'' वे रजनी के आँसू पोंछने लगे। ''पता नहीं कितना प्यार करेंगे? पहली मुलाकात में तो आपने मेरा दिल तोड़ दिया।'' रजनी बोली।

सब कुछ हो गया तो रजनी ने कहा, ''तो आप मान रहे हैं कि आज से आप मेरे प्रेमी और मैं आपकी प्रेमिका?'' ''क्यों नहीं मेरी जान? तुम्हारी जैसी प्रेमिका पाकर तो मैं निहाल हो गया हूँ।'' वर्मा जी बोले। ''तो पहले मिलन पर आप अपनी प्रेमिका को क्या देंगे?'' रजनी ने पूछा। वर्मा जी ने पलटकर पूछा, ''राय साहब और मोहन लाल ने क्या दिया था?'' ''पचास-पचास हजार रुपये।'' रजनी ने बताया। ''तो मैं तुम्हें एक लाख रुपये दूँगा।'' वर्मा जी ने कहा। दोनों बाहर आये। वर्मा जी ने उसे निकालकर एक लाख रुपये दिये। मुस्कराये, ''अब तो तुम्हें विश्वास हो गया कि मैं तुमको राय साहब और मोहनलाल से ज्यादा प्यार करता हूँ?'' रजनी भी नखरे के साथ मुस्करायी। हाँ में सिर हिला दिया। उसने पैसा लेकर रख लिया। वर्मा जी अपनी कुर्सी पर बैठ गये। उन्होंने रजनी को खींचकर अपनी गोद में बैठा लिया। वे रजनी को चूमने-चाटने लगे और प्यार करने लगे। रजनी भी उनसे खूब लाड़ दिखा रही थी। दोनों इस तरह एक दूसरे को प्यार कर रहे थे जैसे रमाकान्त

वहाँ बैठा ही न हो। रमाकान्त चुपचाप बैठा था। इंतज़ार कर रहा था कि दोनों का प्यार करना खत्म हो तो वह रजनी को घर लेकर जाए। उसे जम्हाई आ रही थी।

रमाकान्त रजनी को स्कूटर पर बैठाकर घर चला गया। वर्मा जी ने राय साहब़ के ऑफिस में फोन मिलाया। फोन राय साहब ने ही उठाया। ''हेलो राय साहब! नमस्कार! मैं वर्मा बोल रहा हूँ। क्या हालचाल है?'' वर्मा ने बड़ी ज़िन्दादिल आवाज में पूछा। ''नमस्कार वर्मा जी! बहुत दिनों बाद याद किया। कोई खास बात?'' राय साहब बोले। ''अरे भाई खास बात न रहे तो मैं आपको फोन नहीं कर सकता? आप तो कभी मुझे याद करते ही नहीं।''

''अरे नहीं भाई! आपको कैसे याद नहीं करूँगा? बस काम की व्यस्तता रहती है। आप तो समझते ही हैं।''

''सुना है आजकल आपके बहुत जलवे हैं। रमाकान्त घर बनवाने वाला है। उसका घर बनवाने में जितनी सरिया लगेगी, आप मुफ्त में देने वाले हैं। आखिर माज़रा क्या है भाई?''

राय साहब एकदम से घबरा गये, ''ये आपसे किसने कह दिया? सरासर झूठ बात है यह। मैं कोई धर्मखाता खोलकर नहीं बैठा हूँ। धंधा कर रहा हूँ। आदमी इस तरह से धंधा करने लगे तो सड़क पर आ जाएगा। बताइए किसने कहा?''

''ऐसे ही उड़ती-उड़ती खबर आयी मेरे पास। मैंने सोचा पूछूँ आपसे कि असलियत क्या है? वैसे बतानेवाला तो पूरे विश्वास से बता रहा था। जब आप कह रहे हैं कि बात गलत है तो जरूर बात गलत होगी।''

''पहले आप मुझे बताइए कि आपसे यह बात कह कौन रहा था? मिल जाएगा तो टाँग तोड़ दूँगा साले की।''

''यह बात तो मैं आपको नहीं बता पाऊँगा कि मुझसे किसने कहा! हाँ, अपने बारे में एक बात मैं आपको जरूर बता रहा हूँ। रमाकांत मुहम्मदाबाद में जो घर बनवाने वाला है, उसमें जितनी भी सीमेन्ट लगेगी, मैं मुफ्त दूँगा।'' राय साहब चुप हो गये। वे बड़े चक्कर में पड़े। कुछ देर तक कोई आवाज़ नहीं आयी। वर्मा जी ने पूछा, ''क्या हो गया?'' राय साहब बड़े धर्मसंकट में फँस गये थे। कुछ बोल नहीं पा रहे थे। उन्होंने कहा, ''मेरी समझ में कुछ नहीं आ रहा है।'' वर्मा जी ने बड़ी जोर से ठहाका लगाया, ''बड़े भाई आपकी समझ में सब कुछ आ रहा है। आपको एक बात और बता दूँ। रमाकान्त का घर बनने में जितनी भी ईंट लगेगी वह मोहनलाल देंगे। मुफ्त में।. . . अब आपकी समझ में आया। अब आप भी मान ही लीजिए कि रमाकान्त के घर में जितनी भी सरिया लगेगी वह आप देंगे।

मुफ्त में। अरे भाई अब हम तीनों लँगोटिया यार हो गये। एक ही लँगोट से अब हम तीनों लोग काम चलायेंगे।'' राय साहब भी ठहाका मारकर हँस पड़े, ''तो यह बात है। आप इतनी देर से मुझे बना रहे थे। ...सौदा बुरा नहीं है। इतना मस्त माल बड़ी किस्मत से हाथ लगता है। पैसा खर्च करने में कोई बुराई नहीं है।'' दोनों का वार्तालाप काफी लंबा खिंचा।

एक दिन रमाकांत अपनी पत्नी के साथ सूरजमल की दुकान पर पहुँचा। मुहम्मदाबाद में सूरजमल की बहुत बड़ी सर्राफा की दुकान थी। सूरजमल मुहम्मदाबाद के सबसे रईस सुनार थे। रमाकान्त रात आठ बजे दुकान पर पहुँचा था। थोड़ी देर में दुकान बन्द होने वाली थी। रजनी दुकान पर जेवर पसंद करने लगी। दुकान के आदमी उसे जेवर दिखाने लगे। सूरजमल काफी दूर एक किनारे पर मसनद लगाये बैठे थे। अपने हाथ से वे खुद को पंखा झल रहे थे। इस समय बिजली नहीं थी। दुकान में कई पेट्रोमैक्स जल रहे थे। रजनी ने कुल एक लाख रुपये के जेवर पसंद किये। बजाय दुकान के आदमियों से बात करने के, रमाकान्त और रजनी सारे जेवर लेकर सूरजमल के पास पहुँच गये। वैसे तो सूरजमल दोनों को दुकान के आदमियों पास भेज देते, लेकिन रजनी को देखकर उनकी जबान लपलपाने लगी। सूरजमल की उम्र पचपन साल थी। बहुत कामुक स्वभाव के व्यक्ति थे। रमाकान्त उन्हें अच्छी तरह जानता था। सूरजमल एकटक रजनी को देखे जा रहे थे।

रजनी बोली, ''सेठ जी मैंने ये गहने पसंद किये हैं। कुल एक लाख के हैं।'' ''अच्छा-अच्छा!'' सूरजमल खीसें निपोरते हुए बोले, ''लाइए जरा देखूँ?'' रजनी उन्हें गहने दिखाने लगी। इस प्रक्रिया में वह बार-बार अपनी अँगुलियाँ सूरजमल की अँगुलियों से लड़ाने लगी। सूरजमल बोले, ''ये गहने आप ले लीजिए न।आप के ऊपर ये गहने खूब फबेंगे।'' ''सोच तो मैं भी रही थी लेने के लिए, लेकिन मैं पैसे लाना भूल गयी। अब मैं कैसे करूँ?'' रजनी बोली। सूरजमल बड़े धर्मसंकट में पड़े। वे चाह रहे थे कि रजनी कुछ देर उनके पास बैठकर बातें करती रहे। उन्होंने कहा, ''ये गहने मैं सम्हालकर रख दे रहा हूँ। आप फिर कभी आकर ले लीजिएगा। मैं आपको कम में लगा दूँगा।'' रजनी बोली, ''गहने आज ही ले जाना जरूरी है। कोई तरीका नहीं है जिससे ये गहने मुझे आज ही मिल जायँ?'' सूरजमल हें-हें करते हुए बोले, ''बिना पैसा लिये मैं गहने आपको कैसे दे दूँ? मैं आपको जानता भी नहीं!'' रजनी अदा दिखाते हुए बोली, ''एक दूसरे को जानना जरूरी है? इतना काफी नहीं है क्या कि आप एक मर्द हैं और मैं एक औरत हूँ।'' सूरजमल अचकचा गये। रजनी थोड़ा नखरा दिखाते हुए बोली, ''सारे आदमियों को

आप घर भेज दीजिए। दुकान के अन्दर भी तो जगह होगी। अन्दर चलकर आप और मैं मज़े करते हैं। आपके जितना जी में आये उतना मुझे भोगिए। जैसे मन में आये वैसे मुझे प्यार करिए। आपको जीवन भर याद रहेगा कि मैंने किसी सुंदरी का भोग किया था।'' सूरजमल पहले तो चुप हो गये, फिर रमाकान्त की ओर इशारा करके पूछा, ''ये कौन हैं?'' रजनी बोली, ''ये हैं मेरे पति रमाकांत लेकिन आप इनकी बिलकुल चिन्ता मत कीजिए। इनको हम दोनों के प्यार करने पर कोई आपत्ति नहीं होगी।...अब चलिए भी। मेरे शरीर में आग लग रही है। उसे बुझा दीजिए।''

सूरजमल ने अपने आदमियों से कहा, ''ऐसा है, अब दुकान बढ़ा दो। एक पेट्रोमैक्स छोड़कर, सारी पेट्रोमैक्स बुझा दो। तुम सब लोग जाओ। आज मैं खुद ताला बन्द करके चाभी अपने साथ ले जाऊँगा।'' सारे काम करनेवाले एक दूसरे की ओर देखने लगे। वे सामान समेटने में जुट गये। सूरजमल ने कहा, ''एक को छोड़कर सारे शटर गिरा देना।'' सारे आदमी चले गये। सूरजमल ने पेट्रोमैक्स उठाया और रजनी को अन्दर लेकर चल दिये।

रजनी को आज पहली बार ऐसा प्रेमी मिला था जो बहुत नोच-खसोट कर रहा था। सूरजमल कभी दाँत से काट लेते, कभी चिकोटी काटते, कभी हाथ से कोई अंग नोच लेते। रजनी उनकी इन हरकतों पर मुस्करा रही थी। सूरजमल बोले, ''तुम्हें जब भी पैसे की जरूरत पड़ा करे, निःसंकोच मेरे पास चली आया करो। तुम्हारे ऊपर मुझे कितना भी खर्च करना पड़े, कोई परवाह नहीं है। जिन्दगी में कई लड़कियाँ आईं, पर ऐसा शानदार माल पहली बार मिला है।'' रजनी ने खुश होकर उन्हें चूम लिया। उसे आमदनी का एक स्थायी जरिया मिल गया था।

रमाकान्त जोर-शोर से मुहम्मदाबाद में जमीन खोज रहा था। उसे जल्दी से जल्दी घर बनवाना था। एक आदमी ने उसे बताया कि जीवन नाम के एक आदमी के पास मुख्य सड़क पर, बहुत ही शानदार जगह पर, बारह बिस्वा जमीन है; लेकिन उस जमीन में से वह एक टुकड़ा भी नहीं बेचेगा। बहुत लोगों ने उससे जमीन खरीदने का प्रयास किया, लेकिन उसने सबको मना कर दिया। रमाकान्त जीवन के बारे में पूरी जानकारी जुटाने लगा। धीरे-धीरे उसे जीवन के बारे में सब कुछ पता चल गया।

जीवन की उम्र पचपन साल थी। उसकी शादी काफी जल्दी हो गयी थी। कुछ ही दिनों बाद उसकी बीवी मर गयी। दुबारा उसकी शादी नहीं हो पायी। उसके कोई संतान नहीं थी। सम्पत्ति के नाम पर उसके पास कुल जमा यही बारह बिस्वे जमीन थी। उसी जमीन के एक कोने पर उसने तीन कमरे का एक घर बना रखा था।

घर के बाहर उसने एक गुमटी डाल रखी थी। उस गुमटी में वह पान बेचने का धंधा करता था। पान की दुकान से उसका भरण-पोषण अच्छी तरह हो जा रहा था। वह अपने घर में अकेले रहता था और अपना खाना भी खुद बनाता था।

एक दिन रात आठ बजे रमाकान्त स्कूटर से रजनी को लेकर जीवन के घर पहुँच गया। जीवन दुकान बन्द कर चुका था। इस समय वह लालटेन जलाकर खाना बना रहा था। बिजली नहीं थी। जीवन रमाकान्त और रजनी को देखकर अचकचा गया। इतनी देर गये उसके घर में एक औरत? उसने रमाकान्त से उसका परिचय पूछा। रमाकान्त ने अपना परिचय बता दिया, फिर बोला, "बैठने को नहीं कहेंगे? खड़े-खड़े ही भगा देंगे? आपसे कुछ जरूरी बात करनी थी।" "आइए-आइए अन्दर आइए!" जीवन ने कहा। रमाकान्त और रजनी एक चारपाई पर बैठ गये। जीवन बगल में अपना खाना बना रहा था। जीवन खाना बनाते-बनाते ही पूछने लगा, "हाँ, बताइए, आपको क्या बात करनी है?" रमाकान्त बोला, "आपकी यह जमीन बारह बिस्वा है। इसमें एक तरफ छः बिस्वा मुझे दे दीजिए। मैं भी मुहम्मदाबाद में घर बनवाना चाहता हूँ।" जीवन गम्भीर हो गया, "मेरे पास ले-देकर कुल इतनी ही सम्पत्ति है। अभी काफी जिन्दगी बची हुई है। पता नहीं कब क्या आवश्यकता पड़ जाय? जब तक मैं सही सलामत हूँ और अपना सब कुछ कर-धर ले रहा हूँ, तब तक मैं जमीन नहीं बेचूँगा। जब शरीर नहीं चलेगा, तब देखा जाएगा। तब यह जमीन मेरे काम आयेगी।"

रमाकान्त ने कहा, "आप मुझे अपना पड़ोसी बना लीजिए। जब से आपकी पत्नी नहीं है, आप रंड-मुंड जीवन जी रहे हैं। कभी स्त्री का सुख नहीं मिलता। मेरे साथ ये है मेरी पत्नी रजनी। मेरा घर आपके पड़ोस में हो जाएगा तो आपकी जब भी इच्छा करे, आप मेरे घर में आ जाइएगा और मेरी पत्नी से औरत का सुख प्राप्त कर लिया कीजिएगा।" जीवन आश्चर्य से रमाकान्त का मुँह देखने लगा। रमाकान्त ने जो बात कही, उसे उस पर विश्वास ही नहीं हो रहा था। वह सपने में भी नहीं सोच सकता था कि कोई आदमी अपनी पत्नी के सामने इस तरह की बात कर सकता है। रमाकान्त ने कहा, "आप क्या सोच रहे हैं, कि मैं झूठ बोल रहा हूँ? आपको विश्वास न हो तो आप अभी मेरी पत्नी के साथ सब कुछ कर सकते हैं।" रमाकान्त की पत्नी को मरे तीस साल हो गये थे। तीस साल से उसे औरत का सुख नहीं मिला था। उसने रजनी की ओर देखा। इतनी सुंदर लड़की! इतनी सुंदर लड़की तो मुझ जैसे गरीब आदमी को सपने में भी नहीं मिल सकती। वह जल्दी-जल्दी खाना बनाने लगा।

जीवन ने खाना ढँक दिया। हाथ धोकर पोंछा। लालटेन उठायी और रजनी का हाथ पकड़कर दूसरे कमरे में चला गया। बहुत सालों का प्यासा था। रजनी पर टूट पड़ा। रजनी भी बड़े प्यार से सब कुछ करवा रही थी। रजनी बोली, ''बहुत सालों के प्यासे हैं न! ठीक से प्यास बुझा लीजिए। जितना मन हो उतना करिए।'' जीवन जब सब कुछ कर चुका तो रजनी उसके निर्वस्त्र शरीर को चाटने लगी। जीवन भी उसके शरीर को सहलाने और चाटने लगा। दोनों बहुत देर बाद एक दूसरे से अलग हुए। जीवन का मन नहीं कर रहा था रजनी को छोड़ने का।

दोनों बाहर आये। जीवन ने रमाकान्त से कहा, ''ठीक है भाई! मुझे खुशी होगी कि आप मेरे पड़ोसी बन जायँ। मैं अपनी छः बिस्वा जमीन आपको बेचने को तैयार हूँ।'' रमाकान्त बोला, ''एक बात और है। मेरे पास पैसे नहीं हैं। जमीन आपको मुफ्त में देनी होगी।'' जीवन सोच में पड़ गया। कुछ देर बाद बोला, ''ठीक है! मैं आपको मुफ्त में जमीन दे दूँगा, लेकिन मेरी भी एक शर्त है। चार बार और अपनी पत्नी को लेकर आप मेरे घर आयेंगे। उसके बाद मैं जमीन की रजिस्ट्री करूँगा।'' ''ठीक है भाई, ठीक है!'' रमाकान्त बोला, ''मेरी पत्नी अब आपकी है। आप जब चाहेंगे, तब मैं उसे लेकर यहाँ आऊँगा। अब मैं चलूँ?'' ''अभी नहीं!'' जीवन ने मना कर दिया, ''अभी आप थोड़ी देर बैठिए। कुछ देर बाद आपकी पत्नी को मैं फिर अन्दर ले जाऊँगा। उसके बाद आप जाइएगा।'' रमाकान्त ने खुशी-खुशी उसकी बात मान ली।

एक दिन वर्मा जी ने राय साहब के ऑफिस में फोन लगाया, ''हेलो राय साहब! नस्कार! क्या हालचाल है?'' राय साहब ने उत्तर दिया, ''नमस्कार! सब ठीक-ठाक है! अपनी सुनाइए?'' वर्मा जी बोले, ''सीमेन्ट बेचते-बेचते बोर हो गया हूँ। आप भी सरिया बेचते-बेचते बोर हो गये होंगे। चलिए चार दिन के लिए बनारस चला जाय। रजनी को भी साथ ले चलते हैं। किसी शानदार होटल में रुका जाएगा। खूब मौज किया जाएगा।'' राय साहब तैयार हो गये, ''चलिए चलते हैं। मोहनलाल से भी बात कर लीजिए। तीन लोग हम हो जाएँगे। रमाकान्त और रजनी को भी लेकर कुल पाँच लोग हो जाएँगे। अपनी कार ले लेंगे। हम तीनों में से ही एक व्यक्ति कार चला लेगा। चलते हैं। रमाकान्त हम तीनों में जिसे पहले मिल जाय, वही उससे बात कर लेगा।''

एक दिन रमाकान्त वर्मा जी की दुकान पर आ गया। वर्मा जी ने उससे बनारस घूमने की योजना के बारे में बताया। रमाकान्त तैयार हो गया। तय हुआ कि दो दिन बाद, दिन में ग्यारह बजे यहाँ से चला जाएगा।

निश्चित दिन वर्मा जी और मोहनलाल राय साहब की दुकान पर आ गये। राय साहब ने अपनी कार निकाली। मोहनलाल कार चलाने लगे। तीनों चल दिये। अपने गाँव के बाहर सड़क पर रमाकान्त और रजनी खड़े थे। रमाकान्त कार में आगे बैठ गया। पीछे बीच में रजनी बैठी। किनारे-किनारे राय साहब और वर्मा जी बैठ गये। मोहनलाल कार लेकर चल दिये। बस्ती समाप्त हो गयी। खेत शुरू हो गये। राय साहब और वर्मा जी रजनी को नोचने-खसोटने लगे। रजनी खिलखिलाने लगी।

आधा रास्ता पार हो गया। अचानक रमाकान्त बोला, "आप लोगों ने एक चीज की ओर तो ध्यान ही नहीं दिया।" राय साहब ने पूछा, "किस बात की ओर?" रमाकान्त ने कहा, "जब मेरा घर बनेगा, सरिया, सीमेन्ट और ईंट तो आप लोग दे देंगे; लेकिन जो खिड़की-दरवाजे लगेंगे, सीमेन्ट के साथ जो बालू लगेगी, जो मिस्त्री-मजदूर लगेंगे उन सबका खर्च कौन देगा?" कार में चुप्पी छा गयी। कुछ देर बाद राय साहब बोले, "भाई खिड़की-दरवाजे का सारा खर्च मैं दे दूँगा।" वर्मा जी भी बोल पड़े, "मैं जब सीमेन्ट दे रहा हूँ तो बालू का भी खर्च उठा लूँगा।" मोहनलाल चुप रहे। राय साहब ने ललकारा, "क्या मोहनलाल जी? आप चुप क्यों हैं? मिस्त्री और मजदूरों का खर्च आप उठा लीजिएगा।" मोहनलाल बोले, "मैं उठा तो लूँगा, लेकिन मेरी एक शर्त है!" "क्या?" राय साहब ने पूछा। "कोई आकर गाड़ी चलाये और मुझे पीछे बैठने को मिले।" मोहनलाल ने कहा और सब ठहाका लगाकर हँस पड़े। गाड़ी वर्मा जी आकर चलाने लगे। उनकी सीट पर मोहनलाल बैठ गये। अब वे भी रजनी को नोचने-खसोटने लगे।

सब बनारस के एक शानदार होटल में रुके। तीन कमरे बुक कराये गये। एक राय साहब और वर्मा जी के नाम, एक मोहनलाल के नाम, एक रमाकान्त और रजनी के नाम। बनारस वे लोग बहुत घूम चुके थे। उन्हें बनारस नहीं घूमना था। वे चार दिनों तक रजनी के साथ भरपूर आनन्द मनाना चाहते थे। रमाकान्त ने भी बनारस आने के बहाने अपनी समस्या हल कर ली थी। मकान बनवाने में वह एक पैसा नहीं खर्च करना चाहता था। उसने मकान बनवाने का पूरा जिम्मा एक ढंग से राय साहब, वर्मा जी और मोहनलाल पर डाल दिया। अब उसे केवल खड़े होकर मकान बनवाना था, बस! वर्मा जी ने जब बनारस घूमने चलने के लिए कहा था, तभी उसके शातिर दिमाग ने यह योजना तैयार कर ली थी। जब तीनों का कमजोर क्षण दिखे, तभी बाकी सारे खर्च के बारे में बात कर लेनी है। घर ये तीनों लोग बनवा देंगे। बाकी रहा महीने का खर्च। एक प्रथम श्रेणी राजपत्रित अधिकारी के वेतन के बराबर पैसा वह सर्राफ सूरजमल से वसूल लेता था। सूरजमल थे ही बहुत

कामी स्वभाव के। वे रजनी के पीछे एकदम पागल थे। कितना भी पैसा फुँक जाय, उन्हें गम नहीं था। वे भी एक सुरक्षित ठौर की तलाश में थे। रजनी के साथ समय बिताने के लिए। रमाकान्त ने उन्हें बता दिया था कि वह मुहम्मदाबाद कस्बे में एक घर बनवाने जा रहा है। सूरजमल बहुत खुश थे। वे चाह रहे थे कि रमाकान्त का घर जल्दी से जल्दी बन जाय।

रमाकान्त दस बजे तक खा-पीकर होटल से निकल जाता था। वह बनारस में इधर-उधर घूमता रहता। रात आठ बजे वह होटल लौटता था। सब के साथ खाना-पीना खाकर वह सो जाता। बाकी लोगों की दिनचर्या भिन्न थी। वे दिनभर सोते थे। रात में सारे लोग रजनी को लेकर एक कमरे में इकट्ठा हो जाते। वे रातभर रजनी को नोंचते-खसोटते रहते थे। कभी वे उसके ऊपर लेटकर उसके साथ सेक्स करते, कभी उसे अपने ऊपर लिटाकर उससे सेक्स करवाते, कभी गुदा मैथुन करते, कभी मुख मैथुन करते। कभी तीनों एक साथ मिलकर उसे नोचने लगते। रजनी को बहुत मज़ा आ रहा था। उसे लग रहा था कि उसकी जवानी सार्थक हो गयी। जवानी का असली मज़ा तो वही लूट रही है। अच्छा हुआ जो वह इस चक्कर में पड़ गयी, वर्ना एक खड़ूस पति के पीछे सारी जवानी बर्बाद हो जाती। उसे रमाकान्त से घृणा होती, 'हुँह! यह भी कोई पति है? हर आदमी के सामने दाँत निकालकर कहता रहता है कि आइए, मेरी पत्नी के साथ समय बिता लीजिए। मेरी पत्नी के साथ मज़े कर लीजिए! अब जवानी बीत जाने पर यह अफसोस तो नहीं होगा कि पूरी जवानी बेकार चली गयी।'

मुहम्मदाबाद में रमाकान्त का घर बनने लगा। चार सौ वर्ग मीटर में घर बन रहा था। बाकी की जमीन आगे लॉन के रूप में छोड़ दी गयी। कस्बे में लोगों को बड़ा आश्चर्य हो रहा था कि आखिर जीवन ने अपनी जमीन बेच कैसे दी। किसी को यह पता नहीं था कि उसने मुफ्त में जमीन दे दी। लोग जीवन से पूछते तो वह बता देता था कि अचानक पैसे की बहुत जरूरत पड़ गयी इसीलिए जमीन बेच दी। रमाकान्त जी-जान से घर बनवाने में जुट गया था। बीच-बीच में कभी राय साहब दौरा कर जाते, कभी वर्मा जी दौरा कर जाते, कभी मोहनलाल दौरा कर जाते। जीवन तो, जब भी दुकान पर कोई न रहता, आकर रमाकान्त के साथ खड़ा हो जाता। रमाकान्त के माँ-बाप भी बीच-बीच में आकर घर को देख जाते। उनका सीना गजभर चौड़ा हो जाता था कि हमारा बेटा कस्बे में इतना बड़ा घर बनवा रहा है। माँ-बाप कभी-कभी रमाकान्त से पूछते कि इतना पैसा कहाँ से आ रहा है? रमाकान्त उन्हें बताता था कि वह बिजनेस करने लगा है।

रमाकान्त के बारे में कस्बे में खुसुर-फुसुर होने लगी। लोगों को पता चल गया कि वह किस गाँव का रहने वाला है। यह भी पता चल गया कि वह बीमा का एजेन्ट है। लोगों को आश्चर्य हो रहा था। बीमा के एक एजेन्ट के पास इतना पैसा कहाँ से आया कि वह इतना बड़ा घर बनवा रहा है? कुछ लोगों ने बताया कि इसका बड़ा भाई हरियाणा में बहुत बड़ा अधिकारी है। सबके मन में यही बात आयी कि इसका बड़ा भाई ही पैसा दे रहा है। राय साहब, वर्मा जी और मोहनलाल की दुकान में किसी आदमी को यह भनक नहीं लग पा रही थी कि रमाकान्त का जो घर बन रहा है, उसमें दुकान से सारा सामान मुफ्त जा रहा है। मकान जैसे-जैसे ऊपर उठ रहा था, कस्बे में रमाकान्त की इज़्ज़त भी ऊँची होती जा रही थी।

मकान बन रहा था। इसी बीच रजनी ने एक बेटी को जन्म दिया। रमाकान्त के घर में सब बड़े प्रसन्न हुए। रमाकान्त को पहली सन्तान पैदा हुई। रमाकान्त ने जाकर यह खुशखबरी राय साहब, वर्मा जी, मोहनलाल और सूरजमल को दी। सबने रमाकान्त को बधाई दी।

दो महीने बाद राय साहब, वर्मा जी और मोहनलाल ने तय किया कि चलकर रमाकान्त की बेटी को देख आया जाय। तीनों को पता था कि सूरजमल भी रजनी के आशिकों में एक हैं। वे लोग सूरजमल को नहीं पसंद करते थे, इसलिए वे लोग उन्हें अपनी गोल में नहीं रखते थे। दरअसल सूरजमल स्मार्ट व्यक्ति नहीं थे। एक बार विचार बना कि उन्हें भी साथ ले लिया जाय। फिर सोचा गया कि वह व्यक्ति फालतू में कबाब में हड्डी बन जाएगा। रमाकान्त को सूचित किया गया। तीनों ने रमाकान्त का घर नहीं देखा था। एक दिन रमाकान्त तीनों को लिवाकर अपने घर गया। सभी लोग वर्मा जी की कार से गये थे।

तीनों को देखकर रजनी खिल उठी। उसके कमरे में जाकर तीनों ने पहले बारी-बारी से उसे बाँहों में भरकर भरपूर चूमा। उसके बाद उसकी बेटी को देखा। बेटी हूबहू रजनी पर गयी थी। तीनों ने बेटी को पाँच-पाँच हजार रुपये दिये। पैसे देखकर रमाकान्त और रजनी बहुत खुश हुए। तीनों को रमाकान्त ने मिठाई खिलाई। उसे पता था कि आज तीनों आनेवाले हैं। उसने पहले से मिठाई लाकर रख ली थी।

तीनों लौट पड़े। रास्ते में राय साहब ने कहा, "बेटी तो एकदम रजनी पर गयी है!" वर्मा जी बोले, "अच्छा है! रजनी के बेकार होते-होते उसकी बेटी काम लायक हो जाएगी। तब उसकी बेटी के साथ ऐश किया जाएगा।" तीनों ठठाकर हँस पड़े। मोहनलाल बोले, "ठीक यही बात मेरे मन में लड़की को देखते ही आयी थी।"

एक दिन सूरजमल भी लड़की को देखने गये। उन्हें भी रमाकान्त ही लिवाकर गया। सूरजमल रजनी की बेटी के लिए सोने की जंजीर , सोने के दो कड़े और सोने की दो पायल लेकर गये थे। रजनी और रमाकान्त दोनों प्रसन्न हो उठे। उन्होंने सूरजमल की खूब आवभगत की। रमाकान्त ने उन्हें अपने माँ-बाप से मिलवाया। उसके माँ-बाप यह देखकर बहुत खुश हो रहे थे कि रमाकान्त की बेटी को देखने के लिए कितने बड़े-बड़े लोग आ रहे हैं।

रमाकान्त का मकान बनकर तैयार हो गया। रमाकान्त ने अपने माँ-बाप को समझा-बुझाकर गाँव में ही छोड़ दिया। कहा कि हफ्ते मे एक-दो बार आकर वह घर की व्यवस्था देखता रहेगा। रमाकान्त, रजनी और उनकी बेटी आकर नये घर में रहने लगे। मुहम्मदाबाद कस्बे के हिसाब से रमाकान्त का घर काफी अच्छा था। कस्बे के सारे लोग रमाकान्त को अच्छी तरह जानने लगे। बीमा के चलते तमाम लोगों से पहले से ही परिचय था। अब धीरे-धीरे कस्बे के बहुत सारे लोगों से रमाकान्त का परिचय हो गया। मुहम्मदाबाद तहसील के परिसर में एक मन्दिर था। वहाँ पर रजनी अक्सर पूजा करने जाने लगी। एक बेटी की माँ बन जाने के बाद वह धार्मिक भी हो गयी थी। मुहम्मदाबाद कस्बे के अधिकांश लोगों ने उसे देख लिया। उसकी सुंदरता के सब मुरीद हो गये।

रमाकान्त और रजनी ने अपनी बेटी का नाम रखा, रश्मि। उसको लेकर वे बड़े-बड़े सपने बुनने लगे। दोनों ने तय किया कि इसे खूब पढ़ायेंगे। बड़ा अधिकारी बनायेंगे। पढ़ने के लिए इलाहाबाद भेजेंगे। जब यह अधिकारी बन जाएगी तो किसी बड़े अधिकारी से इसकी शादी कर देंगे। रमाकान्त और रजनी जब अकेले रहते, रश्मि के भविष्य पर ही चर्चा करते थे। रजनी सोचती थी कि वह जो कर रही है, अपनी बेटी को हरगिज नहीं करने देगी।

अब रमाकान्त के यहाँ हमेशा दावत ही होती रहती। कभी राय साहब दावत खाने आते, कभी वर्मा जी दावत खाने आते, कभी मोहनलाल दावत खाने आते। कभी तीनों इकट्ठे मिलकर दावत खाने आ जाते। दावत खा लेने के बाद सब रजनी का भोग लगाते, तब लौटते थे। सूरजमल तो रोज दुकान बंद करके लौटते समय रमाकान्त के घर से होते हुए अपने घर जाते थे। जिस दिन हिम्मत रहती, उस दिन रजनी के साथ हमबिस्तर होने के बाद ही जाते। जिस दिन हिम्मत न रहती उस दिन रजनी को लिपटा-चिपटाकर और चूम-चाटकर चले जाते थे। जीवन भी कभी-कभी आकर रजनी को भोग लगा जाता। राय साहब, वर्मा जी और मोहनलाल अब अपने और भी अमीर दोस्तों को रमाकान्त के यहाँ लेकर आते थे। वे अमीर दोस्त

रजनी के साथ हमबिस्तर होते, बदले में रमाकान्त को अच्छा पैसा देते। रमाकान्त की चाँदी हो गयी। सूरजमल हर महीने एकमुस्त बँधी मोटी रकम देते और लोग आकर अलग से पैसा देते थे। कभी-कभी राय साहब, वर्मा जी और मोहनलाल भी मोटी रकम दे देते। रमाकान्त खूब ऐश से रह रहा था।

धीरे-धीरे यह बात कस्बे में फैलने लगी। सब जान गये रमाकान्त की अमीरी का रहस्य। दुकान-दुकान पर खुलेआम सब चर्चा करने लगे। अब तो यह होने लगा कि कस्बे का कोई भी व्यक्ति अच्छा पैसा इकट्ठा कर लेता और चुपके से रमाकान्त के घर जाकर रजनी के साथ मजे लूटकर चला आता। रमाकान्त ने देखा कि कस्बे में कुछ ज्यादा ही बदनामी हो रही है। वह सावधान हो गया। उसने कस्बे के लोगों को मना करना शुरू कर दिया। अब जो अमीर और रईस लोग राय साहब, वर्मा जी और मोहनलाल के माध्यम से आते थे; उनको छोड़कर किसी को प्रवेश की अनुमति नहीं मिलती थी।

जो लोग जीवन की दुकान पर पान खाने जाते थे, वे उसे चिढ़ाने लगे। एक दिन उसकी दुकान पर पान खाने के लिए कई लोग खड़े थे। एक युवक ने जीवन से पूछा, ''जीवन भाई सही-सही बताना! तुमने रमाकान्त को जो जमीन दी है, वह उसकी बीवी के बदले दी है न?'' जीवन बोला, ''भाई मैं झूठ नहीं बोलूँगा। मैं भी आदमी हूँ। तीस साल से बिना औरत के था। मुझे भी औरत की जरूरत सताती थी। मेरी औरत की जरूरत पूरी हो गयी, मैंने जमीन दे दी।'' उस युवक ने फिर पूछा, ''अच्छा ये बताओ कि कुछ पैसा भी मिला या मुफ्त में जमीन दे दी?'' ''भगवान की कसम खाकर कह रहा हूँ।'' जीवन बोला, ''मैंने एक पैसा नहीं लिया। पूरी जमीन मुफ्त में दी। एक दिन रमाकान्त जी स्कूटर से आठ बजे रात अपनी पत्नी को लेकर मेरे घर आये। उन्होंने मुझसे कहा कि मेरी बीवी को जितना मन करे उतना उठाकर पटक लो, लेकिन अपनी छः बिस्वा जमीन मुझे मुफ्त में दे दो। मैंने आव देखा न ताव। उनकी पत्नी के सारे कपड़े उतारे और बिस्तर पर उठाकर पटक दिया। मैंने एक ही दिन में रमाकान्त के सामने उनकी पत्नी को कई बार उठाकर बिस्तर पर पटका। रमाकान्त जी खड़े-खड़े तमाशा देख रहे थे। दे दिया जमीन मैंने मुफ्त में।'' सब हा-हा करके हँसने लगे। एक दूसरे आदमी ने पूछा, ''अभी भी कुछ पाते हो कि अब सब बन्द हो गया?'' जीवन बोला, ''एक बात जान लीजिए। रमाकान्त जी जबान के बड़े पक्के हैं। उन्होंने मुझसे कहा था कि जब मेरा घर बन जाएगा, तब भी तुम्हारे लिए सब खुला रहेगा। तुम्हारे जब जी में आये, आकर मेरी पत्नी पर चढ़ लिया करना।...मैं यहाँ पान बेचता रहता हूँ।

जब भी मेरा सामान फड़कने लगता है, मैं दुकान किसी को दिखाकर रमाकान्त के घर चला जाता हूँ। रमाकान्त मुझे कभी मना नहीं करते। उनकी पत्नी चाहे जो काम कर रही हों। मुझे देखते ही सारा काम छोड़कर मुझे अपने बिस्तर पर लिवा जाती हैं। सारे कपड़े उतारकर चुपचाप लेट जाती हैं। फिर क्या! मैं दन्न से ऊपर चढ़ जाता हूँ।'' फिर सब हा-हा करके हँसने लगे। जीवन समझ रहा था कि सब रसीली बातें सुनने के लिए ही खड़े हैं। वह सबके मन मुताबिक बातें सुनाते हुए धड़ाधड़ अपना पान बेच रहा था।

एक दिन रजनी मंदिर में पूजा कर रही थी। तहसील परिसर स्थित मंदिर में वह अक्सर पूजा करने जाती थी। एक युवक भी मंदिर में भगवान को प्रणाम करने आ गया। वह रजनी के पीछे थोड़ी दूर पर खड़ा था। वह जोर से बोला, ''सब कुछ कट गया।'' रजनी ने पलट कर देखा। उसने युवक को गुस्से से घूरा। युवक ही-ही करके हँसने लगा, ''तुम जो कुछ करती हो, भगवान की पूजा से सब धुल गया।'' रजनी ने दाँत पीसकर युवक को देखा। युवक फिर ही-ही करने लगा, ''तुम जो प्रसाद सबको बाँटती हो, वह प्रसाद भगवान नहीं ग्रहण करते।'' रजनी समझ गयी कि आँख दिखाने से यह नहीं मानेगा। उसने जल्दी-जल्दी पूजा समाप्त की और घर लौट पड़ी। वह सोचने लगी कि अब रोज-रोज मंदिर आना ठीक नहीं है। भगवान की पूजा घर में ही कर लेना अच्छा रहेगा।

रमाकान्त और रजनी ने तय किया कि एक कार खरीद ली जाय। एक दिन दोनों स्कूटर से गाजीपुर शहर गये। वे मारुति कार की एजेंसी में पहुँचे। शोरूम में बहुत सारी गाड़ियाँ खड़ी थीं। दोनों एजेंसी के मालिक के केबिन में घुस गये। रमाकान्त ने विधि-विधान से अपना परिचय देते हुए कहा, ''कभी मुहम्मदाबाद में हमारे घर आइए। मुहम्मदाबाद कस्बे में आप किसी से भी पूछ लेंगे कि रमाकान्त का घर कौन सा है, तो वह आपको मेरा घर बता देगा। हम आपकी ऐसी खातिरदारी करेंगे कि आपकी तबीयत मस्त हो जाएगी बल्कि मैं तो आपको भोजन पर आमंत्रित कर रहा हूँ।'' एजेंसी मालिक बोला, ''कभी बलिया जाते समय रास्ते में आपके घर रुकता हुआ जाऊँगा।'' रमाकान्त ने कहा, ''यह तो कोई बात नहीं हुई। आप सिर्फ मेरे घर आइए। फिर देखिए आपको वहाँ कैसा स्वागत मिलता है!'' वह बोला, ''ठीक है भाई! मैं आपके घर आऊँगा। फिलहाल आप लोगों का कैसे आना हुआ है?'' ''हमें एक कार चाहिए। हम आपके यहाँ एक नयी कार खरीदने आये हैं।'' रमाकान्त ने कहा। रजनी ने एजेंसी मालिक की ओर बड़े प्यार से मुस्कराकर देखा

और बोली, ''समझ लीजिए हम आपके वी.आई.पी. ग्राहक हैं!'' उसने हें-हें करते हुए कहा, ''क्यों नहीं मैडम क्यों नहीं! यह हमारा अहोभाग्य है जो आप हमारे यहाँ पधारी हैं।'' उसने घंटी बजायी। एक आदमी अंदर आया। उसने आदमी को आदेश दिया, ''जाओ तीन चाय ले आओ, और हाँ तीन समोसा भी लेते आना।''

चाय-समोसा आ गया। चाय पीते हुए रजनी बड़ी अदा से एजेंसी मालिक की ओर देख-देख कर मुस्करा रही थी। चाय खत्म हो गयी तो मालिक ने फिर घंटी बजाकर एक आदमी को बुलाया। उसने आदमी से कहा, ''साहब लोगों को ले जाकर गाड़ी पसंद कराओ!'' रजनी ने बड़े प्यार भरे अंदाज में मनुहार की, ''आप खुद चलिए न!'' मालिक हें-हें करता हुआ उठ खड़ा हुआ, ''चलिए मैं आप लोगों के साथ खुद चल रहा हूँ।'' मालिक खुद जाकर उन्हें कार दिखाने लगा। उन्हें मारुति ८०० खरीदनी थी। सब टहल-टहलकर गाड़ियों को देखने लगे। रजनी को रंग ही पसंद नहीं आ रहा था। अन्ततः उसने एक गाड़ी पर अँगुली रख दी। गाड़ी पसंद कर लेने के बाद तीनों फिर जाकर केबिन में बैठ गये।

रमाकान्त मालिक से बोला, ''जैसा कि मैंने आपको बताया, ''ये है मेरी पत्नी रजनी। आज से वह गाड़ी मेरी हुई और रजनी आपकी।'' ''मतलब?'' मालिक की समझ में कुछ नहीं आया। रमाकान्त समझाने लगा, ''आप की जब भी इच्छा किया करे, आप मुहम्मदाबाद में आकर मेरी पत्नी के साथ मज़े कर लीजिएगा। आप मेरे घर पर फोन कर देंगे तो मैं इसे यहाँ भी लेकर चला आऊँगा। आप इसके साथ खूब मज़े करिएगा। आज भी जहाँ इच्छा हो, लेकर जाइए और मज़े कर आइए।'' मालिक एकदम से स्तब्ध रह गया। एक पति अपनी पत्नी के सामने इस तरह की बात कर रहा है? कुछ देर तक तो उसके मुँह से आवाज़ ही नहीं निकली। रजनी बोली, ''मैं तो आपको देखते ही आप पर फिदा हो गयी थी।'' मालिक को और अचंभा हुआ। कुछ देर में वह बोला, ''मैं इस तरह रंडियों को मुफ्त में कार बाँटता फिरूँ तो हो चुका मेरा धंधा। तुम दोनों की भलाई इसी में है कि यहाँ से फूट लो नहीं तो मैं उतारकर जूते तुम लोगों को चार-चार जूते मारूँगा, दिमाग हरा हो जाएगा।'' रमाकान्त बोला, ''यह आप क्या कह रहे हैं? जरा तमीज से बात करिए।'' मालिक ने गुस्से से कहा, ''सालों! तुम दोनों भाग रहे हो कि उतारूँ जूता?'' रमाकान्त और रजनी वहाँ से उठकर जल्दी-जल्दी चल दिये।

रास्ते में लौटते समय दोनों बहुत गुस्से में थे। रजनी के हुस्न की पहली बार इस तरह बेकद्री हुई थी। वह चोट खाई नागिन की तरह फुफकार रही थी। रमाकान्त बोला, ''बहुत बदतमीज़ आदमी है। अपने पैसे का बड़ा घमंड है। यह भी नहीं

मालूम की औरतों के साथ किस तरह पेश आया जाता है। एक औरत को उसके पति के सामने रंडी कह रहा था।'' ''नीच कहीं का!'' रजनी बोली, ''मेरा बस चले तो मैं उसका मुँह नोंच लूँ। पता नहीं क्या समझता है अपने आपको। कभी फँसेगा मेरे चंगुल में। तब मैं इसको बताऊँगी।''

रश्मि अब बड़ी हो रही थी। इस समय वह ग्यारहवीं कक्षा में पढ़ रही थी। वह साइकिल से स्कूल आती-जाती थी। एक दिन वह स्कूल से घर लौटी। ड्राइंगरूम में राय साहब बैठे थे। उसने उनसे पूछा, ''पापा कहाँ हैं?'' उन्होंने जवाब दिया, ''हैं नहीं! कहीं गए हैं।'' वह अपनी माँ के कमरे में गयी। दरवाजा बन्द था। उसने धक्का दिया। दरवाजा खुल गया। उसने जो दृश्य देखा कि उसकी आँखें फटी रह गयीं। उसकी माँ और वर्मा जी बिस्तर पर निर्वस्त्र लेटे थे। दोनों कामक्रीड़ा में एकदम से निमग्न थे। रश्मि अच्छी तरह जानती थी कि सेक्स क्या होता है? आज देखा उसने पहली बार। वह खड़ी होकर दोनों को देखने लगी। उसकी माँ ने उसे डाँटा, ''रश्मि दरवाजा बन्द करके तुम अपने कमरे में जाओ!'' रश्मि उसी तरह खड़ी रही। रश्मि के खड़े रहने से वर्मा जी पर कोई फर्क नहीं था। वे उसी तरह रजनी पर पिले पड़े थे। कुछ देर बाद रजनी ने फिर रश्मि को वहाँ से जाने के लिए कहा। रजनी दरवाजा उढ़काकर अपने कमरे में चली गयी।

रश्मि का दिमाग एकदम से नाचने लगा। अब उसकी समझ में आया कि उसके घर में हमेशा इतने सारे लोग क्यों आते हैं! मम्मी क्यों सबसे खूब हँस-हँसकर बातें करती हैं। पापा बिना कुछ किये ही क्यों इतने पैसे वाले हैं? कामक्रीड़ा देखकर रश्मि बहुत उत्तेजित हो गयी। उससे रहा नहीं जा रहा था। वह भी किसी के साथ सेक्स करना चाह रही थी।

अगले दिन स्कूल से लौटते समय रश्मि राय साहब की दुकान पर अपनी साइकिल से चली गयी। राय साहब अपनी दुकान पर बैठे हुए थे। रश्मि साइकिल सड़क पर खड़ी करके राय साहब के पास चली गयी। राय साहब ने उसे बड़े प्रेम से बैठाया। राय साहब ने पूछा, ''क्यों रश्मि? इस तरफ कैसे आना हुआ?'' रश्मि बोली, ''मैं आपसे कुछ कहने आयी हूँ।'' ''कहो, क्या कहना चाहती हो?'' राय साहब बोले। रश्मि बहुत रहस्यपूर्ण ढंग से मुस्करायी, ''आप लोग कब तक मम्मी से ही काम चलाते रहेंगे?'' ''क्या मतलब?'' राय साहब की समझ में कुछ नहीं आया। रश्मि शरारत से मुस्करायी, ''मैं भी तो अब जवान हो रही हूँ। आप लोग मेरी भी जवानी और मेरे भी शरीर का उद्‌घाटन करिए न!'' राय साहब को जैसे हजार वोल्ट का करंट लगा, ''रश्मि तुम क्या बक रही हो तुम्हें पता है?''

रश्मि बोली, "मैं जो कुछ कह रही हूँ, खूब सोच समझकर कह रही हूँ। प्लीज! मना मत करिए। मेरा बहुत मन कर रहा है। अगर आप मेरे साथ नहीं करेंगे तो किसी और की बाँहों में चली जाऊँगी।" राय साहब भी उत्तेजित हो गये, "ठीक है! कल मैं, वर्मा जी और मोहनलाल तुम्हें कार से लेकर गाजीपुर शहर चलेंगे। वहाँ किसी परिचित के होटल में चला जाएगा। हम लोग वहीं तुम्हारा उद्घाटन करेंगे।" रश्मि तैयार हो गयी, "ठीक है! रोज मैं साइकिल से स्कूल जाती हूँ। कल मैं घर में कह दूँगी कि आज मैं पैदल स्कूल जाऊँगी। घर से निकलकर मैं आपकी दुकान पर आ जाऊँगी। यहाँ पर दस बजे आप लोग तैयार रहिएगा। मैं आ जाऊँगी तो सब लोग चल दिया जाएगा।" कार्यक्रम पक्का हो गया। "एक और बात!" रश्मि बोली, "अभी मेरे घर में किसी को कुछ पता नहीं चलना चाहिए।" राय साहब ने उसे आश्वस्त किया, "तुम निश्चिन्त रहो! तुम्हारे घर में किसी को कुछ पता नहीं चलने पायेगा। रश्मि आँख नचाते हुए मुस्करायी, "एक बहुत ही जरूरी बात तो रह ही गयी। उद्घाटन के अवसर पर नेग भी अच्छा मिलना चाहिए।" राय साहब हँसे, "नेग की चिन्ता तुम मत करो। वह तो बहुत अच्छा मिलेगा ही।"

रश्मि चली गयी तो राय साहब ने वर्मा जी को फोन किया। रश्मि से हुई सारी बात उन्होंने वर्मा जी को बता दी। वर्मा जी उछल पड़े, "आपने तो यह बहुत बड़ी खुशखबरी सुनायी। एकदम ताजा-ताजा माल है। असली वाला उद्घाटन तो मैं ही करूँगा। सबसे पहला नम्बर मेरा रहेगा। रजनी को लेकर तो बाजी आप मार ले गये थे। अबकी बार मैं नहीं चूकूँगा। यह खुशखबरी मोहनलाल को भी दे दूँ।"

अगले दिन तीनों लोग रश्मि को लेकर कार से गाजीपुर शहर चल दिये। राय साहब ने अपने एक मित्र के होटल के सामने कार रोक दी। रश्मि को लेकर वे लोग होटल के अन्दर गये। राय साहब ने होटल के मालिक को अकेले में ले जाकर सारी बात बता दी। उसने उन्हें एक सुरक्षित एकान्त का कमरा दे दिया। वे लोग रश्मि को लेकर उस कमरे में गये और दरवाजा अन्दर से बन्द कर लिया।

वर्मा जी ने रश्मि को खड़ा करके उसके सारे कपड़े उतारे। सबसे पहले उसके साथ वर्मा जी ने ही सब कुछ किया। बारी-बारी से सबने किया। रश्मि मदमस्त हो उठी। जीवन में पहली बार उसे कामसुख मिला। तीनों लोगों ने उसे एक-एक लाख रुपये नेग दिये।

सब कुछ हो जाने के बाद तीनों लोग रश्मि को लेकर मुहम्मदाबाद लौट आये।

शाम को राय साहब ने सोचा कि मैं फोन करके यह बात रमाकान्त को बता दूँ। उसके लिए पैसा ही सब कुछ है। वह बेटी को तीन लाख मिलने की बात सुनेगा

तो उछल पड़ेगा। उन्होंने रमाकान्त के घर फोन लगा दिया। फोन रमाकान्त ने ही उठाया। राय साहब बोले, "हेलो रमाकान्त मैं राय साहब बोल रहा हूँ।"

"नमस्कार राय साहब! आप कुशलपूर्वक हैं?"

"हाँ मैं कुशलपूर्वक हूँ। तुम्हें बहुत-बहुत बधाई!"

"किसलिए?"

"आज मैं, वर्मा जी और मोहनलाल रश्मि को कार से गाजीपुर लेकर गये थे। वहाँ हम तीनों ने आज रश्मि की जवानी का उद्घाटन किया। हम तीनों ने उसे एक-एक लाख रुपये नेग दिया है।"

"नहीं ऽऽऽ!" रमाकान्त की चीख निकल गयी, "यह आपने क्या किया राय साहब? रश्मि मेरी बेटी है तो आपकी भी बेटी है। आपको ऐसा नहीं करना चाहिए था!"

"हम मजबूर थे। रश्मि मेरे दुकान पर आकर खुद जिद करने लगी थी।"

रमाकांत ने फोन काट दिया। वह रोने लगा। उसे रोता देखकर रजनी दौड़ी आयी। "क्या हुआ?" उसने पूछा। रमाकांत ने रोते हुए सारी बात बता दी। रमाकांत और रजनी एक दूसरे से लिपटकर फूट-फूटकर रोने लगे। उनके रोने की आवाज सुनकर अपने कमरे से रश्मि भी आ गयी। उसे देखते ही रजनी चीख पड़ी, "आज तू गाजीपुर गयी थी?" रश्मि ने अपनी माँ को डाँटते हुए कहा, "हाँ गयी थी तो? तुम सब के साथ मज़ा मारती हो, तब कोई बात नहीं? मैं मज़ा मारने लगी तो जलन होने लगी? कि अब मुझ बुढ़िया को कौन पूछेगा?"

❑❑❑